고사성어에서 마케팅을 배우다!

마케팅전략
72計

이정학 저

백산출판사

고사성어(古事成語)란 옛날에 있었던 일에서 유래하여 관용적인 뜻으로 굳어 쓰이는 글귀로 과거 고전에서 전해져 주로 교훈적인 내용을 담고 있으며, 글자 수에 제한이 없는 한자성어를 말한다. 고사성어는 함축적이고, 촌철살인(寸鐵殺人)과 같은 의미를 담고 있어 백 마디의 말보다 위력적이다. 이와 같은 고사성어는 정치·외교·군사·경제·사회·교육 등 전 분야에서 상황논리를 설명할 때 유용하게 사용되고 있다.

2009년 중국과 미국의 전략경제 대화 중에 오바마 대통령은 "산길의 오솔길도 사이사이 사람들이 자주 다니다 보면 큰길이 되지만 뜸하게 이용하지 않으면 풀만 우거진다(山徑之蹊間, 介然用之而成路, 爲間不用, 則茅塞之矣)"는 ≪맹자(孟子)≫ 〈진심(盡心) 하〉의 한 대목을 인용하여 주위를 놀라게 했다. 두 나라 사이의 지속적인 협력과 대화의 필요성을 고전의 한 대목으로 강조한 것이다. 힐러리 클린턴 국무장관도 중국인이 즐겨 쓰는 관용구인 '동주공제(同舟共濟 : 한 배를 타고 같이 강을 건넌다)'와 '봉산개도, 우수가교(逢山開道, 遇水架橋 : 산을 만나면 길을 트고 물을 만나면 다리를 놓는다)'를 인용하여 양국의 협력을 강조했다.

2013년 박근혜 대통령도 시진핑(習近平) 국가주석의 모교인 칭화대를 방문하여 모두에 약 5분가량 중국어로 인사 및 격려 발언을 하면서 '일년지계 막여수곡, 십년지계 막여수목, 백년지계 막여수인(一年之計 莫如樹穀, 十年之計 莫如樹木, 百年之計 莫如樹人)'이라는 중국 고전 《관자(管子)》의 한 구절을 중국어로 연설에 인용하여 화제가 되었다. 즉 곡식을 심으면 1년 후에 수확하고, 나무를 심으면 10년 후에 결실을 맺지만, 사람을 기르면 100년 후가 든든하다는 뜻으로 인재를 육성하는 것은 결코 쉬운 일이 아니므로 원대한 계획을 세워야 한다는 의미이다.

《논어(論語)》〈위정편(爲政篇)〉에서 공자는 "온고이지신 가이위사의(溫故而知新 可以爲師矣)"라고 하였다. 즉 과거와 현재, 그리고 미래로 이어지는 인과관계 속에서 발전의 원리를 깨달아야 함을 말한 것이다. 또한 '박고지금(博古知今)'이란 고사성어가 있는데, 옛날 일을 널리 알게 되면 오늘날의 일도 알게 된다는 뜻이다. 이와 같이 선인들의 지혜가 응축되어 있는 고사성어야말로 현대를 사는 우리에게 반성과 발전의 실마리를 제시해 주는 가장 적절한 도구라고 할 수 있다.

오늘날 기업에서 마케팅은 전쟁이다. 경쟁사는 적이고, 소비자는 싸워서 점령해야 할 고지이다. 고사성어에는 이에 대한 가르침과 지혜가 담겨 있다는 점에서 본서를 집필하게 되었다.

《손자병법》은 크게 6계로 나누고 36계의 계책으로 되어 있다. 본서는 마케팅전략을 크게 12장으로 나누어 한 장에 6개의 계책을 제시하여 총 72계로 구성하였는데, 이는 마치 《손자병법》을 두 배로 확대한 것과 같다. 본서에 사용된 고사성어는 장과 계책의 제목으로 인용된 84개 외에 본문 중에 추가로 언급한 고사성어는 78개로서 총 162개가 소개되어 있다. 이러한 고사성어는 기업의 CEO를 비롯한 마케팅 및 영업 관계자뿐만 아니라 음식점 등 자영업을 하는 경영자에게도 도움을 줄 것으로 확신한다.

중국 진나라의 좌사가 '삼도부(三都賦)'라는 시를 지었을 때, 낙양 사람이 다투어 이것을 베낀 까닭에 종잇값이 올랐다는 고사성어 '낙양지귀(洛陽紙貴)'가 생각난다. 즉 어떤 책이 널리 읽혀 매우 잘 팔리는 것을 의미한다. 저자도 이를 기대해 보고자 한다.

2013년
연구실에서

제9장

順手牽羊(순수견양)_ 틈을 노려라 ● 247

제10장

調虎離山(조호리산)_ 고객을 유도하라 ● 273

마 케 팅 전 략 **72** 계

고사성어로 배우는 마케팅

금선탈각 金蟬脫殼
일엽지추 一葉知秋
장목비이 長目飛耳
시불가실 時不可失
민귀군경 民貴君輕
득롱망촉 得隴望蜀

始計

마케팅전략의
지침

제1장

始計

시계

마케팅전략의 지침

始: 처음 시, 計: 셀 계
계략의 시작임을 의미

시계(始計)의 유래

이 용어는 《손자병법》 〈제1편 시계(始計)〉라는 용어에서 유래하였다. 손자(孫子)는 〈시계(始計)〉에서 "전쟁은 국가의 큰일이다. 전쟁터는 병사의 생사가 달려 있는 곳이며, 나라의 존재와 멸망이 달려 있는 길이므로 세심히 관찰해야 한다."라고 하였으며, 이에 대한 구체적인 계책으로서 다음과 같이 도(道), 천(天), 지(地), 장(將), 법(法) 등 5가지를 내세웠다.

첫째, 도(道)란 정치에 관한 것으로 백성과 윗사람이 한마음이 되어 죽음을 같이할 수 있어야 한다는 것이다.

둘째, 천(天)이란 기상으로서 추위와 더위, 맑음과 흐림 등 기후 변화의 시기에 따라 적절한 전략을 세워야 함을 의미한다.

셋째, 지(地)란 지리로서 멀고 가까움, 험하고 평탄함, 넓고 좁음, 죽을 곳과 살 곳 등 지형지물을 파악하여 대비하고 있어야 함을 의미한다.

넷째, 장(將)이란 장군으로서 지략, 신망, 결단력, 용기, 위엄 등을 갖추어야 함을 의미한다.

다섯째, 법(法)이란 군사체제로서 군 조직과 편성, 지휘 통신수단과 운영 규정, 직무 및 명령체계와 식량과 군수물자의 조달 및 공급 업무 등이 갖추어져 있어야 함을 의미한다.

손자는 이 다섯 가지를 아는 자는 승리하고, 알지 못하는 자는 승리하지 못한다고 하여 전쟁에 대한 기본 지침을 제시하였다.

시계(始計)의 마케팅계책

《손자병법》의 〈시계(始計)〉는 마케팅 측면에서 마케팅전략의 기본 지침을 제시하는 것이라고 할 수 있다. 즉 마케팅전략의 〈시계(始計)〉는 마케팅계책을 세우기 전에 마케터로서 갖추어야 할 기본 철학과 자세에 대한 지침을 의미한다. 마케팅전략의 시계(始計)에 대한 구체적인 계책으로 다음과 같이 6계를 제시하였다.

제1계 : 금선탈각(金蟬脫殼) — 사고를 전환하라
제2계 : 일엽지추(一葉知秋) — 변화를 감지하라
제3계 : 장목비이(長目飛耳) — 멀리 보고 많이 들어라
제4계 : 시불가실(時不可失) — 타이밍을 놓치지 마라
제5계 : 민귀군경(民貴君輕) — 고객은 기업의 근본이다
제6계 : 득롱망촉(得隴望蜀) — 고객의 욕구를 이해하라

金蟬脫殼

금선탈각

사고를 전환하라

金: 쇠 금, 蟬: 매미 선, 脫: 벗을 탈, 殼: 껍질 각

매미가 허물을 벗듯 감쪽같이 몸을 빼 도망간다는 뜻으로,
위장을 통해 적으로부터 빠져나와 철수하거나 이동하여 아
군의 전략적 목적을 실현하는 전술을 의미

금선탈각(金蟬脫殼)의 유래

이 성어는 ≪손자병법≫ 36계 중 제21계로서 그 유래는 다음과 같다.

중국 삼국시대(魏, 蜀, 吳) 촉(蜀)나라의 제갈량(諸葛亮)은 북쪽 위(魏)나
라에 대한 정벌을 몇 번 시도했으나 성공하지 못했다. 결국 여섯 번째
북벌을 시도할 때 제갈량은 피로가 쌓이고 질병에 걸려 병사하게 된다.
제갈량은 임종 전 그의 후계자인 강유(姜維)에게 자신의 죽음을 일체 알
리지 말라고 하였고 퇴각하는 계략을 은밀히 알려주었다. 이에 강유는
장인들에게 제갈량의 모양을 본뜬 목각을 만들라 명하였고, 목각에 깃
털을 단 모자를 씌워 수레 안에 앉히도록 했다. 위(魏)군은 제갈량이 수
레 안에서 지휘하는 모습을 보고 무슨 수작을 부리는지 불안하였다.
위나라의 사마의(司馬懿)는 제갈량이 잔꾀를 잘 부린다는 것을 익히 알
고 있어, 병력을 물러서게 하고 촉군의 동태를 살피도록 명령하였다. 이
때 강유는 제갈량의 영구를 이끌고 병력을 안전하게 후퇴시켰다. 사마

의가 제갈량의 죽음을 알고 다시 병력을 풀어 추격전을 벌였지만 때는 이미 늦었다.

이와 같이 금선탈각(金蟬脫殼)은 진지의 원형을 그대로 보존하여 적이 함부로 침범하지 못하도록 한 다음 몰래 후퇴하는 군사적 전술을 의미하는 것이다.

금선탈각(金蟬脫殼)과 마케팅

오늘날 금선탈각(金蟬脫殼)은 군사적 의미 외에 '금빛 매미는 자신의 껍질을 과감하게 벗어던짐으로써 만들어진다' 또는 '애벌레가 금빛 날개를 가진 화려한 모습으로 거듭나기 위해서는 껍질을 과감히 벗어던져야 한다' 등의 의미로 해석하여 기업이나 단체에서 낡은 것은 버리고 새롭게 환골탈태(換骨奪胎)해야 한다는 혁신의 화두로 자주 사용되는 고사성어이다.

한자의 '革新(혁신)'은 가죽 '革(혁)'과 새로울 '新(신)'의 합성어로서 '동물의 껍질을 벗겨 유용한 가죽으로 새롭게 창조시킨다'는 뜻으로 '살가죽이 벗겨지는 아픔을 감내하면서 하는 일'이라는 의미이다. 이와 같이 혁신을 위해서는 다소의 아픔이 따르게 마련이다.

슘페터(Schumpeter)는 경제발전의 원인을 기업가의 혁신활동으로 보았으며, 혁신(innovation)은 창조적 파괴라고 하였다. 드러커(Drucker)는 혁신에 필요한 것은 버리는 것이라고 하였다. 즉 과거의 낡은 것들은 과감히 버리고, 고객을 위해 새로운 것을 창조하는 것을 혁신이라고 하였다.

오늘날 기업 간 경쟁은 날로 치열해지고, 고객은 신제품과 서비스를 지속적으로 요구하고 있다. 이에 부응하기 위해서는 기존의 고정관념에서 벗어나 금선탈각과 같은 혁신적 마인드를 통하여 고객의 욕구를 충족시켜 줄 수 있는 마케팅의 지혜가 요구되는 것이다. 많은 기업들은 혁신을 추구하고 있지만, 금선탈각을 하지 못하여 몰락한 경우도 있다. 또한 혁신은 항상 성공하는 것이 아니라 오히려 실패하는 경우가 많은데, 그 이유는 다음과 같다.

- 전사적으로 합의점을 도출하지 못했기 때문이다.
- 변화에 필요한 물적·인적 자원이 부족했기 때문이다.

금선탈각(金蟬脫殼)을 하지 못하여 – 코닥(Kodak)

필름회사 코닥(Kodak)의 연구원이었던 스티브 새션은 1974년 필름 없는 카메라인 디지털카메라를 최초로 개발하였다. 디지털카메라가 탄생하는 역사적 순간이었다. 물론 필름의 교체와 현상에 따른 불편해소 등 고객의 욕구가 반영된 것이었다. 그러나 코닥의 경영진은 전 세계를 지배하고 있었던 기존의 필름시장을 놓치기 싫었다. 당장의 매출감소를 우려했던 것이다. 따라서 디지털카메라의 상용화는 물거품이 되고 말았다. 그런데 코닥의 발명품인 디지털카메라는 역설적으로 훗날 코닥을 잡아먹는 불가사리가 되고 말았다.

즉 1990년대부터 디지털카메라가 보편화되면서 필름이 필요 없게 되어 결국 코닥은 디지털카메라 때문에 몰락하게 된 셈이다. 세계적 필름회사 코닥은 당시 너무 잘 나가는 사업에 안주해 변화를 받아들이지 않은 경영 판단의 미스로 인하여 참혹한 결과를 초래하였다. 만약 코닥이 금선탈각(金蟬脫殼)하여 미래의 환경을 통찰하여 필름시장을 줄이고, 디지털카메라를 선도적으로 상용화했다면 디지털카메라 시장의 판도는 달라졌을 것이다. 마케팅은 상품을 고객에게 전달하는 것이 아니라 고객이 필요로 하는 것을 제안하는 것이다.

- 기회를 잘 포착하지 못했기 때문이다.
- 기업의 입장에서 지나친 비용절감만을 강조했기 때문이다.
- 기존의 상품과 매출에 만족하여 안주했기 때문이다.

마케터는 결코 무사안일(無事安逸) 즉 모든 일에 소극적이고 편안해 하려는 태도나, 복지부동(伏地不動) 즉 땅에 엎드려 움직이지 않는 자세를 보여서는 안 되고, 항상 혁신할 수 있는 금선탈각의 마인드를 견지해야 하는 것이다.

一葉知秋

일엽지추

변화를 감지하라

一: 한 일, 葉: 잎 엽, 知: 알 지, 秋: 가을 추

나뭇잎 하나가 떨어짐을 보고 가을이 옴을 안다는 뜻으로,
한 가지 일을 보고 장차 오게 될 일을 미리 짐작함을 비유
하는 말

일엽지추(一葉知秋)의 유래

이 성어와 관련해서는 전한(前漢) 때 회남왕(淮南王) 유안(劉安)이 펴낸
≪회남자(淮南子)≫와 몇몇 문록(文錄)에 등장한다. 먼저 ≪회남자≫의 〈설
산훈(說山訓)〉에는 다음과 같은 내용이 있다.

작은 것에 의하여 큰 것을 분명하게 하고(以小明大)
한 나뭇잎이 지는 것을 보고(見一葉落)
한 해가 저물어 감을 안다네(而知歲之將暮)
병 속의 얼음 언 것을 보고서(睹瓶中之氷)
천하의 추위를 아노라(而天下之寒)

그리고 당(唐)나라 이자경(李子卿)의 '청추충부(聽秋蟲賦)'라는 시에는
"낙엽이 하나 떨어지니 천지가 가을이도다(葉落兮天地秋)"라는 구절이 나

오며, 송(宋)나라 때 당경(唐庚)이 펴낸 ≪문록(文錄)≫에도 "당나라 사람이 시를 지어 가로되 산에 사는 중은 세월을 헤아리지 않아도 한 잎 낙엽이 지는 것으로 천하가 가을인 것을 안다(載唐人詩曰 山僧不解數甲子 一葉落知天下秋)"라는 내용을 담았다. 이와 같은 글귀를 통해서 일엽지추(一葉知秋)라는 한자성어가 유래된 것으로 추측할 수 있다.

일엽지추(一葉知秋)와 마케팅

나뭇잎 하나가 떨어짐을 보고 가을이 옴을 안다는 이 성어는 마케팅 측면에서 환경의 변화를 빨리 감지하라는 의미로 해석할 수 있다. 마케팅은 변화를 다루는 것이다. 세상이 변하지 않으면 마케팅은 필요 없다. 변화의 핵심에는 소비자와 경쟁자가 있다. 따라서 시장에서 소비자와 경쟁자의 변화를 감지 못하면 마케팅은 언제나 실패하는 것이다.

≪사기(史記)≫에 의하면 춘추전국시대 노(魯)나라에 미생(尾生)이라는 사람이 있었는데, 그는 어떤 일이 있어도 반드시 약속을 지키는 신의가 있는 사람이었다. 미생은 어느 날 사랑하는 사람과 다리 밑에서 만나기로 약속을 하였다. 약속장소에서 사랑하는 사람을 기다렸는데 갑자기 장대비가 쏟아져 개울물이 불어나기 시작했다. 하지만 그는 약속장소를 떠나지 않고 계속해서 그 여자를 기다리다가 결국은 다리기둥을 끌어안은 채 물에 빠져 죽고 말았다. 여기서 '미생지신(尾生之信)'이란 고사성어가 유래되었다. 미생지신(尾生之信)을 직역하면 '미생(尾生)의 믿음'이란 뜻이지만, 고지식하고 융통성 없는 경우를 비유할 때 사용하는 말이다. 마케터는 결코 변화를 감지하지 못하는 미생(尾生)이 되어서는 안 되는 것이다.

1859년 다윈(C. R. Darwin)은 '종의 기원'을 발표하여 생물 진화의 사실을 제시하고, '자연선택설'을 정립하였다. 즉 어떤 형태의 생물이 오랜 세월 동안 환경에 맞추어 서서히 모습이 변화해 간다는 것이었다. 1864년 영국의 철학자인 스펜서는 이를 '적자생존(適者生存 : Survival of the fittest)'이라고 명명하여 인간들의 사회적 생존경쟁의 원리를 함축시킨 사회·철학적 용어로써 처음 사용하여 생존경쟁의 결과는 환경에 적응하는 것만 살아남고 그렇지 못한 것은 도태되는 현상이라고 설명하였다.

따라서 기업도 환경변화에 적응하지 못하면 도태할 수밖에 없는데 이러한 변화를 마케터가 가정 먼저 감지해야 하는 것이다. 변화는 거시적 환경분석과 경쟁자 분석을 통하여 가능하다. 거시적 환경분석은 일명 'PEST분석'이라고 하는데, 자사의 사업과 관련하여 ① 정치적(politics) ② 경제적(economy) ③ 사회문화적(society-cultural) ④ 기술적(technology) 환경 등을 분석하는 것을 말한다. 결국 이를 통하여 소비행동 및 트렌드를 읽을 수 있는 것이다.

【표 1】 거시적 환경분석

구 분	변화 감지 내용
정치적 환경	• 독점거래 및 공정거래에 관한 법률 • 소비자보호법, 유통 및 환경 법규 등 • 정부 혹은 공공기관에 의한 규제 및 장려
경제적 환경	• 국내 및 세계의 경제 동향 및 정책 • 소비자의 구매력 • 산업구조의 변화
사회문화적 환경	• 사회의 구조 및 소비자의 라이프스타일 • 사회문화적 동향 및 이슈 • 소비성향
기술적 환경	• IT기술 • 스마트 기술 • 기타 신기술

특히 기술적 환경 중에서 스마트폰의 등장은 지금까지의 소비생활패턴을 변모시켰다. 스마트폰은 작은 컴퓨터이며, 새로운 미디어로서 생활의 일부분이 되었다. 예를 들어 전자제품은 구매하고자 가격이 싼 가게를 찾을 때 이전에는 전자제품 매장을 여러 곳 돌았지만, 지금은 스마트폰의 비교 사이트에서 가장 싼 가게를 찾아 들어가면 된다. 예전과 같은 노력과 시간을 낭비할 필요가 없게 된 것이다. 또한 남녀가 데이트를 하면서 레스토랑을 이용하고자 할 때 현장에서 어떤 가게의 쿠폰을 사용할 수 있는지, 어떤 캠페인을 하고 있는지, GPS 기능을 사용하면 쉽게 찾을 수도 있다. 즉 스마트폰만 있으면, 데이트 준비에 걸리는 시간도 단축할 수 있는 것이다. 결국 이러한 변화는 스마트폰 시대에 기업의 마케팅을 어떻게 변화시킬 것인가에 대하여 과제를 던져준 것이다.

≪한비자(韓非子)≫에서 유래된 '수주대토(守株待兎)'란 고사성어가 있다. 守: 지킬 수, 株: 그루 주, 待: 기다릴 대, 兎: 토끼 토. 변통할 줄 모르고 어리석게 지키기만 한다는 뜻으로 한 가지 일에만 얽매여 발전을 모르는 어리석은 사람을 비유적으로 이르는 말이다. 그 유래를 살펴보면 송(宋)나라 때 어떤 농부가 밭을 갈고 있었는데, 갑자기 토끼 한 마리가 뛰어오다가 밭 가운데 있는 그루터기에 부딪혀 목이 부러져 죽는 것을 보았다. 덕분에 토끼 한 마리를 공짜로 얻은 농부는 힘든 농사일보다 토끼를 잡으면 더 수지가 맞겠다고 생각한 나머지 농사일을 접고 매일 밭에 앉아 그루터기를 지키며, 토끼가 오기만 기다렸다. 그러나 토끼는 그곳에 두 번 다시 나타나지 않아 그 농부는 송나라의 웃음거리가 되었다. 결국 밭에는 잡초만 무성하게 자라 농사도 망쳐버렸다.

이와 같이 수주대토(守株待兎)는 변화에 둔감하고 융통성이 없음을 뜻한다. 변화를 감지하는 것은 마케팅 센스(marketing sense)가 작동하는

골프인구 증가에
대한 변화와
더불어 IT기술의
변화를 감지하여
성공을 거둔
스크린골프
자료 : 골프존

것과 마찬가지이다. 일엽지추(一葉知秋). 나뭇잎 하나가 떨어짐은 이미 가을이라는 미래의 징조가 나타난 것이다. 따라서 마케터는 미세한 변화를 재빠르게 감지하여 대비해야 하는 것이다.

長目飛耳

장목비이

멀리 보고 많이 들어라

長: 긴 장, 目: 눈 목, 飛: 날 비, 耳: 귀 이

멀리 내다보고, 귀를 날린다는 뜻으로, 의역하면 폭넓은 정
보와 지식을 얻으려 애쓰는 것을 말하며, 결국 그것을 통
해 얻어진 통찰력을 의미함

장목비이(長目飛耳)의 유래

이 성어는 춘추시대 제(齊)나라의 사상가이자 정치가였던 관중(管仲)의
사상을 집대성한 ≪관자(管子)≫에서 유래되었다. 관중은 천리 밖에 있
는 일들과 또한 은밀하게 숨어 있는 미세한 사물들까지 꿰뚫어볼 수 있
는 통찰력에 대하여 첫째는 장목(長目)이요, 둘째는 비이(飛耳)라고 하였
다. 장목(長目)은 긴 눈이므로 멀리까지 내다보는 것이고, 비이(飛耳)는 나
는 귀 즉 어디나 가서 많이 들으라는 뜻이다.

장목비이(長目飛耳)와 마케팅

멀리 보고 많이 듣는 것은 곧 통찰력의 기본이다. 시장에서의 블루오
션은 멀리 보고 많이 들은 결과이다. 블루오션(blue ocean: 푸른 바다)이란
수많은 경쟁자들이 존재하는 레드오션(red ocean: 붉은 바다)과 상반되는

개념으로, 경쟁자들이 없는 무경쟁의 시장을 의미한다. 즉 블루오션 전략은 차별화와 저비용을 기초로 경쟁이 없는 새로운 신규시장을 창출하려는 경영전략을 말한다.

따라서 블루오션 마케팅전략은 미개척된 고객의 욕구를 발견하고, 미개척된 고객을 개발하는 것이며, 미개척된 가치를 제공하여 미개척된 시장을 개척하는 것이다. 이러한 블루오션 시장의 발견은 마케터의 통찰력에서 비롯되는 것이다. 기존에 없던 새로운 제품을 발굴하여 시장에 내놓는 것은 결코 쉬운 일이 아니다. 그러나 장목비이(長目飛耳), 통찰력으로 새로운 시장을 개척한다는 것은 마케터로서 도전이고 과제이다.

【표 2】 장목비이(長目飛耳) – 만도의 김치냉장고

구 분	내 용
장목(長目) - 멀리 내다본 것	아파트 주거문화의 진전, 주부들의 가사노동 탈피욕구, 주부들의 의사결정권 향상 - 사회문화적 환경변화 예견
비이(飛耳) - 많이 듣는 것	냉장고에 김치를 보관하면 다른 음식에서도 김치 냄새가 난다 - 김 치전용 냉장고의 필요성 인지

블루오션 – 김치냉장고 딤채

1995년 중소기업 만도는 김치냉장고 '딤채'를 시장에 내놓았다. 삼성과 LG 등 대기업 가전업체들은 생각도 못 한 제품이었다. 딤채가 처음 출시되었을 때 소비자들은 김치냉장고라는 제품의 탄생에 신기해 하였지만 곧 주부들에게 인기를 끌면서 출시 이후 매년 200%의 성장을 하였고, 대기업 가전사들도 생산에 뛰어들어 이제는 에어컨시장에 버금가는 정도가 되었다. 이와 같이 만도는 가전시장에 김치냉장고라는 블루오션을 만들어내었고, 소비자의 욕구를 충족시킨 제품으로서 가전시장의 새로운 지평을 열었던 것이다. 결국 만도의 김치냉장고 딤채는 통찰력에서 비롯된 것이다.

결국 마케터는 멀리 보고, 많이 들어야 블루오션 시장을 발견할 수 있는 것이다.

공자(孔子)는 ≪논어(論語)≫ 〈제15편 위령공편(衛靈公篇)〉에 "인무원려(人無遠慮), 필유근우(必有近憂)" 즉 "사람이 먼 장래를 걱정하지 않으면 가까운 미래에 반드시 걱정거리가 생긴다."라고 하였다. 이와 유사한 고사성어로 당나라 임신사(林愼思)의 ≪속맹자(續孟子)≫에 '교자채신(敎子採薪)'이란 고사성어가 있다. 敎: 가르칠 교, 子: 아들 자, 採: 캘 채, 薪: 땔 나무 신. 즉 '자식에게 땔나무 해오는 법을 가르치라'는 뜻으로 '무슨 일이든 장기적인 안목을 갖고 근본적인 처방에 힘씀'을 의미한다.

춘추시대 노(魯)나라의 어떤 아버지가 아들에게 하루는 땔나무를 해오라고 하면서 한마디 물어보았다. "너는 여기서 백 보 떨어진 곳에 가서 해오겠느냐? 아니면 힘이 들더라도 백 리 떨어진 곳에 가서 해오겠느냐?"라고 물었다. 아들은 말할 것도 없이 가까운 백 보 떨어진 곳으로 가겠다고 대답했다. 그러자 아버지는 "네가 가까운 곳으로 가겠다는 것은 이해가 되지만, 그곳은 언제든지 나무를 해올 수 있다. 하지만 백 리 떨어진 곳은 누구나 나무를 해가도 되니, 그곳의 땔감부터 가져와야 우리 집 근처의 땔감이 남아 있지 않겠니?"라고 하였다. 아들은 결국 아버지의 깊은 생각을 이해하고 먼 곳으로 땔나무를 하러 떠났다.

그리고 '정저지와(井底之蛙)'란 고사성어가 있다. 井: 우물 정, 底: 밑 저, 之: 갈 지, 蛙: 개구리 와. 즉 우물 안의 개구리라는 뜻으로, 식견이 좁아 세상 물정을 전혀 모르는 사람을 비유적으로 이르는 말이다. 따라서 마케터는 교자채신(敎子採薪), 즉 눈앞의 이익만 쫓아서는 안 되고, 또한 정저지와(井底之蛙)처럼 우물 안의 개구리가 되어서는 안 된다. 멀리 내다보고, 많이 경청한다는 장목비이(長目飛耳)로써 미래를 준비해야 하는 것이다.

時不可失

시불가실

타이밍을 놓치지 마라

時: 때 시, 不: 아닐 불, 可: 옳을 가, 失: 잃을 실

때는 한번 가면 다시 돌아오지 않는다는 뜻으로, 한번밖에 오지 않는 기회를 놓치지 말라는 의미

시불가실(時不可失)의 유래

이 성어는 사서삼경(四書: 대학, 중용, 맹자, 논어. 三經: 시경, 서경, 역경) 중 하나인 《서경(書經)》 〈태서편(泰誓篇)〉에 주(周)나라 문왕(文王)의 왕자가 말한 대목에서 유래되었다. 《서경》은 중국 고대의 역사적 기록으로서 《상서(尚書)》라고도 하며, 상(尚)은 '가장 오래된 책'이란 의미를 담고 있다. 유래의 내용은 다음과 같다.

"하늘은 백성들을 가엽게 여기시니 백성이 바라는 바를 하늘은 반드시 도와줄 것이오. 바라건대 그대들은 나 한 사람을 도와 영원히 온 세상을 맑게 하시오. 때가 왔으니 놓치면 안 되오(時哉弗可失)!"

시불가실(時不可失)은 때가 왔으니 놓치면 안 된다는 '시재불가실(時哉不可失)'에서 유래되어 만들어진 고사성어이다. 시불가실(時不可失)과 유사

한 동의어로는 좋은 기회를 놓치지 말라는 물실호기(勿失好機)가 있다. 또한 '우순풍조(雨順風調) 일기가성(一氣呵成)'이란 성어가 있는데, 비가 때 맞추어 알맞게 내리고 바람이 고르게 불 때 일을 미루지 말고 단번에 해내라는 뜻으로, 기회를 놓치지 말라는 의미이다. 이와 같이 예부터 기회를 놓치지 말라는 교훈은 수없이 강조되어 왔다고 할 수 있다.

시불가실(時不可失)과 마케팅

좋은 기회가 주어졌을 때 미루지 않고 이뤄야 한다는 의미의 시불가실(時不可失)은 마케팅 관점에서 해석하면 시의적절한 타이밍이라고 할 수 있다. 타이밍(timing)이란 시간적으로 원하는 순간에 동작을 맞추는 일이다. 마케팅에서 타이밍은 여러 상황에서 발생한다. 예를 들어 신상품을 출시할 때 타이밍을 놓치면 경쟁업체에게 선도 자리를 빼앗길 수 있고, 반대로 너무 성급하게 출시하여 역풍을 맞을 수도 있다. 또한 판매할 때 타이밍을 놓치면 상품이 재고로 남게 되며, 광고할 때 타이밍을 놓치면 버스를 놓친 것과 같다.

특히 사회문화적 이슈의 초기효과는 상당히 높은 반면에 지속성은 현저하게 떨어진다. 이러한 이슈를 마케팅하려면 무엇보다 타이밍이 중요한 것이다. 마케팅에 있어서 타이밍은 '히말라야 산'이란 말이 있다. 즉 마케팅에 있어서 타이밍은 가장 높은 산이고, 그 외의 것은 작은 산이라는 의미이다.

따라서 마케터는 시장과 경쟁의 환경을 잘 파악하고, 고객의 필요와 욕구를 적절한 타이밍에 자극하여 시의적절한 대응책을 내놓아야 한다. 그래서 마케터에게는 통찰력과 예리한 판단력이 요구되는데, 결코 마케터는 만시지탄(晩時之歎) 즉 기회를 놓쳐 탄식하는 일이 없어야 할 것이다. 전장에서 패배한 장수는 용서를 받을 수 있어도, 전장에 늦은 장수는 용서할 수 없다는 말이 있다. 마케터에게도 상품 판매의 부진은 용서받을 수 있어도, 판매할 수 있는 타이밍을 놓친 것은 용서받지 못한다는 의미이다.

명나라 왕명학(王鳴鶴)의 병서(兵書)인 ≪등단필구(登壇必究)≫ 중에 "이익이 있으면 마땅히 빨리 움직이고 그렇지 않으면 멈추어라. 순간순간을 중요시하라. 너무 빠르면 실수를 하고, 너무 늦으면 시기를 놓친다(見利宜疾, 未利則止. 取利乘時, 間不容息, 先之一刻則大過, 后之一刻則失時也)"라는 글이 있는데, 이는 곧 마케팅에서 타이밍의 중요성을 강조하는 의미라고 할 수 있다.

2002년 한·일 월드컵 붉은 티셔츠(Red Devils)의 타이밍

2002년 한·일 월드컵 당시 패션 트렌드는 붉은 티셔츠였다. 월드컵이 개막되기 전까지도 붉은 티셔츠가 그토록 불티나게 팔릴 것을 예측한 패션 업체는 그다지 많지 않았다. 한국이 4강에 오를 것을 예상하지 못했기 때문에 붉은 티셔츠의 인기를 염두에 두고 제품을 미리 섭외한 기업들도 많지 않았던 것이다. 없어서 못 팔 정도로 폭발적인 인기를 누렸던 붉은 티셔츠는 초창기 중국과 한국에서 수천 장을 주문해 팔았던 기업은 돈방석에 앉았다. 그 당시 동대문에는 붉은 티셔츠를 구하지 못해 흰 티셔츠에 붉은색 프린팅을 그것도 앞면만 칠해서 팔 정도로 인기가 있었다고 한다.

이처럼 붉은 티셔츠가 불티나게 팔리자 어느 업자가 뒤늦게 중국에다 수백만 장가량의 붉은 티셔츠를 주문해 한국으로 들여왔었다. 그러나 수백만 장의 티셔츠가 세관문제로 지체되는 사이 한국은 월드컵 4강에서 주저앉았고 붉은 티셔츠 열풍도 그와 함께 막을 내리고 말았다. 결국 이 업자는 붉은 티셔츠를 헐값에 처리하다 못해 동남아 등에 자선물품으로 기증했다고 한다. 이 기업은 막차를 탄 것이다.

– http://www.okfashion.co.kr

民貴君輕
민귀군경

고객은 기업의 근본이다

民: 백성 민, 貴: 귀할 귀, 君: 임금 군, 輕: 가벼울 경
백성은 귀하고 임금은 가볍다는 뜻으로, 백성이 나라의 근본이라는 의미

민귀군경(民貴君輕)의 유래

이 성어는 ≪맹자(孟子)≫의 〈진심장구(盡心章句) 하편〉에 "백성이 귀한 것이며, 사직은 그 다음이고, 임금은 가볍다(民爲貴 社稷次之 君爲輕)"라는 대목에서 유래되었다.

주자(朱子)는 이 글에 대한 주석에서 "대개 나라는 백성을 근본으로 삼는 것이니 사직도 또한 백성을 위하여 세운 것이며, 임금이 존귀한 것도 백성과 사직의 존망에 달려 있는 것이므로 그 경중이 이와 같다"라고 설명하였다. 민귀군경(民貴君輕)은 맹자의 도덕을 바탕으로 한 왕도(王道)정치와 백성을 근본으로 하는 민본(民本)정치의 사상을 잘 보여주는 대목이라고 할 수 있다.

민귀군경(民貴君輕)과 마케팅

민귀군경(民貴君輕)을 마케팅 측면에서 의미를 부여하면 민(民)은 고객, 군(君)은 기업으로서 곧 '고객이 기업의 근본이다'라고 해석하여 이를 한 자성어화하면 '객귀업경(客貴業輕)'이라고 할 수 있다. 여기서 업(業)이란 기업뿐만 아니라 소규모의 자영업도 포함한다. 고객을 기업의 근본으로 삼는다는 것은 고객중심적 사고를 가지는 것을 말한다. 결국 민귀군경(民貴君輕)처럼 백성의 민심을 잃으면 임금이 존재할 수 없듯이, 고객의 민심을 잃으면 기업이 존재하지 못함을 명심해야 한다는 의미이다.

중국 당나라 때 사관(史官)이었던 오긍(吳兢)이 저술한 ≪정관정요(貞觀政要)≫에 "군주는 배와 같고, 백성은 물과 같다. 물은 배를 띄울 수도 있지만, 전복시킬 수도 있다(君舟也, 人水也. 水能載舟, 亦能覆舟)"라고 하였다. 마케팅 측면에서 해석하면 기업은 배이고, 고객은 물과 같다. 고객은 기업을 띄울 수도 있지만 전복시킬 수도 있다는 말이다. 따라서 마케터는 고객이 기업의 근본임을 깨달아야 한다.

고객(顧客)은 경제에서 창출된 재화와 용역을 구매하는 개인이나 가구를 일컫는다. 한자 고(顧)는 '돌아볼 고'이지만 방문한다는 뜻도 있다. 결국 고객(顧客)은 방문하는 손님이다. 이러한 고객은 기업의 출발점으로서 고객이 없는 기업이란 존재할 가치가 없다. 과거 물재가 부족하여 수요가 공급을 초월하고, 시장독점이 가능했던 시절의 기업은 대량생산을 통해 공급에만 주력하였으므로 고객은 안중에도 없었다.

그러나 과잉공급, 과당경쟁, 고객의 욕구가 다양한 오늘날에는 고객을 모시고 존중한다는 의미에서 고객에 대한 칭호가 왕(王), 황제(皇帝), 신(神)으로 격상되어 더 이상의 수식어가 부족한 실정이다. 뿐만 아니라 고객지향, 고객만족, 고객감동, 고객사랑 등 찬란한 문구로 고객을 유혹하고 있다.

통신판매 회사인 L.L. Bean사는 다음과 같이 "고객이란 무엇인가 (What is a customer?)"라는 정의를 통하여 고객지향적 사고를 보여주고 있다.

A customer is the most important person ever in this company. (고객은 이 사무실에서 가장 중요한 사람이다.)

A customer is not dependent on us, we are dependent on him. (고객이 우리에게 의존하는 것이 아니라, 우리가 고객에게 의존하고 있다.)

A customer is not an interruption of our work, he is the purpose of it. (고객은 우리의 일을 방해하는 것이 아니고, 우리 일의 목적이다.)

We are not doing a favor by serving him, he is doing us a favor by giving us the opportunity to do so. (우리가 고객에게 서비스를 제공하는 것이 고객에게 호의를 베푸는 것이 아니라, 고객이 우리에게 서비스를 제공할 수 있는 기회를 줌으로써 고객이 우리에게 호의를 베푸는 것이다.)

A customer is not someone to argue or match wits with. (고객은 말다툼의 대상이 아니다.)

Nobody ever won an argument with a customer. (어느 누구도 고객에게 주장을 해서 승리할 수는 없다.)

A customer is a person who brings us his wants. (고객은 자신의 욕구를 우리에게 가져다주는 사람이다.)

It is our job to handle them profitably to him and to ourselves. (고객과 우리 자신에게 도움이 되도록 서비스하는 것이 우리의 일이다.)

고객을 근본으로 생각하는 또 다른 유명사례로는 미국 동부 코네티컷(Connecticut) 주에 기반을 둔 낙농제품 전문 슈퍼마켓 '스튜 레오나드(Stew Leonard)'를 들 수 있다. 매장 입구에 거대한 화강암 바위를 세워 놓았는데, 거기에는 '우리의 정책(Our Policy)'이라는 회사의 방침이 다음과 같이 새겨져 있다.

창업자 스튜 레오나드(Stew Leonard)가 이러한 정책을 세우는 데는 이유가 있었다. 점포를 연 지 얼마 되지 않았을 때, 매장을 순시하는 중에 계란 코너에서 한 할머니 고객과 매장 책임자인 직원이 옥신각신 다투고 있는 장면을 목격했다.

할머니는 "며칠 전 여기서 구매한 계란을 오늘 아침 먹어보니 상해 있었다. 그것은 원래부터 상한 것이거나, 아니면 쉽게 상할 것을 판매한 매장 책임이므로 새것으로 교환해 달라"고 하였다. 이에 대해 매장 책임자는 "우리 회사 물류시스템이나 매장관리 제도를 볼 때 여기서 그런 계란을 판매한다는 것은 도저히 있을 수 없다. 상한 것은 그 원인이 무엇

RULE 1(법칙 1)
THE CUSTOMER IS
ALWAYS RIGHT!
(고객은 항상 옳다!)

RULE 2(법칙 2)
IF THE CUSTOMER
IS EVER WRONG,
REREAD RULE 1.
(만약 고객이 옳지
않다면 정책 1을 다시
보라.)

이든 고객의 실수였으므로 부당한 교환은 해줄 수 없다"고 하였다. 그러자 할머니는 "내가 이 매장을 좋아해서, 다시는 이런 실수가 없게 하려고 12km나 달려와서 얘기했는데…, 내 눈에 흙이 들어가기 전에는 다시는 여기서 구매하는 일이 없을 거야!" 하며 돌아갔다.

스튜 레오나드는 이 광경을 목격하고 본사로 돌아가는 승용차 속에서 고객의 입장에서 생각해 보았다. 고객이 자기가 좋아하는 매장이 더 발전하도록 충언해 주는 마음도 몰라주고, 고객의 정당한 권리 주장을 부당한 요구로 받아들이는 직원의 모습에 불쾌감을 느끼고 '우리의 정책(Our Policy)'을 돌에 새겨 입구에 세워 놓게 되었다.

이와 같이 금이나 옥처럼 귀중히 여겨 아끼고 받들어야 할 규범을 고사성어로 '금과옥조(金科玉條)'라고 한다.

得隴望蜀

득롱망촉

고객의 욕구를 이해하라

得: 얻을 득, 隴: 나라 농, 望: 바랄 망, 蜀: 나라 촉

농(隴)을 얻고 또 촉(蜀)을 바란다는 뜻으로, 한 가지 일이 관철되면 또다시 다른 것에 욕심을 내는 사람들의 심리를 묘사한 말

득롱망촉(得隴望蜀)의 유래

전한(前漢) 말. 중국은 각 지역의 제후들이 군웅할거하고 있었는데 한(漢)을 재건한 광무제(光武帝)는 이들을 하나씩 모두 토벌하고 농(隴)과 촉(蜀)만 아직 복속시키지 못하고 있었다. 그중 세력이 약한 농의 외효(隗囂)는 한(漢)의 광무제와 촉(蜀)의 공손술 간에 양다리 외교로 명맥을 유지하려 했으나 실패하고, 외효가 죽자 그 아들이 광무제에게 항복함으로써 마침내 농도 후한의 손에 들어왔다. 이때 광무제가 "두 성이 함락되거든 곧 군사를 거느리고 남쪽으로 가서 촉나라 오랑캐를 쳐라. 사람은 만족할 줄 몰라 이미 농을 평정했는데 다시 촉을 바라게 되는구나. 매양 군사를 출동시킬 때마다 그로 인해 머리가 희어진다(兩城若下 便可將兵南擊蜀虜 人若不知足 旣平隴復望蜀 每一發兵 頭髮爲白)"라고 하였다. 이 대목이 《후한서(後漢書)》〈광무기(光武記)〉에 전하여 득롱망촉(得隴望蜀)이란 말이 유래되었다. 결국 4년 뒤 광무제는 촉을 손아귀에 넣고 숙원

을 이루었다.

득롱망촉(得隴望蜀)과 유사한 성어로는 겨를 핥다가 쌀을 먹는다는 '지강급미(砥糠及米)'와 마루를 빌리면 안방을 빌리고자 한다는 '차청차규(借廳借閨)'가 있는데, 사람의 욕심은 끝이 없다는 것을 의미한다.

득롱망촉(得隴望蜀)과 마케팅

한 가지 일이 관철되면 또다시 다른 것에 욕심을 낸다는 득롱망촉(得隴望蜀)은 마케팅 측면에서 고객의 욕구는 끝이 없음을 의미하는 것이라고 할 수 있다. 과거 물재가 부족하여 수요가 공급을 초과한 시절에는 소품종을 대량생산하면 되었고, 상품의 수명은 비교적 길었다. 그러나 기업 간에 국내는 물론 글로벌 경쟁구도하에서 공급이 수요를 초과하자 소비자의 선택권이 존중되었다. 또한 소비자 욕구의 변화는 빨라지고, 개성이 다양화됨에 따라 상품의 수명 사이클(PLC : Product Life Cycle)이 단축되어 기업은 다품종을 소량생산하지 않으면 안 되게 되었다.

욕구란 사람들에게 공통적으로 존재하지만, 평상시에는 잘 드러나지 않고 마음속에 내재되어 있는 것으로 어떠한 것이 부족하거나 결핍되어 생겨나는 상태를 말한다. 그래서 소비자는 생활 속에서 어떠한 상태나 문제를 해결해 줄 수 있는 제품이나 서비스를 기꺼이 찾으려는 것이다. 이러한 소비자의 욕구는 오늘날 시장에서 빠르게 변화되고 있다.

권불십년(權不十年), 화무십일홍(花無十一紅)이란 고사성어도 있다. 권불십년(權不十年)은 아무리 막강한 권력이라도 10년을 넘기지 못한다는 의미이고, 화무십일홍(花無十一紅)은 아무리 아름다운 꽃이라도 열흘을 넘기지 못한다는 뜻이다. 즉 출시된 대부분의 상품은 소비자가 더 이상 원하지 않아 언젠가 소멸할 수밖에 없다는 것이다. 물론 일부 장수하는 상품도 있지만. 휴대폰의 모양과 디자인 그리고 기능 등의 변화를 살펴보면 쉽게 이해할 것이다. 이러한 현상은 소비자의 욕구변화 때문이다.

오늘날 소비자 주권시대에서 소비자들은 특정 제품을 수동적으로 받아들이기보다는 자신의 주장을 적극적으로 표현하는 존재로 바뀌었다. 특히 소비자들은 다양한 개성을 추구하기 때문에 같은 상품 및 디자인은 싫어하고, 정보화시대의 고객들은 풍부한 정보와 엄격한 기준을 가지고 구매행동을 한다. 따라서 마케터는 득롱망촉(得隴望蜀), 즉 소비자의 욕구는 끝이 없고, 끊임없이 새로운 것을 추구한다는 것을 명심하여 소비자의 트렌드를 쫓아야 할 것이다.

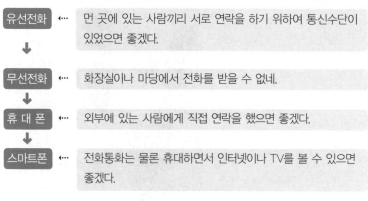

【그림 1】소비자 욕구변화에 따른 전화의 변천

삼성전자 휴대폰의 변천사

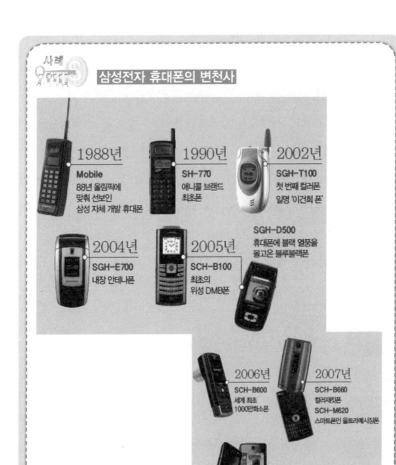

1988년
Mobile
88년 올림픽에
맞춰 선보인
삼성 자체 개발 휴대폰

1990년
SH-770
애니콜 브랜드
최초폰

2002년
SGH-T100
첫 번째 컬러폰
일명 '이건희 폰'

SGH-D500
휴대폰에 블랙 열풍을
몰고온 블루블랙폰

2004년
SGH-E700
내장 안테나폰

2005년
SCH-B100
최초의
위성 DMB폰

2006년
SCH-B600
세계 최초
1000만화소폰

2007년
SCH-B660
컬러재킷폰
SCH-M620
스마트폰인 울트라메시징폰

2008년
풀터치스크린폰 햅틱(SCH-W420)
터치위즈(F480)
스마트폰 T*옴니아(M490)

2009년
제트, 햅틱아몰레드,
옴니아2

2010년
코비, 갤럭시A,
갤럭시S, 웨이브 등

휴대폰의 디자인과 기능이 급속도로
변하는 것은 소비자의 욕구변화
때문이다.

고사성어에서 배우는 마케팅

鼓腹擊壤

고객을 만족시켜라

제2장

鼓腹擊壤 고복격양

고객을 만족시켜라

鼓: 칠 고, 腹: 배 복, 擊: 칠 격, 壤: 땅 양
배를 두들기면서 땅을 친다는 뜻으로, 백성이 만족하여 태평성대를 의미하는 말

고복격양(鼓腹擊壤)의 유래

이 성어는 ≪십팔사략(十八史略)≫ 〈제요편(帝堯篇)〉과 ≪악부시집(樂府詩集)≫ 〈격양가(擊壤歌)〉에서 유래되었다.

먼 옛날 중국에 성천자(聖天子)로 이름난 요(堯)임금이 있었는데, 선정을 베풀어 하루하루를 태평하게 지내던 어느 날, 요임금은 정말로 세상이 잘 다스려지고 있는지 궁금하여 초라한 평복차림을 하고 민정을 살펴보러 나갔다. 어느 동네에 이르자 아이들이 손을 맞잡고 자신을 찬양하는 노래를 부르고 있었고, 한 노인은 손으로 배를 두드리고(鼓腹), 발로 땅을 구르며(擊壤) 다음과 같이 흥겹게 노래를 부르고 있었다.

해가 뜨면 일하고 해가 지면 쉬네(日出而作 日入而息)
밭을 갈아먹고 우물을 파서 마시니(耕田而食 鑿井而飮)
임금님의 힘이 나에게 무슨 소용인가(帝力何有于我哉)

요임금은 정말 기뻤다. 백성들이 아무 불만 없이 배를 두드리고 발을 구르며 흥겨워하고, 정치의 힘 따위는 완전히 잊어버리고 있던 것이었다. 그야말로 정치가 잘되고 있다는 증거라고 생각하게 되었다.

고복격양(鼓腹擊壤)의 마케팅계책

백성이 만족한다는 의미의 고복격양(鼓腹擊壤)을 마케팅 측면에서 해석하면 고객만족으로 의미를 부여할 수 있다. 백성을 만족시키지 못하면 정권이 위협받듯이, 고객을 만족시키지 못하면 기업이 위협받는다는 점에서 고객만족의 전략이 요구되는 것이다. 고객만족에 대한 구체적인 마케팅계책으로서 다음과 같이 6계를 제시하였다.

제7계 : 역지사지(易地思之) – 고객의 입장에서 생각하라

제8계 : 요고순목(堯鼓舜木) – 고객의 소리를 들어라

제9계 : 부접빈객거후회(不接賓客去後悔) – 고객이 후회하지 않도록 하라

제10계 : 일각여삼추(一刻如三秋) – 고객을 기다리게 하지 마라

제11계 : 일궤십기(一饋十起) – 고객에게 반응을 보여라

제12계 : 구각춘풍(口角春風) – 고객을 칭찬하라

易地思之

역지사지

고객의 입장에서 생각하라

易: 바꿀 역, 地: 땅 지, 思: 생각할 사, 之: 갈 지

처지를 바꾸어 생각하라는 뜻으로, 상대편의 처지나 입장
에서 먼저 생각해 보고 이해하라는 의미

역지사지(易地思之)의 유래

이 성어는 《맹자(孟子)》〈이루(離婁)〉에서 맹자가 중국의 성인(聖人)
인 하우(夏禹)와 후직(后稷)에 대하여 다음과 같이 언급한 내용에서 유래
되었다.

"하우와 후직은 같은 뜻을 가졌는데, 하우는 물에 빠진 백성이 있으면
자신이 치수(治水)를 잘못하여 그들을 빠지게 하였다고 여겼으며, 후직
은 굶주리는 사람이 있으면 본인이 일을 잘못하여 백성을 굶주리게 하
였다고 생각하였다. 하우와 후직은 처지를 바꾸어도 모두 그렇게 하였
을 것이다(易地則皆然)."

이 대목에 등장하는 '역지즉개연(易地則皆然)'에서 '역지사지(易地思之)'라
는 한자성어가 만들어진 것이다.

역지사지(易地思之)와 마케팅

처지를 바꾸어 생각하라는 의미인 역지사지(易地思之)를 마케팅 측면에서 의미를 부여하면 상품을 생산하여 판매하고자 하는 기업이 고객의 입장에서 생각해 보라는 것으로 해석할 수 있다. 기업이 아무리 품질이 좋은 상품을 생산하고 판매하려고 하여도, 고객이 원하는 것이 아니면 팔리지 않는다. 고객의 입장에서 생각해 보면 달리 보이게 된다는 것이다.

마케팅의 관리이념은 시장환경에 따라 과거로부터 생산지향적 → 제품지향적 → 판매지향적 → 마케팅지향적 이념으로 발전하여 왔다. 이렇게 변천할 수밖에 없었던 이유는 고객의 입장을 생각하지 않으면 안 되었기 때문이다. 즉 생산지향적 이념은 '만들면 팔린다'는 사고방식이고, 제품지향적 이념은 '잘 만들면 팔린다'는 품질지상주의 사고방식이며, 판매지향은 생산된 것을 판매만 잘 하면 된다는 사고방식이다. 이러한 생산지향, 제품지향, 판매지향은 기업중심적 사고로서 오늘날 한계에 도달하게 되었다.

결국 역지사지. 기업이 고객의 입장에서 생각하는 마케팅지향을 하지 않으면 안 되게 되었고, '생산된 것을 판매한다(product out)'는 개념에서 '판매될 수 있는 것을 생산한다(market in)'는 마케팅지향적 이념이 필요하게 되었다. 따라서 고객의 입장에서 생각하고 마케팅을 기획해야 하며, 고객이 좋아할 것이라 생각하지 말고, 기업이 고객의 입장에서 필요로 할 것인지 좋아할 것인지를 생각하여 상품을 생산해야 하는 것이다. 역지사지(易地思之)의 마음만 있으면 충분히 고객을 만족시킬 수 있다.

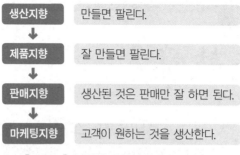

【그림 2】 마케팅 관리이념의 변천

 쥐덫회사의 파산

　모 쥐덫회사는 세계에서 제일 튼튼하고 편리한 쥐덫을 만들어 곧 백만 장자가 될 것으로 기대했었다. 그러나 고객의 욕구보다는 제품 그 자체의 스타일 또는 기능만을 강조하였기 때문에 판매가 되지 않아 회사가 파산 하게 되었다. 즉 소비자가 원하는 것은 튼튼하고 편리한 쥐덫 그 자체가 아 니라 쥐를 원천적으로 퇴치하는 것이었다. 결국 쥐를 잡는 쥐약이 개발되 면서 소비자는 더 이상 쥐덫을 찾지 않게 되었다.

堯鼓舜木

요고순목

고객의 소리를 들어라

堯: 요임금 요, 鼓: 북 고, 舜: 순임금 순, 木: 나무 목

요임금의 북과 순임금의 나무라는 뜻으로, 중국 고대의 성왕(聖王)으로 추앙받는 요(堯)임금과 순(舜)임금은 백성들의 고충에 귀를 기울여 태평성대를 이루었다는 의미

요고순목(堯鼓舜木)의 유래

이 성어는 ≪회남자(淮南子)≫ 〈주술훈편(主術訓篇)〉에서 유래되었다.

요임금은 궁궐 문 앞에 북을 매달아 놓고 잘못된 정치를 지적하거나 나라에 아뢸 일이 있는 사람들은 지위 고하를 막론하고 언제든지 북을 두드려 간언할 수 있도록 하였다. 순임금도 궁궐 앞에 나무를 세워 백성들로 하여금 그릇된 정치를 지적하거나 고충을 글로 적을 수 있도록 하였다. 이를 ≪회남자≫에서는 "요치감간지고, 순립비방지목(堯置敢諫之鼓, 舜立誹謗之木)"이라 하였고, 여기서 '요고순목(堯鼓舜木)'이라는 고사성어가 만들어졌다. 결국 요와 순의 두 임금은 여론을 잘 수렴하여 올바른 정치를 폄으로써 백성들의 삶을 편안하게 하려는 데 그 목적이 있었다.

요고순목(堯鼓舜木)과 마케팅

요(堯)임금과 순(舜)임금이 백성들의 고충에 귀를 기울였다는 요고순목(堯鼓舜木)은 마케팅 측면에서 고객의 소리를 들으라는 의미로 해석할 수 있다. 고객의 목소리를 듣는 것은 마케팅의 기본철칙이다. 고객의 목소리를 통하여 그들이 무엇을 원하는지를 파악할 수 있기 때문이다. 고객의 소리(VOC : Voice Of Customer)를 모니터링해야 하는 이유는 고객의 소리에 귀를 기울여 그들의 욕구를 파악하고 이를 수용하여 경영활동을 함으로써 고객만족을 추구하고자 하는 것이다.

결국 고객의 소리를 청취하는 목적은 상품구매에 대한 만족도 및 친절도를 파악하고, 불만사항에 대해서는 관련부서에 피드백(feed back)함으로써 지속적으로 고객만족을 실현하는 데 있으며, 또한 고객으로부터 아이디어를 얻을 수 있게 하는 것이다. 즉 고객의 표출된 니즈(needs)뿐만 아니라 잠재된 니즈까지 파악하여 고객이 진정 원하는 상품 및 서비스 개발에 활용할 수 있다는 것이다.

고객만족실현의 해법은 고객의 소리에 모든 답이 있는 셈이다. 고객으로부터 듣는 것은 무료이지만, 얻는 것은 큰 가치가 있으며, 혁신의 80%는 고객의 소리에서 비롯되는 것이다. 따라서 마케터는 요고순목(堯鼓舜木)처럼 고객의 소리를 듣도록 노력해야 할 것이다. 그리고 입이저심(入耳著心)이란 고사성어가 있는데, 들은 것을 마음속에 간직하여 잊지 않아야 한다는 뜻이다.

고객의 소리를 청취할 수 있는 경로는 다양한데, '고객의 소리' 카드 비치, 홈페이지 게시판, 전화로 하는 해피콜 서비스(happy call), SNS 채널 등이 있다. 이러한 채널을 통하여 고객의 소리를 모니터링하고, 피드

한화생명은 '고객의 소리(VOC) 체험관'을 오픈하여 고객불만 해결에 대한 정확도를 높이고자 노력하고 있다.

백을 하는 이유는 다음과 같다.

- 여러 고객의 집합체인 시장의 욕구와 기대의 변화를 알 수 있다.
- 고객의 입장에서 바라봄으로써 문제점을 쉽게 파악할 수 있다.
- 예상 밖의 아이디어를 얻을 수 있다.
- 고객과의 관계를 더욱 돈독하게 유지할 수 있다.

고객의 소리를 통하여 상품이 개선된 사례는 많다. 예를 들어 예전에 세탁기용 가루비누는 부피가 컸다. 소비자들은 부피가 커 보관이 용이하지 않다는 소리를 내었고, 그것을 토대로 소형 강력 가루비누를 만들게 되었다. 그리고 백화점의 유모차 비치는 아기를 동반한 주부들이 쇼핑을 할 때 불편하다고 건의하여 이루어진 것이다. ≪명심보감(明心寶鑑)≫에 "득인일어(得人一語) 승천금(勝千金)"이란 대목이 있다. 남의 좋은 말 한마디 듣는 것이 천금보다 낫다는 뜻이다. 이와 같이 고객의 소리는 천금이 될 수 있는 것이다.

不接賓客去後悔

부접빈객거후회

고객이 후회하지 않도록 하라

不: 아니 부, 接: 사귈 접, 賓: 손 빈, 客: 손 객,
去: 갈 거, 後: 뒤 후, 悔: 뉘우칠 회

손님을 제대로 대접하지 않으면 떠난 뒤에 뉘우친다는 뜻
으로, 손님이 왔을 때는 이런저런 핑계를 대면서 대접하지
않다가 가고 난 뒤에 후회해 보았자 이미 늦었다는 말

부접빈객거후회(不接賓客去後悔)의 유래

이 성어는 중국 남송 때 유학자(儒學者)인 회암(晦庵) 주희(朱熹)가 언급
한 〈주자십회(朱子十悔)〉에서 유래되었다.

주자십회(朱子十悔)는 때를 놓치면 뉘우쳐도 소용없는 일을 열 가지로
제시했는데, 부접빈객거후회(不接賓客去後悔)는 그중 제일 마지막 부분에
해당한다. 주자십회(朱子十悔)를 소개하면 다음과 같다.

1) 불효부모사후회(不孝父母死後悔)

부모에게 효도하지 않으면 돌아가신 뒤에 뉘우친다. 돌아가시고 나면
후회해도 이미 늦으니, 살아 계실 때 효도해야 한다.

2) 불친가족소후회(不親家族疏後悔)

가족에게 친하게 대하지 않으면 멀어진 뒤에 뉘우친다. 가까이 있을

때 가족에게 잘해야지, 멀어진 뒤에는 소용이 없다.

3) 소불근학노후회(少不勤學老後悔)

젊어서 부지런히 배우지 않으면 늙어서 뉘우친다. 젊음은 오래 가지 않고 배우기는 어려우니, 젊을 때 부지런히 배워야 한다.

4) 안불사난패후회(安不思難敗後悔)

편안할 때 어려움을 생각하지 않으면 실패한 뒤에 뉘우친다. 편안할 때 위험에 대비해야 한다.

5) 부불검용빈후회(富不儉用貧後悔)

재산이 풍족할 때 아껴 쓰지 않으면 가난해진 뒤에 뉘우친다. 쓰기는 쉽고 모으기는 어려우니, 근검절약해야 한다.

6) 춘불경종추후회(春不耕種秋後悔)

봄에 씨를 뿌리지 않으면 가을에 뉘우친다. 봄에 밭을 갈고 씨를 뿌리지 않으면, 가을이 되어도 거둘 곡식이 없다.

7) 불치원장도후회(不治垣墻盜後悔)

담장을 제대로 고치지 않으면 도둑 맞은 뒤에 뉘우친다. 도둑을 맞고 난 뒤에는 고쳐도 소용없다.

8) 색불근신병후회(色不謹愼病後悔)

색을 삼가지 않으면 병든 뒤에 뉘우친다. 여색을 밝히다 건강을 잃으면 회복할 수 없으니 뉘우쳐도 소용없다.

9) 취중망언성후회(醉中妄言醒後悔)

술에 취해 망령된 말을 하고 술 깬 뒤에 뉘우친다. 지나치게 술을 마시면 쓸데없는 말을 하게 되니 항상 조심하라.

10) 부접빈객거후회(不接賓客去後悔)

손님을 제대로 대접하지 않으면 떠난 뒤에 뉘우친다. 손님이 왔을 때는 이런저런 핑계를 대면서 대접하지 않다가, 가고 난 뒤에 후회해 보았자 소용없다.

부접빈객거후회(不接賓客去後悔)와 마케팅

손님을 제대로 대접하지 않으면 떠난 뒤에 뉘우친다는 뜻의 부접빈객거후회(不接賓客去後悔)를 마케팅 관점에서 의미를 부여하면 고객에게 제대로 서비스를 하지 못하여 고객이 불만족하여 다시 오지 않는 것에 대하여 후회를 해봤자 소용이 없다는 말이다. 우리 속담에 "소 잃고 외양간 고치기"가 있다. 즉 처음부터 고객만족 서비스를 통하여 고객이 후회하지 않도록 해야 하는 것이다.

고객만족(CS : Customer Satisfaction)이란 고객의 필요(needs), 욕구(wants), 기대에 부응하는 제품 및 서비스를 제공하여 그 결과로 재구매가 이루어지고, 이것이 반복하여 고객 애호도(customer loyalty)가 계속 유지되는 것이라고 할 수 있다.

'복수불반(覆水不返)'이란 고사성어가 있다. 엎지른 물은 주워 담기 어렵다는 뜻으로, 저지른 일은 되돌릴 수 없음을 비유하는 말이다. 또한 '이발지시(已發之矢)'라는 고사성어도 있는데, 이미 시위를 떠난 화살이란 뜻으로 되돌릴 수 없는 상황을 비유하는 말이다. 따라서 부접빈객거후회(不接賓客去後悔), 복수불반(覆水不返), 이발지시(已發之矢) 등과 같은 상황이 초래되지 않도록 고객만족을 지향해야 하는 것이다.

만약 고객이 불만족했다면 그 고객은 재구매를 하지 않을 뿐만 아니라 잠재고객에게도 부정적인 구전을 전파하여 매출감소를 초래하게 한다. 이러한 고객을 일명 '테러고객'이라고 한다. 불령지도(不逞之徒)란 말이 있다. 불령(不逞)이란 뜻을 이루지 못하여 불만이 가득하다는 뜻으로 곧 불만을 품고 나쁜 짓을 하는 무리라는 뜻이다. 바로 테러고객이다. 고객만족과 불만족의 결과가 어떻게 나타나는지 그림으로 설명하면 아래와 같다.

고객만족을 위한 서비스는 더 이상 옵션이 아니라 생존의 필수전략이다. 이러한 고객만족 서비스가 반드시 현장에서만 이루어지는 것은 아니다. 구매 사후에도 한번 고객은 영원한 고객으로 만들 수 있도록 사후 서비스(after service)도 강화해야 한다. 예를 들면 컴퓨터판매회사에서 컴퓨터를 설치하고 일주일 후 다시 방문 또는 전화를 하여 제대로

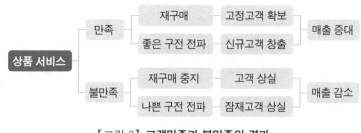

【그림 3】 고객만족과 불만족의 결과

작동되고 있는지 점검해 주는 행위를 들 수 있다. 간혹 사후 서비스가 제대로 되지 않아 재이용 고객이 되지 않는 경우도 있다.

一刻如三秋

일각여삼추

고객을 기다리게 하지 마라

一: 한 일, 刻: 새길 각, 如: 같을 여, 三: 석 삼, 秋: 가을 추

일각이 3년(가을이 세 번 지나간 것) 같다는 뜻으로, 시간
의 지루함을 의미. 일각(一刻)은 옛 시간의 단위로 한 시간
의 4분의 1 즉 15분 정도를 말함

일각여삼추(一刻如三秋) 의미와 유래

이 성어는 중국 최고의 시집인 ≪시경(詩經)≫에 '채갈(采葛)'이라는 아
래와 같은 시의 구절에서 유래하였다.

칡 캐러 간 그대여(彼採葛兮)

하루를 못 만나도(一日不見)

석 달이나 된 것 같네(如三月兮)

쑥 캐러 간 그대여(彼採蕭兮)

하루를 못 만나도(一日不見)

가을이 세 번 지나간 것 같네(如三秋兮)

뜸쑥 캐러 간 그대여(彼采艾兮)

하루를 못 만나도(一日不見)

삼 년이나 된 것 같네(如三歲兮)

일각여삼추(一刻如三秋)와 마케팅

시간의 지루함을 의미하는 일각여삼추(一刻如三秋)는 마케팅 측면에서 고객은 기다리는 것을 질색한다는 의미로 해석할 수 있다. 일반적으로 고객들은 기다리는 시간을 실제 시간보다 더 길게 과대평가하는 경우가 많다. 이와 같은 이유는 대기시간에 대한 지루함이 심리적 지각으로 나타나기 때문이다. 대기관리는 주로 서비스업종에서 찾아볼 수 있는데, 고객은 대기시간을 '일각여삼추(一刻如三秋)'로 생각한다는 점에서 가능한 대기시간이 짧게 느껴지도록 다음과 같은 전략이 요구된다.

1) 대기시간을 고지하라

무작정 기다림은 확실한 기다림보다 더 길게 느껴지고, 사전 설명이 없는 기다림도 길게 느껴진다. 따라서 대기시간을 고지함으로써 기다림의 시간을 심리적으로 단축시켜 주어야 한다. 이때 대기시간을 여유 있게 고지하여 예상보다 빠른 시간에 서비스가 시작될 경우 고객은 만족하지만 예상보다 늦게 서비스가 시작될 경우 고객의 불만은 가중된다.

2) 공정한 대기시스템을 마련하라

대기의 순서가 불공정하게 진행되면 고객의 저항에 부딪히게 된다. 즉 먼저 들어온 사람이 먼저 서비스를 받는 원칙을 준수해야 한다. 서비스고객은 누구나 자신이 존중되고 대접받기를 원한다. 따라서 대기번호표의 활용 등을 통하여 공정한 대기시스템을 마련해야 한다.

3) 예약을 활용하라

수요가 몰리면 대기시간이 길어진다. 수요가 집중되는 시간 및 시기를 피하여 예약을 관리함으로써 대기수요를 분산시킬 수 있다. 예를 들어 병원의 경우 예약접수를 할 때 고객이 원하는 날짜에 수요가 많으면 대기시간을 고지함으로써 다른 날짜로 유도하는 것을 들 수 있으며, 레스토랑의 경우 예약을 하면 대기시간 없이 곧바로 서비스가 제공된다는 것을 고지하여 수요관리를 할 수 있다.

4) 고객을 교육시켜라

서비스의 구매시점에서 수요가 몰리는 시간대와 성수기를 피하고 여유 있는 시간대와 비수기를 이용할 경우 대기시간 없이 충분한 서비스를 받을 수 있다는 것을 고지하여 고객 스스로 대기시간을 피하도록 하는 전략이라고 할 수 있다.

5) 기기를 활용하라

대기시간을 줄이고 신속한 서비스를 하기 위해서는 기기의 도입 및 활용이 요구된다. 예를 들어 은행에서의 인터넷뱅킹이나 ATM(현금자동입출금기) 사용 권장, 홈쇼핑에서 자동전화주문 할인 등을 들 수 있으며, 특히 디즈니랜드의 경우 줄을 서서 대기하는 시간을 줄이기 위하여 기계에서 예약번호표를 인출하는 패스트 패스(fast pass) 제도를 도입하여 운영하고 있다.

서비스업의 대기시간 관리

- 은행 및 미용실 : 잡지 제공
- 호텔 및 백화점 : 엘리베이터 근처에 대형 거울 설치
- 병원 : 예약제도 및 자동 고혈압 측정기 설치
- 테마파크 : 직렬라인으로 줄 서는 것을 짧은 병렬라인으로 대체 또는 예약번호표 인출기 설치
- 패밀리 레스토랑 : 지루함을 달래기 위하여 대기시간에 음료수 제공

一饋十起

일궤십기

고객에게 반응을 보여라

一: 한 일, 饋: 먹일 궤, 十: 열 십, 起: 일어날 기

한 끼 식사에 열 번 일어선다는 뜻으로, 아무리 바빠도 찾아오는 사람의 요구를 들어준다는 의미

일궤십기(一饋十起)의 유래

이 성어는 ≪회남자(淮南子)≫ 〈범론훈(氾論訓)〉에 우(禹)왕의 통치자로서의 자질을 묘사한 대목에서 유래되었다.

우왕은 "자신에게 도(道)로써 가르칠 사람은 와서 북을 울리고, 의(義)로써 깨우치려는 자는 와서 종을 치며, 어떤 일을 고하고자 하는 자는 방울을 흔들고, 근심을 말하고자 하는 사람은 와서 경쇠를 치며, 소송할 일이 있는 자는 와서 작은 북을 치도록 하라"고 하였다. 이후 이러한 사람이 계속 찾아오자 우왕은 한 번 식사하는 동안에 열 번이나 일어났다(一饋而十起)고 하였다. 그만큼 우왕은 백성을 위로했다는 것이다.

일궤십기(一饋十起)와 마케팅

아무리 바빠도 찾아오는 사람의 요구를 들어준다는 의미의 일궤십기

(一饌十起)는 마케팅 측면에서 고객에게 반응을 보이라는 의미로 해석할 수 있다. 고객에 대한 반응이란 고객의 어떠한 요구에 신속히 응대하고자 하는 의지의 표현이다. 고객의 반응은 여러 상황에서 발생하고 있는데, 고객은 자신의 요구, 질문, 불만, 문제제기 등에 대하여 신속히 응대해 주기를 바란다. 예를 들어 음식점에서 주문을 하기 위하여 손을 들거나 신호를 하였는데 종업원이 오지 않거나, 물을 달라고 하였는데 아무 반응이 없다면 그 고객은 다시 그 음식점을 찾지 않을 것이다.

또한 백화점이나 음식점에서 고객이 구매를 결정하지 못하거나 무슨 메뉴를 선택할지 고민하는 경우도 많다. 그럴 때 고객에게 다가가서 결정을 도와줘야 하는 것이다. 그것이 곧 반응이다. 진정한 서비스는 고객이 무엇을 요구하기 전에 먼저 알아서 해주는 것이다.

특히 고객 불평 및 불만에 대한 반응은 매우 중요하다. 고객불평 (complaint)이란 고객이 상품을 구매하는 과정에서 또는 구매한 상품에 관하여 품질이나 서비스 불량 등을 이유로 이의를 제기하는 것으로, 서비스나 구매현장에서 종종 발생한다. 이러한 불평을 잘 해소해 주지 않으면 그 고객은 영원히 돌아오지 않을 것이고, 또한 주변에 부정적인 구전을 전파하여 많은 잠재고객까지도 잃게 한다. 불만은 전염병보다 빠르다는 것을 명심할 필요가 있다. 고객의 불평불만 제기에 대한 기본 대응원칙은 다음과 같다.

- 고객을 무시한다. ⇨ 문제를 인정한다.
- 고객을 비난한다. ⇨ 원인을 설명한다.
- 고객이 알아서 하도록 그냥 둔다. ⇨ 사과를 한다.
- 문제에 대한 보상을 하지 않는다. ⇨ 보상 또는 업그레이드를 해준다.

● 책임을 전가한다. ⇨ 책임을 진다.

고객의 불평불만처리(complaint handling)의 절차는 다음과 같이 경청 –
공감표시 및 사과 – 문제해결방안 제시 – 만족여부 확인 – 사후관리 등 5단
계로 진행된다.

1) 경청

고객의 불평을 진지하고 겸허하게 받아들이며, 고객의 입장에 동조하
면서 긍정적으로 경청한다. 특히 고객이 불평을 토로하는 중간에 끼어
들어 말을 하지 않는다. 일단 1단계의 경청과정이 원만히 진행되어야 다
음 단계로 넘어갈 수 있다는 점에 유의해야 한다.

2) 공감표시 및 사과

경청이 끝나면 고객의 불평에 대하여 공감을 표시하고 정중하게 사과
한다. 특히 논쟁이나 변명은 삼가야 한다. 만약 받아들이기 힘들거나 무
리한 불평일지라도 일단 수긍하는 자세를 취한 다음 고객을 납득시킨다.

3) 문제해결방안 제시

곧 시정될 수 있는 사항이라면 그 자리에서 즉시 조치하고, 이미 시정
할 수 없는 사항이라면 그에 상응하는 보상책을 해결방안으로 제시한다.

4) 만족여부 확인

문제해결방안의 제시에 대하여 고객의 수용이나 만족여부를 확인한
다. 충족이 되었다면 감사의 표시를 하고, 만약 고객이 해결방안을 수

용하지 않거나, 만족하지 못했다면 다시 3단계로 돌아가 진지하게 대화를 나눈다. 이때는 흔히 "어떻게 해결해 주었으면 좋겠습니까?"라고 반문을 할 수 있다.

5) 사후관리
고객불평처리가 완료되면 그 고객은 재고객이 될 수 있다. 따라서 불평사항을 기록하고 관련 직원에게 환기를 시키는 등 차후 그러한 문제가 발생하지 않도록 사후관리를 철저히 할 필요가 있다.

그리고 컴플레인 핸들링의 효율성을 높이기 위해서는 사람, 장소, 시간을 바꾸는 즉 3변(變)을 시도하는 것도 요구된다.

1) 사람을 바꾼다
신입사원에서 경력사원으로, 사원에서 간부사원으로 바꾸어 고객의 불평을 처리한다.

2) 장소를 바꾼다
영업 현장에서 처리하게 되면 타 고객들에게 불편을 줄 뿐만 아니라 군중심리에 의하여 감정이 더 격화될 수 있다. 따라서 사무실로 안내하여 혼자 있게 하고, 서서 대화하는 것보다는 앉아서 함으로써 감정을 진정시킬 수 있다.

3) 시간을 바꾼다
감정이 격화되어 있는 상태에서 대화를 하게 되면 어떠한 말도 고객이 수용하려고 들지 않는다. 즉답과 변명을 피하고 약간의 냉각시간을 가진 다음 고객에게 접근을 시도해야 한다. 이때 장시간 방치하면 더 큰 불만을 초래할 수도 있다.

口角春風

구각춘풍

고객을 칭찬하라

口:입 구, 角:뿔 각, 春:봄 춘, 風:바람 풍

입아귀에서 봄바람이 난다는 뜻으로, 좋은 말재주로 남을
칭찬하여 즐겁게 함을 비유하는 말

구각춘풍(口角春風)의 유래

이 성어는 생활 속에서 만들어진 한자성어이다. 구각춘풍이 내가 타
인에게 하는 칭찬이라면, 남이 나에게 하는 칭찬으로서 '만구성비(萬口成
碑)'란 성어가 있다. 즉 많은 사람의 말이 비석을 이룬다는 뜻으로, 많은
사람이 칭찬하게 되면 결국 송덕비를 세움과 같이 명성이 알려진다는
의미이다.

구각춘풍(口角春風)	➡	종업원이 고객을 칭찬
만구성비(萬口成碑)	➡	고객이 종업원을 칭찬

【그림 4】 구각춘풍(口角春風)과 만구성비(萬口成碑)의 비교

구각춘풍(口角春風)과 마케팅

좋은 말재주로 남을 칭찬하여 즐겁게 한다는 구각춘풍(口角春風)은 마케팅 측면에서 남을 고객으로 바꾸어 "고객을 칭찬하여 즐겁게 하라"라는 의미를 부여할 수 있다. 칭찬은 고래도 춤추게 한다는 말도 있듯이 칭찬을 하면 할수록 더욱더 잘하려고 하는 동기부여를 갖게 한다. 이 의미를 고객에게 접목하면 고객에게 칭찬을 하면 할수록 고객은 더욱 지갑을 연다는 의미로 해석할 수 있다.

일반적으로 칭찬은 내부마케팅 차원에서 상사가 부하 직원에게, 고객이 종업원에게 하는 것으로 관념화되어 있는데, 오히려 고객을 칭찬하면 직접적인 매출이 더 올라간다. 또한 고객과의 대면에서 "어서 오십시오" 등과 같은 일상적인 말보다 칭찬을 하다 보면 고객의 마음이 빨리 열린다.

이와 관련된 심리적 효과로서 피그말리온효과(Pygmalion Effect)라는 것이 있는데, 특정 사람에 대하여 믿음이나 기대를 하면 그 사람에게 영향을 미쳐 그렇게 실현되는 현상을 말한다. 이 용어는 그리스 신화에 나오는 조각가 피그말리온의 이름에서 유래되었는데 그 내용은 다음과 같다.

그리스 신화에 등장하는 키프로스의 왕 피그말리온은 여성들의 결점을 너무 많이 알고 있었기 때문에 여성을 혐오했다. 그래서 그는 결혼을 하지 않고 한평생 독신으로 살 것을 결심한다. 그러나 외로움과 여성에 대한 그리움이 생기자 그는 자신의 이상향에 맞는 아름다운 여인을 조각하여 함께 지내기로 한다. 그는 자신이 만든 조각상에게 옷을 입히고 목걸이를 걸어주며 매일 어루만지고 보듬어주었다. 마치 자신의 아내인 것처럼 대하며 온갖 정성을 다했다. 어느 날, 아프로디테 제전에서 일을 마친 피그말리온은 신들에게 자신의 조각상과 같은 여인을 아내로 맞이하도록 해달라고 기원했다. 아프로디테 여신은 피그말리온의 사랑에 감동하여 조각상을 사람으로 환생시켜 주었다.

결국 피그말리온효과에 의하면 고객을 칭찬하면 고객은 영향을 받아 칭찬받는 행동 즉 지갑을 연다는 것이다. 피그말리온효과와 반대되는 개념으로 '스티그마(Stigma Effect)효과'가 있는데, 남들이 자신을 부정적으로 평가하여 낙인을 찍게 되면 그대로 나쁜 행동을 하게 된다는 것이다. '스티그마(Stigma)'란 미국 서부 개척시대에 자신의 가축이라는 것을 증명하기 위해 불에 그을린 인두를 가축의 등에 찍어 자신 소유라는 것을 표시한 데서 유래한 말이다. 고객을 칭찬할 때의 기법과 유의사항을 소개하면 다음과 같다.

1) 패션과 외모를 칭찬하라

고객의 패션과 외모는 가장 손쉽게 칭찬할 수 있는 요소이다. 예를 들면 "오늘 옷이 너무 멋있습니다.", "머리 모양을 바꾸시니 훨씬 젊게 보이십니다." 등을 들 수 있다.

2) 진심을 담아라

상투적이고 가식적으로 칭찬을 해서는 안 되고, 마음에서 우러나오는 진정성을 담아야 한다. 너무 의도적인 칭찬은 오히려 독이 될 수도 있다.

3) 칭찬을 자주하지 마라

들기 좋은 말도 자꾸 들으면 희석되어 버린다. 적절한 타이밍에 적절하게 하는 것이 효과적이다. 칭찬을 너무 과하게 하면 아부로 들릴 수 있다. 과유불급(過猶不及)이란 고사성어가 있는데 정도가 지나침은 미치지 못한 것과 같다는 의미이다.

4) 장점을 부각시켜라

사람은 누구에게나 장점이 있기 마련이다. 그 장점을 찾아내어 부각시켜 칭찬하는 것이 좋다.

중국 동진(東晉)의 갈홍(葛洪)이 지은 ≪포박자(抱朴子)≫에 "일언지선(一言之善) 귀어천금(貴於千金)"이란 말이 있다. "좋은 말 한마디는 천금보다 귀하다"는 뜻으로 "좋은 말 한마디로 고객을 감동시키라"는 의미이다. 구각춘풍(口角春風)과 유사한 의미라고 할 수 있다. ≪포박자(抱朴子)≫는 신선방약(神仙方藥)과 불로장수의 비법을 적은 도교 서적이자, 갈홍의 호이기도 하다.

제3장

水魚之交

고객과의
관계를
유지하라

水魚之交

수어지교

고객과의 관계를 유지하라

水: 물 수, 魚: 물고기 어, 之: 어조사 지, 交: 사귈 교

물과 물고기의 사귐이란 뜻으로, 원래는 임금과 신하 사이
에 두터운 교분을 비유하는 말로 쓰였으나 후대에 와서 매
우 친밀하게 사귀어 떨어질 수 없는 사이라는 말로 통용됨

수어지교(水魚之交)의 유래

이 성어는 ≪삼국지(三國志)≫ 〈제갈량전(諸葛亮傳)〉에 등장하는데 중국
삼국시대의 유비(劉備)와 제갈량(諸葛亮)의 사이를 비유한 데서 비롯되었다.

동한(東漢) 말기, 천하가 대란에 휩싸이자 각 세력들과 다투던 유비는
인재를 찾고 있었다. 그는 제갈량이라는 인재가 은둔생활을 하고 있다는
말을 들은 터라, 직접 세 차례나 그를 찾아가 자신을 도와 천하를 도모하
기를 청하였다. 이른바 삼고초려(三顧草廬 : 유비가 제갈량의 집을 세 번 방문하
여 계략가로 받아들임)였다. 제갈량의 도움으로 유비는 촉한(蜀漢)을 건국하
고, 조조, 손권과 삼국정립(三國鼎立)의 국면을 형성하였다. 유비는 제갈량
을 매우 존경하였으며, 제갈량 또한 유비의 대우에 깊은 감사를 느끼고
그에게 충성을 다했다. 유비는 중대한 일들에 대하여 제갈량에게 자문을
구하였는데, 관우와 장비는 유비의 제갈량에 대한 태도에 불만이었다.

유비에게는 관우(關羽)와 장비(張飛)와 같은 용장이 있었지만, 천하의

계교를 세울 만한 지략이 뛰어난 모사(謀士)가 없었다. 이때 제갈량과 같은 사람을 얻었으므로 유비의 기쁨은 몹시 컸다. 유비와 제갈량과의 사이가 날이 갈수록 친밀하여지는 것을 관우와 장비가 불평하자, 유비가 그들을 불러 "나에게 공명(孔明)이 있다는 것은 고기가 물을 가진 것과 마찬가지다. 다시는 불평하지 말도록 하게(孤之有孔明 猶魚之有水也. 願諸君勿復言)"라고 타일렀다. 이후 관우와 장비는 다시는 불평하지 않았다고 한다. 여기서 '수어지교(水魚之交)'라는 고사성어가 만들어졌다. 흔히 제갈량을 제갈공명(諸葛孔明)이라고 하는데 여기서 공명(孔明)은 제갈량의 자(字)로서 자(字)는 성인이 되면 이름 대신에 불러주는 호칭어를 말한다.

수어지교(水魚之交)의 마케팅계책

물과 물고기의 사귐이란 수어지교(水魚之交)는 마케팅 측면에서 기업과 고객과의 관계를 의미하는 성어라고 할 수 있다. 여기서 물(水)은 기업을 말하고, 어(魚)는 고객이라고 할 수 있다. 따라서 수어지교는 마케팅 측면에서 고객과의 관계를 중시하는 성어라고 할 수 있다. 고객과의 관계를 위한 구체적인 마케팅계책으로서 다음과 같이 6계를 제시하였다.

제13계 : 순망치한(脣亡齒寒) – 관계마케팅

제14계 : 일침견혈(一針見血) – 고객을 단번에 사로잡아라

제15계 : 사위지기자사(士爲知己者死) – 고객을 알아보라

제16계 : 소리장도(笑裏藏刀) – 불평하지 않는 고객을 조심하라

제17계 : 수심가지 인심난지(水深可知 人心難知) – 고객의 이탈을 막아라

제18계 : 수적천석(水滴穿石) – 고객을 자주 만나라

脣亡齒寒

순망치한

관계마케팅

脣: 입술 순, 亡: 잃을 망, 齒: 이 치, 寒: 찰 한
입술이 없으면 이가 시리다는 말로서, 서로 떨어질 수 없는
밀접한 관계라는 뜻

순망치한(脣亡齒寒)의 유래

이 성어는 노(魯)나라의 역사서(歷史書)이자 오경(五經)의 하나인 《춘추(春秋)》를 해석한 《춘추좌씨전(春秋左氏傳)》에 등장한다.

춘추시대 말엽 진(晉)나라 헌공은 괵(虢)나라를 공격할 야심을 품고 통과국인 우(虞)나라 왕에게 그곳을 지나도록 허락해 줄 것을 요청했다. 우나라의 신하인 궁지기(宮之奇)는 헌공의 속셈을 알고 왕에게 "괵나라와 우나라는 한몸이나 다름없는 사이이므로 괵나라가 망하면 우나라도 망할 것입니다"라고 간청하면서 "수레의 짐받이 판자와 수레는 서로 의지하고(輔車相依), 입술이 없어지면 이가 시린 법(脣亡齒寒)"이라고 하였다. 즉 괵나라와 우나라는 서로 밀접한 관계로서 결코 길을 열어주어서는 안됨을 강조한 것이다. 그러나 진 헌공의 뇌물에 눈이 어두워진 우왕은 "진과 우리는 동종(同宗)의 나라인데 어찌 우리를 해칠 리가 있겠소?"라며 듣지 않았다. 그런데 진나라는 궁지기의 예견대로 괵나라를 정벌하

고 돌아오는 길에 우나라도 정복하고 말았다.

순망치한(脣亡齒寒)과 마케팅

입술이 없으면 이가 시리다는 말로서 서로 떨어질 수 없는 밀접한 관계라는 뜻의 순망치한(脣亡齒寒)은 마케팅 측면에서 기업과 고객 간의 관계로서 관계마케팅의 철학을 제시해 주는 것이라고 할 수 있다.

관계마케팅(relationship marketing)이란 기존 고객의 유지와 향상에 초점을 두고 유대관계를 강화함으로써 고객과의 거래나 교환이 장기적으로 지속되어 기업과 고객 모두에게 이익을 보호하자는 개념이다. 전통적인 마케팅 연구는 유형의 소비재 제품을 대상으로 고객의 창출에 관한 문제를 규명하는 데 초점을 두었으나, 시장이 성숙기에 접어들고 기업 간에 시장점유율 확보를 위한 경쟁이 치열함에 따라 1990년대 이후부터 고객의 창출보다 고객을 유지하기 위한 노력을 전개하지 않으면 안 되게 되었다. 즉 기업들은 충성도 높은 단골고객 확보가 중요하다는 것을 인식하게 되었다.

따라서 기업은 한정된 시장에서 점유율을 유지하고 높이기 위하여 고객과의 관계를 중요시하게 되었고, 다수에 대한 무차별적 마케팅에서 개별 고객에 대한 맞춤 마케팅으로의 패러다임 변화에 의하여 관계마케팅을 도입하게 되었다. 관계마케팅의 효과는 다음과 같다.

1) 구매의 증가 및 시장점유율 유지

특정 서비스기업의 단골고객은 서비스품질에 불만족하지 않는 한 지속적으로 거래하기를 원하기 때문에 관계마케팅은 결국 구매를 증가시

킬 뿐만 아니라 고정고객을 확보함으로써 최소한의 시장점유율을 유지
시켜 준다. 예를 들어 호텔에서 애호고객에게 "당신의 결혼기념일이 다
가오고 있습니다." 또는 "당신의 결혼기념일 축하드립니다"라는 내용의
D.M을 보내게 되면 그 고객은 결혼기념을 리마인드하여 다시 방문하게
될 것이다.

2) 마케팅비용의 절감

신규고객을 유치하기 위해서는 초기 마케팅비용이 많이 들지만 기존
고객과의 지속적인 관계를 유지하는 비용은 시간이 지남에 따라 점점
낮아지는 경향이 있다. 따라서 관계마케팅은 장기적으로 마케팅비용을
최소화할 수 있는 효과가 발생한다.

3) 구전을 통한 무료광고

고객과의 관계가 잘 유지되면 고객 자신의 서비스경험을 잠재고객들
에게 전파하는 등의 구전을 통한 무료광고의 효과를 기대할 수 있다.
특히 서비스는 구매 전에 품질을 테스트해 볼 수 없다는 점에서 구전만
큼 좋은 광고는 없는 것이다.

4) 고객만족 서비스 가능

관계마케팅은 현존 고객의 구매패턴과 전반적인 관계의 파악이 용이
하고, 고객의 구체적인 욕구에 대응하기가 수월해질 뿐만 아니라 쌍방
향 의사소통도 가능하여 고객만족 서비스를 가능하게 한다.

5) 사업기회의 확대

관계마케팅은 고객과의 관계와 고객에 대한 지식을 기반으로 사업을 다각화할 수 있다. 예를 들어 한 고객이 특정 항공사와 관계가 잘 유지된다면 그 항공사가 만약 호텔사업에 진출할 경우 그 호텔의 애호고객으로 연결되기 때문에 사업의 기회를 확대할 수 있는 것이다.

6) 종업원의 유지

고객이 서비스품질에 만족하고 지속적으로 거래한다는 것은 만족시켜 주는 종업원이 있기 때문이다. 역으로 설명하면 서비스품질이 좋은 종업원이 있기에 고객이 만족하고 지속적으로 거래를 한다는 것이다. 따라서 서비스기업의 입장에서 서비스품질이 좋은 종업원을 유지하기 위해서는 관계마케팅에 의한 고객만족이 실현되어야 한다.

전통적 마케팅 관점에서 기업과 고객과의 관점은 윈-루즈(Win-Lose) 곧 기업이 고객에게 일방적으로 상품을 판매하는 것이라면 관계마케팅에서는 윈-윈(Win-Win) 즉 기업과 고객이 모두 만족하는 것을 지향한다. 점유율 대상에 있어서도 전통적 마케팅에서는 시장점유율에 초점을 두지만 관계마케팅에서는 고객점유율에 초점을 두고, 애호도의 대상에서도 전통적 마케팅에서는 상표애호도에 초점을 두지만, 관계마케팅에서는 고객애호도에 초점을 둔다. 이와 같이 관계마케팅은 고객을 중시하는 것이다. 이를 도식화하면 다음과 같다.

【그림 5】 **전통마케팅과 관계마케팅의 관점비교**

이와 같이 고객과의 관계는 순망치한(脣亡齒寒), 즉 이와 입술의 관계처럼 서로 떨어질 수 없는 관계이므로 관계마케팅이 요구되는 것이다.

一針見血

일침견혈

고객을 단번에 사로잡아라

一 : 한 일, 針 : 바늘 침, 見 : 볼 견, 血 : 피 혈
침을 한 번 놓아 피를 본다는 뜻으로, 어떤 일의 본질을 파
악하여 단번에 정곡을 찌르는 것을 비유하는 말

일침견혈(一針見血) 의미와 유래

이 성어는 원래 의술과 관련된 말로서 ≪후한서(後漢書)≫ 〈곽옥전(郭
玉傳)〉에 나오는데, 한 번 침을 놓으면 병이 다 나았다는 말에서 유래되
었다.

곽옥(郭玉)은 중국 침구술(針灸術)의 명의로서 한(漢)나라 화제(和帝)의 어
의(御醫)를 지낸 인물로서 의술에 정통해 그의 치료를 받은 사람은 남녀
노소를 막론하고 모두 효험을 보았다고 한다. '견혈(見血)'은 뛰어난 의
술로 한 번 침을 놓아 피를 보게 하는 것으로서 사혈(死血)을 빼내 혈액
순환이 원활하게 이루어지도록 하는 치료법을 말한다.

일침견혈(一針見血)과 마케팅

일침견혈(一針見血)은 마케팅 측면에서 고객을 단번에 사로잡아야 한

다는 의미로 해석할 수 있다. 고객접점에서 왜 단번에 고객을 사로잡아야 하는지는 스칸디나비아 항공사(SAS)의 CEO인 얀 칼존(Jan Carlzon)의 '진실의 순간(MOT : Moments Of Truth)'에 잘 나타나 있다. 그는 1981년 800만 달러의 적자를 취임 1년 만에 7,100만 달러의 흑자 경영으로 전환시켰다. 물론 비즈니스 고객을 주 타깃으로 한 마케팅적 노력이 있었지만 그보다 서비스접점에 있는 사원들의 우수한 서비스가 더 중요하다는 것을 주지시켰다.

즉 한 해에 천만 명의 승객이 각 5명의 SAS항공사 종업원과 접촉한 사실을 강조하였으며, 1명당 1회 접촉시간은 평균 15초였다는 것이다. 따라서 1회 15초라는 짧은 시간을 1년간 5천만 회 정도 고객의 마음에 SAS항공사의 이미지를 새겨넣은 것이다. 이 한 순간 한 순간이 결국 SAS항공의 성공을 좌우하기 때문에 종업원들은 이 결정적 순간이 항공사 전체 이미지를 결정한다는 사실을 인지해야 한다고 역설하였다. 서비스 접점에서 이 15초의 순간을 '결정적 순간' 또는 '평가의 순간'이라고도 한다.

따라서 진실의 순간이란 고객이 조직의 어떤 일면과 접촉하는 접점으로서, 서비스를 제공하는 조직과 그 품질에 대해 어떤 인상을 받는 순

진실의 순간
(Moments Of
Truth: MOT)

간이라고 정의할 수 있다. 진실의 순간은 일반적으로 고객이 종업원과 접촉하는 순간에 발생하지만, 광고를 보는 순간이나 대금 청구서를 받아 보는 순간 등과 같이 기업의 여러 자원과 직접 또는 간접적으로 접하는 순간도 포함된다.

'진실의 순간(Moments Of Truth: MOT)'은 스페인의 투우 용어인 'Momento de la Verdad'를 영어로 표현한 것에서 유래되었다. 투우사(Matador)가 1m의 칼로 우표 크기만한 소의 급소를 찌르는 순간을 의미한다. 즉 생과 사를 결정짓는 매우 중요한 찰나로서 투우사가 급소를 한번에 제대로 찌르지 못하면 소는 고통을 받게 되고 투우사의 명성도 떨어진다. 따라서 투우사가 소와 일대일로 대결하는 최후의 순간을 '진실의 순간'이라고 하며, 이는 마케팅에서 고객을 단번에 사로잡아야 된다는 의미로 해석되므로 시사하는 바가 크다고 할 수 있다.

특히 고객을 접객하는 서비스현장에서 진실의 순간을 보여줄 접점은 다양하다. 예를 들어 백화점의 경우 주차 티켓 발급부스, 안내데스크, 엘리베이터 입구, 물건을 살 때, 계산할 때, 환불 및 교환 등. 이러한 각각의 접점은 짧은 순간이지만, 이때 기업의 이미지가 결정된다는 점에서 종업원들은 진실의 순간을 보여주어야 하는 것이다.

士爲知己者死

사위지기자사

고객을 알아보라

士: 선비 사, 爲: 위할 위, 知: 알 지,
己: 몸(자기) 기, 者: 놈 자, 死: 죽을 사

선비는 자기를 알아주는 사람을 위해 목숨을 바친다는 뜻

사위지기자사(士爲知己者死)의 유래

이 성어는 ≪사기(史記)≫〈자객열전(刺客列傳)〉에서 유래되었다.

진(晉)나라에 예양(豫讓)이라는 자객(刺客)이 있었다. 그는 예전에 일찍이 범씨(范氏)와 중항씨(中行氏)를 섬겼지만 예양은 그들을 떠나 지백(智伯)을 섬겼고, 지백은 그를 매우 존경하고 남다르게 아꼈다. 지백이 조(趙)나라 양자(趙襄子)를 공격하자, 양자는 한(韓)과 위(魏)나라와 함께 일을 도모하여 지백은 물론 후손까지 죽였다. 양자는 지백을 너무 미워한 나머지 지백의 두개골에 옻칠을 해서 요강으로 썼을 정도였다. 예양은 산속으로 달아나면서 "선비는 자기를 알아주는 사람을 위해 죽고, 여자는 자기를 예뻐해 주는 사람을 위해서 얼굴을 꾸민다고 했다(士爲知己者死 女爲悅己者容)"라고 하면서 "지백이 나를 알아주었으니, 내 반드시 원수를 갚은 뒤에 죽을 것이다"라고 다짐하였다.

예양은 마침내 성과 이름을 바꾸고 죄수가 되어 양자의 궁궐로 들어

가 화장실의 벽을 바르는 일을 하며 몸에 비수를 품고 있다가 기회를 보아 양자를 찔러 죽이려고 했다. 어느 날 양자가 화장실에 가는데 마음이 동요되어 화장실의 벽을 바르는 죄수를 잡아다 조사하였더니 바로 예양이었다. 예양은 "지백을 위해서 원수를 갚으려 했소."라고 하자 주위에 있던 자들이 예양을 죽이려고 했다. 양자는 "그는 의로운 사람이다. 내가 조심하여 피했을 뿐이다. 지백이 죽고 그의 뒤를 이을 후손조차 없는데, 신하로서 주인을 위하여 원수를 갚으려고 하였으니, 이 사람은 천하의 현명한 인간이다."라고 말하며, 예양을 풀어주어 떠나도록 했다.

이후 주변에서는 양자의 신하로 들어가 충성하라고 권했으나 "남의 신하가 되어 그 사람을 죽이려고 함은 두 마음을 품고 자기 주인을 섬기는 것이다"라고 하면서 거절하였다. 예양은 또 잠복하여 양자를 죽이려고 하였으나 들키고 말았다. 양자는 예양에게 "그대는 일찍이 범씨와 중행씨를 섬기지 않았는가? 지백이 그들을 다 멸망시켰지만 그대는 그들을 위해서 원수를 갚지 않고 도리어 지백에게 예물을 바쳐 그의 신하가 되지 않았느냐. 그대는 유독 어찌 지백을 위하여 원수를 갚으려 하는가?"라고 하였다. 예양은 "저는 범씨와 중행씨를 섬긴 일이 있습니다. 범씨와 중행씨는 모두 저를 보통 사람으로 대우하였으므로 저도 보통 사람으로서 그들에게 보답하였습니다. 지백은 저를 한 나라의 국사(國士)로 대우하였으므로 저도 한 나라의 걸출한 국사로서 그에게 보답하려는 것입니다."라고 하였다.

양자는 탄식하였고, 예양의 마음을 돌리려고 하였으나 소용이 없자 "더 이상 그대를 살려주지 않겠다."라고 하면서 병사들에게 그를 포위하도록 했다. 이때 예양이 "저는 진실로 죽어 마땅합니다. 하지만 청컨대 당신의 옷을 얻어, 그것을 칼로 베어 원수를 갚으려는 뜻에 이르도록 해주신다면, 비록 죽어도 여한이 없겠습니다."라고 하였다. 양자는 예양의 청을 받아들여 병사를 시켜 자기 옷을 예양에게 갖다 주도록 하였다. 예양은 칼을 뽑아들고 세 번을 뛰어올라 양자의 옷을 공격하면서 "이제 지백에게 은혜를 갚을 수 있었다!"라고 하면서 곧 칼에 엎어져 스스로 목숨을 끊었다. 예양이 죽던 날, 조나라의 뜻있는 선비들은 이 소식을 듣고 모두 그를 위해 눈물을 흘렸다.

사위지기자사(士爲知己者死)와 마케팅

"선비는 자기를 알아주는 사람을 위해 목숨을 바친다."는 뜻의 사위지기자사(士爲知己者死)를 마케팅 측면에서 "고객은 자기를 알아주고 기쁘게 해주면 그 보답으로 언제든지 지갑을 연다."는 의미로 해석할 수 있다.

고객만족 서비스의 첫 출발은 고객과의 첫 접점에서 고객을 알아보는 것이다. 특히 단골고객이나 아는 고객일 때는 이름과 직함을 불러주는 것이 좋다. 설령 초면인 고객일지라도 마치 그전에 알고 있는 듯한 뉘앙스로 친근하게 접근을 시도해야 한다. 결국 처음 방문한 고객이든 단골고객이든 고객에게 친근감을 표시하는 것이 고객을 알아보는 것이다. 예를 들어 음식점을 몇 번 이용한 단골고객인데 방문할 때마다 불특정 다수의 고객을 상대하듯이 대하면 기분이 안 좋을 것이다. 즉 단골고객 홍길동 사장이 방문한다면 단순히 "어서 오십시오." 하고 인사하는 것보다 "홍 사장님 안녕하십니까?" 하는 것이 훨씬 친근감을 느끼게 하는 것이다.

심지어 일류 호텔의 경우 단골고객의 사진과 이름을 프런트 뒤쪽에 붙여놓고 어느 직원이라도 단골고객이 오면 이름과 직함을 호칭하도록 하고 있다. 일반적으로 외국인의 경우 이름 불러주는 것을 좋아하는데 경칭(Mr., Ms.)과 함께 라스트 네임을 붙여 부르면 된다. 내국인의 경우 이름 뒤에 직함을 불러주는 것을 좋아한다. 만약 이름과 직함을 모르는 중년 이상의 고객을 호칭할 때는 '선생님'이 어울리고, 여성에게는 '여사님'이라는 호칭이 적합하다. 간혹 혼자 오신 여성고객에게 '사모님'이라고 호칭하는데 그 여성이 독신으로 살고 있을지 모르므로 적합하지 않다.

고객과의 직접대면뿐만 아니라 휴대폰의 경우도 고객의 이름을 저장하여 전화가 걸려오면 발신자 정보에 의하여 이름이 화면에 나타나게 하여 "네, 반갑습니다. ○○○님"이라고 먼저 말을 건네는 것도 고객을 알아주는 기법이라고 할 수 있다.

 고객을 알아보는 기법

병원 원무과에서 환자를 접수할 때 의상이나 인상착의를 간단하게 기록하도록 한다. 예를 들어 밤색 체크무늬 셔츠나 이름, 성별, 나이 등 기본 인적사항은 이미 접수할 때 알고 있는 정보이다. 환자가 해당 치료실 앞에 대기하고 있을 때 그 환자의 순서가 되면 밤색 체크무늬 셔츠를 입은 사람에게 다가가 "000님, 많이 기다리셨죠. 이쪽으로 들어오십시오."라고 한다면 따뜻하고 정감 있는 인사를 전할 수 있는 것이다.

리츠칼튼 호텔의 3단계 서비스(three step of service)

① 고객이 들어오면 성실하고 다정하게 인사와 함께 맞아들이며 가능한 이름을 불러 친밀감을 느끼게 한다.
② 고객의 필요와 요구가 무엇인가를 미리 알아차리고 충족시켜 드린다.
③ 떠나실 때도 다정하게 "안녕히 가십시오." 인사를 하고 가능한 이름을 불러 드린다.

어쨌든 고객은 항상 기억되기를 바라고, 환영받고 싶어 하며, 관심을 바라고, 중요한 사람으로 인식되기를 바란다. 이러한 욕구를 충족시켜 줄 때 고객의 지갑은 열리는 것이다. ≪논어(論語)≫ 〈학이편(學而篇)〉에 공자가 말하기를 "불환인지불기지(不患人之不己知), 환부지인야(患不知人也)" 라고 하였다. 남이 나를 알아주는 것을 근심하지 말고, 내가 남을 알지 못하는 것을 근심하라는 뜻이다. 마케팅 측면에서 의미를 부여하면 종업원이 고객을 알지 못하는 것을 걱정하라는 것이다.

笑裏藏刀

소리장도

불평하지 않는 고객을 조심하라

笑: 웃을 소, 裏: 속 리, 藏: 감출 장, 刀: 칼 도

웃음 속에 칼을 감추고 있다는 뜻으로, 겉으로는 웃는 낯으로 대하지만 마음속으로는 상대방을 해칠 뜻을 품고 있음을 의미

소리장도(笑裏藏刀)의 유래

이 성어는 ≪손자병법≫ 36계 가운데 10번째 계책으로서 상대방으로 하여금 자신을 믿게 하여 안심시킨 뒤에 허를 찔러 공격하라는 병법에서 유래되었다.

중국 위, 촉, 오 삼국시대 때 형주(荊州)는 전략요지였다. 촉나라 장수 관우(關羽)는 이곳에 성을 쌓고 주둔하였다. 오나라의 장수 여몽(呂蒙)은 인근지역인 육구에 주둔하면서 형주를 탈취하기 위해서는 관우의 경계심을 늦추도록 해야 한다고 생각했다. 여몽은 몸이 아프다고 속이고 철수한 후 후임자로서 당시 무명에 불과한 육손(陸遜)을 보냈다. 관우는 호시탐탐 자신의 성을 노리는 여몽을 대신하여 육손이 부임했다는 소식을 듣고 안심했다. 여몽의 뜻을 알고 있는 육손은 육구에 부임하자마자 관우의 무용을 칭찬하고, 자신의 미숙함과 무능함을 낮추어 표현한 편지를 보냈다. 관우는 육손의 계략에 넘어가 형주의 주력 병력을 철수하여

위나라 쪽으로 옮겼다. 이때 여몽은 형주로 쳐들어가 완전히 점령했다.

소리장도(笑裏藏刀)와 유사한 고사성어로 ≪신당서(新唐書)≫에 '구밀복검(口蜜腹劍)'이란 것이 있다. 口: 입 구, 蜜: 꿀 밀, 腹: 배 복, 劍: 칼 검. 입에는 꿀이 있고 뱃속에는 칼을 품고 있다는 뜻으로, 말로는 친한 체하나 속으로는 미워하거나 해칠 생각이 있음을 비유적으로 이르는 말이다. 당(唐)나라 현종(玄宗) 후기에 이임보(李林甫)라는 재상이 있었다. 그는 전형적인 궁중 정치가로서 뇌물로 환관과 후궁들의 환심을 사는 한편 현종에게 아첨하여 마침내 재상이 되었다. 그리고 양귀비(楊貴妃)에게 빠져 정사(政事)를 멀리하는 현종의 유흥을 부추기며 조정을 좌지우지했다. 만약 바른말을 하는 충신이나 자신의 권위에 위협적인 신하가 나타나면 가차 없이 제거했다. 그런데 그가 정적을 제거할 때에는 먼저 상대방을 한껏 추어올린 다음 뒤통수를 치는 수법을 썼다. 당시 벼슬아치들은 모두 이임보를 두려워하며 "이임보는 입으로 꿀 같은 말을 하지만 뱃속에는 무서운 칼이 들어 있다(口蜜腹劍)"라고 말했다.

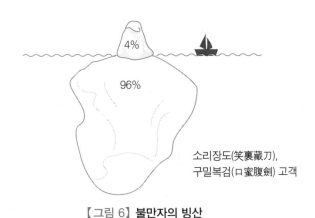

4%

96%

소리장도(笑裏藏刀),
구밀복검(口蜜腹劍) 고객

【그림 6】 불만자의 빙산

소리장도(笑裏藏刀)와 마케팅

웃음 속에 칼을 감추고 있다는 소리장도(笑裏藏刀)와 입에는 꿀이 있고 뱃속에는 칼을 품고 있다는 구밀복검(口蜜腹劍)은 마케팅 측면에서 불평하지 않는 고객을 조심하라는 의미로 해석할 수 있다. 즉 불평하는 고객보다 불평을 표현하지 않고 뒤에서 악담하는 고객이 더 무섭다는 것이다.

제품이나 서비스에 대한 불만은 단지 4%의 고객만이 불평을 한다. 나머지 96%는 불평으로 인한 귀찮은 경험을 하고 싶어 하지 않으며, 그 중에서 25%는 심각한 문제를 가지고 있다. 이를 불만자의 빙산이라고 한다. 즉 4%의 불평고객은 수면 위에 있고, 96%의 불만고객은 수면 아래에 있다는 것이다. 소리장도(笑裏藏刀)와 구밀복검(口蜜腹劍) 즉 불평하지 않는 고객은 마음속에 칼을 품고 있을지 모른다.

고객의 불평은 기업의 입장에서는 선물이다. 따라서 고객이 쉽게 불평을 호소할 수 있도록 장치를 마련해 주어야 하는데, 다음과 같은 원칙이 요구된다.

1) 접근이 용이해야 한다

고객이 불평처리를 쉽게 하도록 하기 위해서는 고객불평처리 데스크가 입구 로비의 눈에 잘 띄는 곳에 위치해야 하고, 문서와 전화 등의 커뮤니케이션 수단을 갖추어야 한다. 그리고 고객불평처리를 위해서 노력하고 있다는 것을 적극 홍보해야 한다.

2) 이용하기 쉬워야 한다

고객불평의 접수 및 절차는 한 장소에서 이루어지는 것이 바람직하다. 해당 부서별로 이리저리 찾아가라고 하면(고객동선이 아닌 내부 직원 통로를 이용하여 사무실을 찾는 것은 쉬운 일이 아님) 고객의 짜증만 증가시킬 뿐이다. 만약 부득이 해당 부서 사무실로 보낼 경우 담당자가 자리에 있는지 사전에 확인해야 한다. 또한 호소를 위한 양식의 내용은 누구나 이해할 수 있는 문구여야 하고, 전화나 우편으로 호소할 때는 수신자 부담 등을 통하여 이용하기 쉽도록 해야 한다.

3) 처리가 신속하고 공정해야 한다

고객이 제기한 불평에 대해서 적극적으로 대처하지 않거나 동일 사안에 대해서 차별적 처리를 하게 되면 고객의 불만은 가중된다. 따라서 고객불평처리는 신속하고 공정하게 이루어져야 한다.

水深可知 人心難知

수심가지 인심난지

고객의 이탈을 막아라

水: 물 수, 深: 깊을 심, 可: 옳을 가, 知: 알 지,
人: 사람 인, 心: 마음 심, 難: 어려울 난, 知: 알 지

물의 깊이는 알 수 있으나 사람의 마음은 알기 어렵다는
뜻으로, 열 길 물속은 알아도 한 길 사람 속은 모른다는
의미

수심가지(水深可知) 인심난지(人心難知)의 유래

이 성어는 조선 인조 때 홍만종의 문학평론집인 ≪순오지(旬五志)≫에 '열 길 물속은 알아도 한 길 사람 속은 모른다'는 속담을 한자성어화한 것으로 사람의 마음은 헤아리기 어렵다는 것을 강조한 것이다.

수심가지(水深可知) 인심난지(人心難知)와 마케팅

이 성어는 마케팅 측면에서 열 길 물속은 알아도 한 길 고객의 마음은 모른다는 것으로 해석할 수 있다. 즉 기존에 거래하는 고객이라도 가격, 서비스, 경쟁업체의 유인 등 다양한 요인에 의하여 언제든지 마음만 먹으면 타 업체로 옮길 수 있다는 것이다. 고객이 일단 어떠한 사유로 인하여 이탈할 마음이 생기면 좀처럼 회복시키기 어렵다.

≪예기(禮記)≫에 '심부재언(心不在焉) 시이불견(視而不見) 청이불문(聽而

不聞)'이라는 글귀가 있는데, 마음이 없으면 보아도 보이지 않고, 들어도 들리지 않는다는 뜻이다. 한 번 돌아선 고객은 그렇게 된다는 것이다.

따라서 고객이 왜 이탈하는지 원인을 알아야 하고, 이탈을 방지하는 노력을 사전에 기울여야 한다. 고객의 이탈을 전문용어로 '전환행동(switching behavior)'이라고 한다. 일반적인 고객의 전환행동 사유는 다음 표와 같다.

【표 3】 고객 전환행동의 범주

범 주	하위범주
가격문제	높은 가격, 가격인상, 불공평한 가격책정, 기만적인 가격책정
이용불편	위치 및 영업시간, 서비스 대기시간, 약속시간의 연장
핵심서비스의 실패	서비스 실수, 계산서 오류, 서비스 실패(큰 실수)
서비스 접점의 실패	무관심, 무례함, 무반응, 전문 서비스기술의 부족
서비스 실패에 대한 종업원 반응	귀찮은 반응, 무반응, 고객에게 전가
경쟁업체의 유인	더 좋은 서비스의 선택
윤리적 문제	부정직한 행위, 강압적인 행위, 불안전하거나 건전하지 못한 관행, 업계 이익관계
우연적인 전환	소비자의 이사, 서비스업체의 양도

그렇다면 전환행동을 어떻게 막아야 할 것인가? 전환비용(switching costs)을 높여 막을 수밖에 없다. 전환비용이란 기존의 거래(이용)업체에서 타 업체로 변경하는 과정에서 발생되는 비용을 말한다. 전환비용을 높이는 구체적인 전략으로는 관계혜택(relationship benefits)을 들 수 있다. 즉 고객에게 관계에 의한 혜택을 줌으로써 이탈을 막자는 것이다.

대표적인 사례로는 항공사의 보상 프로그램 즉 마일리지 전략을 들수 있다. 일정 마일리지를 모으면 무료항공권 제공 또는 비즈니스 클래스 업그레이드 등의 혜택이 주어지기 때문에 쉽게 타 항공사로 전환하지 못하는 것이다. 관계혜택의 요인은 ① 확신혜택 ② 사회적 혜택 ③ 특별 대우혜택 등으로 구분되는데, 각 요인에 대한 설명은 다음 표와 같다.

【표 4】 고객의 이탈을 막기 위한 관계혜택 요인

요인명	요인설명
확신혜택 (confidence benefits)	위험부담 축소, 신뢰성 제공, 올바른 서비스 수행, 서비스 이용 시 걱정을 줄임, 원하는 것을 먼저 알아서 해줌, 높은 수준의 서비스 획득
사회적 혜택 (social benefits)	종업원이 나를 알아보는 정도, 종업원의 친밀감, 서비스제공자와 우호관계, 나의 이름을 알아줌, 사회적 관계를 즐길 수 있음
특별대우 혜택 (special treatment benefits)	할인이나 다른 고객과는 다른 특별한 취급, 다른 고객보다 더 좋은 가격제공, 다른 고객에게는 하지 않는 나를 위한 서비스, 대기에서 우선으로 처리해 주는 것, 다른 고객보다 빠른 서비스

열 길 물속은 알아도 고객의 마음은 모른다. 따라서 관계혜택을 통하여 고객의 이탈을 막아야 할 것이다. 마케팅 이론 중에 양동이 이론 (bucket theory of marketing)이 있는데, 마케팅이 마치 커다란 양동이와 같다는 것이다. 즉 상품을 판매하기 위하여 촉진(광고, 홍보 등)이라는 물을 양동이에 쏟아 부으면 고객이 변하지 않는 이상 항상 가득 찬 상태를 유지하게 되지만 양동이에 고객이탈이라는 조그만 구멍이 생기면 아무리 물(촉진 프로그램)을 채워도 소용이 없다는 것이다. 결국 그 구멍을 막아 더 이상 물이 새지 않도록 하는 노력이 필요하며, 이는 곧 고객의 이탈을 막아야 한다는 의미이다.

제18계

水滴穿石

수적천석

고객을 자주 만나라

水: 물 수, 滴: 물방울 적, 穿: 뚫을 천, 石: 돌 석

물방울도 계속 떨어지면 돌도 뚫는다는 뜻으로, 작은 노력
이라도 끈기 있게 계속하면 큰일을 이룰 수 있음을 비유하
는 말

수적천석(水滴穿石)의 유래

이 성어는 중국 송나라 나대경(羅大經)의 〈옥림학로(玉林鶴露)〉에서 유
래되었다. 옥림학로는 주희(朱熹)·구양수(歐陽修)·소식(蘇軾) 등의 어록과
시화, 평론을 모으고, 그의 집에 찾아온 손님들과 주고받은 청담(淸談)
을 기록한 것이다.

북송(北宋) 숭양(崇陽)에 장괴애(張乖崖)라는 사람이 있었다. 어느 날 그
는 관아를 돌아보다가 창고에서 황급히 튀어나오는 한 관원을 발견했
다. 당장 잡아서 조사해 보니 상투 속에서 한 푼짜리 엽전 한 닢이 나왔
다. 그를 추궁하자 창고에서 훔친 것이라고 하였다. 장괴애는 즉시 형리
(刑吏)에게 명하여 곤장을 치라고 했다. 그러자 그 형리는 장괴애를 보며
"이건 너무 하지 않습니까? 그까짓 엽전 한 푼 훔친 게 뭐 그리 큰 죄입
니까?"라고 하였다. 이 말을 들은 장괴애는 "티끌 모아 태산(塵合泰山)이
란 말도 못 들었느냐? 하루 일 전이면 천 날이면 천전이요(一日一錢 千日

千錢), 끊임없이 먹줄이 튀겨지면 나무를 자르고, 물방울도 끊임없이 떨어지면 돌에 구멍을 뚫는다(繩鋸木斷 水滴穿石)"라고 하면서 화를 냈다. 장괴애는 곧 층계 아래 있는 죄인 곁으로 다가가 칼로 목을 치고 말았다.

수적천석(水滴穿石)과 마케팅

물방울도 계속 떨어지면 돌도 뚫는다는 수적천석(水滴穿石)은 마케팅 측면에서 잠재고객 또는 자사의 고객이 아니더라도 자주 만나면 자사의 고객이 될 수 있음을 의미하는 고사성어라고 할 수 있다. 고객은 처음부터 저절로 만들어지는 것이 아니다. 고객은 가장 낮은 단계의 잠재고객(suspects)에서부터 가장 높은 단계의 옹호고객(advocates)까지 6단계로 점점 육성된다. 이와 같은 육성은 고객을 자주 만나는 것과 비례하

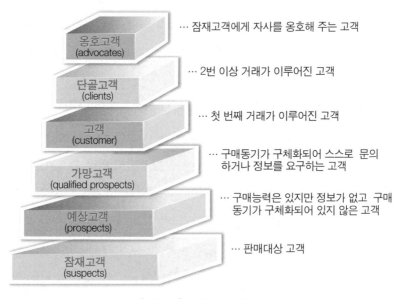

옹호고객
(advocates)
··· 잠재고객에게 자사를 옹호해 주는 고객

단골고객
(clients)
··· 2번 이상 거래가 이루어진 고객

고객
(customer)
··· 첫 번째 거래가 이루어진 고객

가망고객
(qualified prospects)
··· 구매동기가 구체화되어 스스로 문의하거나 정보를 요구하는 고객

예상고객
(prospects)
··· 구매능력은 있지만 정보가 없고 구매동기가 구체화되어 있지 않은 고객

잠재고객
(suspects)
··· 판매대상 고객

【그림 7】 고객의 육성과정

는 것이다. 자동차, 보험 등의 판매왕은 고객과 자주 만난 결과이다.

고객을 왜 자주 만나야 되는지는 에펠탑효과에서 찾을 수 있다. 에펠탑효과(Eiffel Tower Effect)란 '자주 보면 정이 들고 자주 만나면 좋아지는 효과'를 말한다.

프랑스 대혁명 100주년이 되는 1889년 3월 31일을 앞둔 프랑스는 이날을 기념하기 위해 파리에서 열리는 만국박람회기념 조형물로 에펠탑을 건립하기로 했다. 설계조건은 파리 어느 곳에서나 잘 보여야 한다는 것이다. 에펠탑이 세워지기 전 건립계획과 설계도가 발표되자 파리의 예술가들과 시민들은 천박한 이미지에 기겁을 하고 탑 건립을 죽기 살기로 반대하였다. 우여곡절 끝에 탑은 완성되었으나 파리 시민들은 외면했다. 에펠탑의 하늘을 찌를 듯한 높이 때문에 그들은 좋든 싫든 눈만 뜨면 에펠탑을 봐야 했다. 세월이 흐르자 파리 시민들은 그 탑에 차츰 정이 들기 시작했고 매일 바라다보니 친근감을 느끼면서 어느 사이 에펠탑에 사랑을 쏟기 시작했다.

따라서 기업의 상품은 자주 노출시켜야 하고, 판매를 위해서는 고객을 자주 만나야 한다. ≪맹자(孟子)≫ 〈진심편〉 제21장에 "산중에 난 좁은 길도 계속 다니면 큰길이 되고(山徑之蹊間 介然用之而成路), 다니지 않으면 곧 풀이 우거져 길이 막힌다(爲間不用 則茅塞之矣)"라는 대목이 나온다. 미국 오바마 대통령이 2009년 미중전략경제 대화 당시 이 말을 인용하여 미국과 중국의 양국 간 지속적인 대화와 끊임없는 협력을 강조한 바 있다. 자주 만나다 보면 길이 열린다는 것이다.

수적천석(水滴穿石)과 의미가 유사한 고사성어는 많은데, 몇 가지만 소개하면 다음과 같다.

- 마부작침(磨斧作針) – 도끼를 갈아 바늘을 만든다.

- 토적성산(土積成山) – 한 줌 흙이 쌓여 산을 이룬다.

- 등고자비(登高自卑) – 높은 곳에 오르려면 낮은 곳에서부터 출발해야 한다.

- 절차탁마(切磋琢磨) – 옥이나 돌 따위를 갈고 닦아서 빛을 내다.

제4장

修己治人

내부를
먼저
다스려라

修己治人
수기치인

내부를 먼저 다스려라

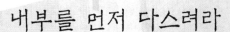

修: 닦을 수, 己: 몸 기, 治: 다스릴 치, 人: 사람 인

자신의 몸과 마음을 닦은 후에 남을 다스리라는 뜻

수기치인(修己治人)의 유래

수기치인(修己治人)은 유교의 근본이념으로서 ≪논어(論語)≫의 〈헌문 (憲問)〉에 공자에게 군자란 무엇인가라고 묻자 공자(孔子)는 "수기함으로 써 공경하고(修己以敬), 수기함으로써 사람을 편안히 하고(修己以安人), 수 기함으로써 백성을 편안하게 하는 것(修己以安百姓)"이라고 한 말에서 유 래되었다. 즉 공자(孔子)가 말한 유교의 목적은 결국 수기(修己)와 치인(治 人) 두 가지로 요약할 수 있는데, 수기(修己)란 자신을 수양하여 인격을 가꾸어 나가는 것을 말하고, 치인(治人)이란 사람을 다스린다는 뜻이다.

결국 수기치인(修己治人)은 안으로는 나부터 수양하고, 이를 바탕으로 가정을 다스리고, 나아가 지방을 다스리며, 마침내 나라 전체를 다스려, 질서와 평화 속에서 국민들을 편안하게 살게 하는 것을 의미한다.

이와 관련된 고사성어로서 '수신제가치국평천하(修身齊家治國平天下)'가 있는데, 유교경전 ≪대학(大學)≫에 나오는 말로서 자신의 몸과 마음을 바르게 한 사람만이 가정을 다스릴 수 있고, 가정을 다스릴 수 있는 자만이 나라를 다스릴 수 있다는 뜻이다.

수기치인(修己治人)의 마케팅계책

자신의 몸과 마음을 닦은 후에 남을 다스리라는 수기치인(修己治人)은 마케팅 관점에서 내부마케팅에 가르침을 주는 고사성어라고 할 수 있다. 고객은 통상적인 외부고객(external customer)과 사내 종업원인 내부고객(internal customer)으로 구분된다. 내부마케팅(internal marketing)이란 내부 종업원을 최초의 고객으로 보고 그들에게 서비스 마인드나 고객지향적 사고를 심어주어 더 좋은 성과를 낼 수 있도록 동기부여를 하는 활동이라고 정의할 수 있다.

종업원은 고객과 접촉하는 과정에서 스스로 마케터 활동을 수행하며, 제품이나 서비스가 판매되는 곳은 고객과 종업원의 상호작용에서 매출이 발생된다는 점에서 내부마케팅의 중요성이 있다고 할 수 있다. 따라서 내부고객인 종업원이 불만족하면 고객에게 불만족 서비스를 하여 매출감소를 초래하는 것이다.

메리어트 호텔(Marriott Hotel) 체인의 설립자인 메리어트는 "서비스산업에서 행복하지 않은 종사원이 고객을 행복하게 만드는 것은 불가능하다."라고 하였다. 따라서 마케터는 수기(修己) 즉 내부고객을 만족시킨 다음, 치인(治人) 즉 외부고객을 만족시켜야 할 것이다. 수기치인(修己治人)을 위한 구체적인 계책으로 다음과 같이 6계를 들었다.

身言書判

신언서판

첫인상이 중요하다

身: 몸 신, 言: 말씀 언, 書: 글 서, 判: 판단할 판
당나라 때 관리를 선출하던 네 가지 기준을 의미

신언서판(身言書判)의 유래

당서(唐書)에서 유래된 성어로서 신(身)은 용모, 언(言)은 언변, 서(書)는 지식, 판(判)은 판단력을 말한다. 이 네 가지 기준에서 신(身)을 가장 먼저 내세운 것은 그만큼 용모 즉 첫인상이 중요하다는 것을 의미한다. 신언서판(身言書判)은 오늘날 기업의 채용기준과 크게 다르지 않다.

신언서판(身言書判)과 마케팅

신언서판(身言書判)은 고객접점에 있는 인적서비스 종사원을 선발하기 위한 지침이라고 할 수 있다. 서비스는 고객과 종사원의 상호작용에서 발생한다는 점에서 첫인상이 중요하다. 첫인상이 중요한 이유를 심리학적 측면에서 고찰해 보면 일종의 지각적 오류현상인 초두효과에서 찾을 수 있다. 초두효과(Primacy Effect)란 먼저 들어온 정보가 나중에 들어온

정보보다 강력한 영향을 미치는 것을 말한다. 즉 사람들은 한번 판단을 내리면 상황이 달라져도 그 판단을 지속하려는 심리를 가지고 있다는 것이다.

예를 들면 한번 구겨진 인상은 좀처럼 만회하기 힘들다. 반대로 첫인상이 좋을 경우 약간 실수를 해도 좋게 넘어가는 것이다. 결국 첫인상이 좋으면 고객이 호감을 갖고 지속적인 거래관계가 형성되고, 그렇지 못하면 거부감에 의하여 거래가 단절될 수 있다는 것이다. 치알디니(R. Cialdini)는 ≪설득의 심리학≫에서 호감의 법칙을 설명하면서 "인상이 좋은 피의자가 무죄 판결을 받을 가능성이 높다"라고 하였다. 이를 달리 말하면 첫인상이 좋으면 고객이 만족할 가능성이 높다는 것이다.

첫인상이 중요한 또 다른 이론은 인지적 구두쇠이론을 들 수 있다. 인상 형성에서 사람들은 상대를 판단할 때 장시간 관찰하거나 노력하여 판단하는 것이 아니라 가능한 적은 시간과 노력을 덜 들이면서 결론에 이르려고 한다는 것이다. 일반적으로 첫인상이 형성되는 시간은 약 4초 정도이고, 첫눈에 들어오는 용모, 자세, 인사, 미소와 표정, 대화, 경어 사용 등을 통해서 결정된다. 첫인상을 잘 가꾸기 위해서는 다음과 같은 노력이 요구된다.

1) 자신을 긍정적으로 평가하라

고객에게 첫인상을 좋게 하기 위해서는 우선 자기 자신을 긍정적으로 평가하고 자신에게 호의적인 감정을 가져야 한다. 자신에 대한 긍정적인 모습과 호의적인 감정은 고객에게 긍정적이고 호의적인 첫인상으로 전달된다.

2) 자신감과 자부심을 가져라

자신의 능력과 미래에 대하여 자신감을 가지고, 또한 자신이 하는 일에 자부심을 가질 때 고객에게 자신 있는 첫인상을 보여줄 수 있다. 만약 자신의 일에 자신감과 자부심이 없다면 고객에게도 그런 첫인상을 줄 수밖에 없다.

3) 이미지를 연출하라

고객을 접객하기 전에 자신의 이미지를 연출해야 한다. 연극배우가 무대에 올라올 때는 평상시 얼굴과 복장으로 등장하는 것이 아니다. 따라서 고객을 접객하기 전에는 기본적으로 여성의 경우 맨 얼굴보다는 적당한 메이크 업을 하고 머리를 단정히 손질하며, 남성의 경우 면도를 말끔하게 해야 한다. 또한 유니폼은 깨끗한지 단추가 떨어진 곳은 없는지, 헤어진 곳은 없는지 등을 꼼꼼하게 체크해야 한다. 이와 같은 용모는 시각적으로 첫인상을 결정한다는 점에서 고객을 응대하기 전에는 거울을 자주 보는 습관을 길러야 하고, 자신을 가꾸는 데 시간을 투자할 필요성이 있다.

4) 미소를 가꾸어라

사면춘풍(四面春風)이라는 한자성어가 있다. 모든 방면에 봄바람이 분다는 뜻으로 항상 좋은 얼굴로 남을 대하여 누구에게나 호감을 산다는 의미이다. 우리 속담 "웃는 얼굴에 침 뱉으랴."와 같은 의미라고 할 수 있다. 따라서 밝은 표정과 미소를 띤 얼굴은 고객에게 호감을 살 수 있는 첫인상에 결정적인 역할을 한다. 미소는 얼음이나 무쇠도 녹일 수 있는 마력을 지니고 있으며, 백 마디 친절한 말보다 더 큰 위력을 가지고

있다. 아무리 뛰어난 외모도 미소를 띤 평범한 얼굴보다는 못하고, 인공
화장품은 하루만 지나면 그 빛이 사라지지만 미소와 같은 천연 화장품
은 영원한 것이다.

5) 고객과 시선을 맞추고 눈으로 대화하라

고객과의 대면에서는 반드시 시선을 맞추어야 한다. 서류나 컴퓨터,
또는 동료직원과 대화를 하면서 고객을 맞이해서는 안 된다. 따라서 고
객과 대화하기 전에 먼저 눈으로 대화할 수 있어야 한다.

6) 몸으로도 말을 하라

고객과의 커뮤니케이션 과정에는 비언어적인 보디랭귀지나 제스처가
큰 비중을 차지한다. 아무리 미소가 좋고 언어가 좋아도 꼿꼿이 선 자
세에서 입으로만 하는 것은 딱딱한 인상을 줄 수 있다. 따라서 적절한
보디랭귀지나 제스처를 상황에 맞게 할 수 있어야 한다. 특히 사물을
가리킬 때나, 방향을 안내할 때는 적절한 몸으로 대화를 할 수 있어야
한다.

狗猛酒酸

구맹주산

불량한 종업원을 막아라

狗: 개 구, 猛: 사나울 맹, 酒: 술 주, 酸: 실 산

개가 사나우면 술이 시어진다는 뜻으로, 한 나라에 간신배가 있으면 어진 신하가 모이지 않아 나라가 위기에 빠진다는 것을 비유한 말

구맹주산(狗猛酒酸)의 유래

이 성어는 ≪한비자(韓非子)≫에 '구맹주산(狗猛酒酸)'이라는 고사성어에서 유래되었다.

중국 송(宋)나라에 술을 만들어 파는 사람이 있었다. 그는 술을 팔 때 속이지 않았고 술을 만드는 재주도 뛰어났다. 그런데 주막이란 깃발을 높이 내걸었으나 술을 사가는 사람이 없어 술은 늘 시큼해졌다. 도무지 이유를 알 수 없어 평소 알고 지내던 마을 어른에게 이유를 묻자 그 어른이 하는 말이 개가 사나우냐는 것이었다. 술집 주인은 개가 사나운 것과 술이 팔리지 않는 것이 무슨 관계가 있느냐고 되물었다. 노인은 "사람들이 두려워하기 때문이지요. 어떤 사람이 어린 자식을 시켜 돈을 가지고 호리병에 술을 받아오게 했는데, 개가 사나워 다른 술집으로 가는 것이오. 이것이 술이 시큼해지고 팔리지 않는 이유요."라고 대답하였다. 주인은 자신에게 늘 꼬리 치는 그 개가 사나운지 몰랐지만, 마을 사

람들에겐 두려움의 대상이었던 것이다.

구맹주산(狗猛酒酸)과 마케팅

구맹주산(狗猛酒酸)을 마케팅 측면에서 해석하면 구맹(狗猛) 즉 사나운 개는 서비스가 불량한 종업원을 말하고, 주산(酒酸) 즉 술이 시어버렸다는 것은 장사가 안 된다는 의미이다. 결국 구맹주산(狗猛酒酸)은 서비스가 불량한 종업원에 의하여 장사가 안 된다는 의미이다. 불량한 종업원의 서비스 유형은 다음과 같다.

1) 무관심

'나와는 관계없다'는 태도. 주로 일에 지친 서비스 종업원이나 뒷짐을 지고 있는 관리자에게서 자주 볼 수 있다. 예를 들어 백화점 매장에서 손님이 왔는데 반겨주지도 않고, 다가오지도 않는 경우를 들 수 있다.

2) 무시

고객의 요구나 상담에 대해 무시하고 고객을 피하는 것을 말한다. 즉 정해진 시간과 절차 안에 고객을 속박시키고 고객의 문제에 대해서는 귀찮아하는 경우이다. 예를 들어 식사시간 또는 폐점 무렵에 고객이 왔을 때 피하는 경우를 들 수 있다.

3) 냉담

고객에게 퉁명스럽고, 불친절 등의 냉담을 보이면서 '방해가 되니 저쪽으로 가시오.'라고 하는 식의 태도이다.

4) 어린애 취급

고객을 어린애 취급하는 것을 말한다. 예를 들어 의료기관에서 환자를 부르거나 대화할 때 낮추어 말하고, 병명이나 치료과정에 대하여 설명을 잘 해주지 않으며, 단지 의사만 알고 있으면 된다는 식이다.

5) 로봇화

서비스가 정감이 없고 마치 기계처럼 돌아가는 경우이다. 즉 서비스를 하는데 미소와 대화가 없고, 인사를 하더라도 가식적이며 진심이 결여되어 있는 상태를 말한다. 대부분의 서비스업종에서 볼 수 있다.

6) 법대로

고객만족보다는 회사의 규칙을 우선시하고 자기가 맡은 업무 외에는 기꺼이 응하지 않으려고 하는 태도이다. 즉 예외를 인정하거나 상식을 생각하지 않는다. 무사안일주의 서비스업체에서 흔히 볼 수 있다.

7) 발뺌

고객의 불평불만에 대하여 적절히 대응해 주지 않고 "나는 모릅니다", "글쎄요", "윗분에게 물어보세요" 하는 식으로 대하고, 때로는 고객의 잘못으로 돌리는 경우이다.

따라서 구맹주산(狗猛酒酸)이 되지 않기 위해서는 종업원에 대한 관리가 요구되는 것이다. 조선 인조 때 홍만종(洪萬宗)의 문학평론집인 ≪순오지(旬五志)≫에서 유래된 일어탁수(一魚濁水)란 고사성어가 있다. 한 마리의 물고기가 물을 흐리게 한다는 뜻이다. 이를 서비스마케팅 측면에서 해석하면 한 명의 종업원이 전체 서비스를 망쳐버린다는 뜻으로 이른바 서비스의 곱셈법칙을 의미한다.

서비스는 여러 접점의 과정으로 되어 있는데, 서비스 고객은 그 과정을 경험하거나 경험한다는 조건으로 돈을 지불한다. 예를 들어 레스토랑의 경우 고객접점은 예약 − 주차 − 입구안내 − 착석 − 물 서비스 − 메뉴제공 − 주문 − 음식서빙 − 계산으로 되어 있다. 예약부터 음식서빙까지 각각의 접점마다 만족한 서비스를 받아 100점씩 평가하였는데 마지막 계산에서 오류가 발생하거나 불미스러운 일이 발생하여 0점으로 평가하였다면 각각의 접점에 대한 점수를 곱하면 최종 0점이 되어버리는 것이다. 이를 '서비스의 곱셈법칙'이라고 한다. 결국 한 개의 고객접점 또는 한 명의 종업원이 0점으로 처리되면 전체의 서비스 만족도는 0점이 된다는 것이다.

'100−1=0'이라는 법칙도 있다. 100명 중에 한 명의 종업원이 불량하

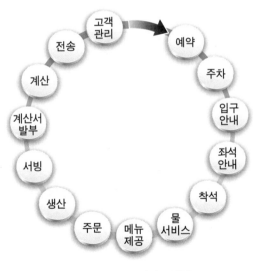

【그림 8】 레스토랑의 서비스접점

면 전체 서비스가 0점이 된다는 뜻으로 서비스의 곱셈법칙과 같은 의미이다. 따라서 한 마리의 물고기가 물을 흐리게 한다는 일어탁수(一魚濁水)가 되지 않도록 고객접점 관리가 요구되는데, 고객에게 가시적인 서비스를 하는 종업원뿐만 아니라 경비, 주차, 운전사, 전화 교환, 청소, 정원 관리, 시설 요원 등 비가시적인 요원들에게도 간접적으로 고객에게 서비스하고 있다는 것을 강조하여 그들에게도 용모나 유니폼, 서비스정신 등의 관리가 요구된다. 따라서 일어탁수(一魚濁水)가 되지 않도록 종업원관리에 만전을 기해야 하는 것이다.

防民之口甚于防川

방민지구심우방천

종업원의 목소리를 들어라

防: 둑 방, 民: 백성 민, 之: 갈 지, 口: 입 구, 甚: 심할 심,
于: 어조사 우, 防: 둑 방, 川: 내 천

백성의 입을 막는 것은 강물을 막는 것보다 어렵다는 뜻

방민지구심우방천(防民之口甚于防川)의 유래

이 성어는 ≪사기(史記)≫ 〈주여왕편(周厲王編)〉에서 유래되었다.

서주(西周)시대 폭정을 일삼는 왕이 있었다. 왕은 자신을 비판하는 사람들을 잡아다 벌을 주었고, 그것도 부족해 무당을 동원해 점(占)까지 쳐가며 불만을 품은 사람들을 찾아냈다. 결국 누구도 왕에 대해 감히 어떤 말도 하지 못하는 상황이 되었다. 그러자 왕은 자신에 대해 나쁜 말을 하는 사람이 하나도 없는 태평성대가 되었다고 자화자찬을 하게 되었다. 그때 충신 소목공은 王에게 읍소하며 말했다. "지금의 상태는 진정한 태평성대라고 할 수 없습니다. 백성의 입을 막는 것은 강물을 막는 것보다 어려운 일입니다(防民之口甚于防川). 둑으로 강을 막았다가 무너지면 결국 다치는 사람들이 더 많아지게 됩니다. 그러므로 치수를 잘하는 자는 물이 잘 흐르도록 물길을 터주고(爲川者決之使導), 정치를 잘하는 사람은 백성들이 자신의 마음을 솔직하게 말할 수 있도록 해주어야 합

니다(爲民者宣之使言)"라고 간언하였다. 그러나 왕은 바른 말을 하는 신하의 말을 듣지 않고 결국 백성들의 입을 틀어막다가 쫓겨나고 말았다.

방민지구심우방천(防民之口甚于防川)과 마케팅

백성의 입을 막는 것은 강물을 막는 것보다 어렵다는 이 성어는 마케팅 측면에서 내부 종업원의 입을 막는 것은 강물을 막는 것보다 어렵다고 해석할 수 있다. 내부 종업원의 불만은 곧 고객의 불만으로 이어지고 매출에도 상당한 영향을 미친다. 예를 들어 백화점의 종업원이 자기 회사에 만족하지 않는다면 손님이 오더라도 뒷짐을 지고 물건을 사든지 말든지 방관하는 자세를 취할 것이다. 만약 종업원이 자기 회사에 만족하면 손님에게 적극적으로 달려가 옷을 고르는 손님에게 "손님은 옷걸이가 좋아서 참 잘 어울립니다"라고 하는 등 적극적인 자세로 판매에 임할 것이다.

내부 종업원의 목소리를 듣기 위해서는 고충상담실, 제안제도 등 다양한 커뮤니케이션 창구를 마련해야 한다. 내부고객인 종업원의 목소리를 간과하여 그들이 불만족하면 결국 이직을 하게 되는데, 이직은 다음과 같이 많은 기회비용을 발생시킨다.

- 신규 종업원에 대한 교육시간의 투자 및 비용
- 신규 종업원이 업무를 익히는 동안의 임금비용
- 신규 종업원에 의한 고객의 불만비용
- 신규 종업원이 실수를 범하는 비용
- 대체 근무자가 결정될 때까지 회사가 겪게 되는 혼란

● 이직한 직원만이 가지고 있는 기업의 각종 노하우 상실에 따른 비용

따라서 내부고객을 만족시키기 위해서는 그들의 불만과 목소리를 들어야 한다. 이와 관련하여 ≪논어(論語)≫에서 공자는 "양약고어구(良藥苦於口) 이리어병(而利於病), 충언역어이(忠言逆於耳) 이리어행(而利於行)" 즉 "좋은 약은 입에 쓰나 병에는 이롭고, 충언은 귀에 거슬리나 행동에는 이롭다"라고 하였다. 방민지구심우방천(防民之口甚于防川)과 유사한 뜻이라고 할 수 있다.

제22계

堤潰蟻穴
제궤의혈

깨진 유리창의 법칙

堤: 둑 제, 潰: 무너질 궤, 蟻: 개미 의, 穴: 구멍 혈

큰 제방도 개미구멍으로 무너진다는 뜻으로, 사소한 결함
이라도 곧 손쓰지 않으면 큰 재난을 당하게 된다는 것을
의미

제궤의혈(堤潰蟻穴)의 유래

이 성어는 ≪한비자(韓非子)≫ 〈유노편(喩老篇)〉에 "천 길이나 되는 제방도 개미구멍으로 무너지고, 백 척이나 되는 방도 굴뚝 사이의 불티로 인하여 재가 되어버린다(千丈之堤 以螻蟻之穴潰, 百尺之室 以突隙之烟焚)"라는 대목에서 유래되었다. 결국 작은 일을 간과하면 큰 화(禍)를 초래한다는 의미이다. ≪회남자(淮南子)≫에도 이와 유사한 "장지괴야어극(牆之壞也於隙)"이란 글귀가 있는데 담이 무너지는 것은 조그마한 틈새 때문이라는 뜻이다.

제궤의혈(堤潰蟻穴)과 마케팅

작은 일을 간과하면 큰 화(禍)를 초래한다는 제궤의혈(堤潰蟻穴)은 서비스 마케팅 차원에서 '깨진 유리창의 법칙'을 의미하는 것이라고 할 수

있다. 이 법칙은 범죄학자인 윌슨(Wilson)과 켈링(Kelling)이 1982년 ≪월간 애틀랜틱≫에 〈깨진 유리창〉이라는 글을 발표하면서 범죄학뿐만 아니라 경영학 분야에서도 큰 호응을 얻은 이론이다. 이 법칙의 요지는 건물에 깨진 유리창이 있으면 그 건물에 절도 등 강력범죄가 발생한다는 것이다. 즉 주인이 건물을 관리하지 않고, 방치한 것으로 간주하여 범죄자가 쉽게 범죄행위를 저지른다는 것이다. 또한 자동차의 창문이 깨져 있거나 창문이 열려 있으면 범죄의 표적이 되기 쉽다는 것이다.

결국 서비스 마케팅 차원에서 깨진 유리창의 법칙은 곧 유형성이 중요하다는 것을 의미한다. 예를 들어 어떤 식당의 화장실이 더럽다면, 고객은 그 식당의 주방에 들어가 보지 않고도 위생상태에 문제가 있을 것이라고 판단하는 것이다. 따라서 서비스 유형성은 깨지기 쉬운 유리창과 같은 것으로서 철저한 품질관리가 요망되는데 서비스 유형성은 다음과 같이 크게 세 가지로 구분된다.

1) 물리적 시설

건물, 인테리어, 비품, 가구, 간판, 안내 표지판 등으로 고객의 눈에 보이는 가시적인 시설물을 말한다. 서비스는 구매하기 전에는 테스트할 수 없다는 점에서 고객은 물리적 시설 즉 건물의 외관이나 간판을 보고 구매를 결정하는 경우가 많다. 예를 들어 건물의 외관이 좋고 간판도 깔끔한 곳의 서비스업체와 그렇지 않은 서비스업체가 있다고 가정할 때 두 곳 모두 서비스 경험이 없는 소비자라면 전자의 서비스업체를 선택할 것이다. 즉 건물의 외관이 좋고 간판도 깔끔한 서비스업체는 서비스의 품질도 좋을 것이라고 판단하는 것이다. 이와 같이 서비스업체의 물리적 시설을 제품에 비유하면 디자인과 포장이라고 할 수 있는데 결국 디자인과 포장이 우수해야 구매를 자극할 수 있다는 점에서 유형성에 대한 관리가 요구된다.

2) 종업원의 복장·외모·태도

종업원의 복장·외모·태도도 서비스업체의 유형성을 높여주는 수단이 된다. 예를 들어 택배회사에서 유니폼을 착용하지 않고, 마스크에 모자를 눌러쓴 채 택배를 전달하는 것과 유니폼 서비스에 상냥한 태도로 전달하는 것과는 같은 물건의 택배라도 고객이 받아들이는 감정은 다를 것이다. 따라서 서비스업체는 유니폼 서비스를 통하여 유형성을 높여야 하는데, 유니폼 서비스가 주는 효과는 다음과 같다.

- 서비스의 신뢰성 확보
- 서비스업체의 이미지 향상
- 직책에 대한 긍지
- 규율에 대한 엄수
- 고객에 대한 환대정신 강조
- 행동의 통일성
- 서비스의 고급화 및 차별화의 수단

3) 커뮤니케이션을 위한 각종 도구

고객과 각종 커뮤니케이션을 할 수 있는 홍보 인쇄물, 홈페이지, 명함, 메뉴판, 서류 등도 서비스의 무형을 극복해 주는 수단이 될 뿐만 아니라 서비스 품질을 좌우하는 요소로 작용한다. 예를 들어 레스토랑의 홍보물 및 메뉴판의 재질과 인쇄상태 및 디자인 등은 서비스 품질을 가

늘하게 한다. 특히 인쇄물의 오자 하나도 서비스품질 수준을 떨어뜨린다는 점에서 각별한 관리가 요구된다.

孤掌難鳴

고장난명

전사적으로 마케팅하라

孤: 외로울 고, 掌: 손바닥 장, 難: 어려울 난, 鳴: 울릴 명
한 손으로는 소리가 나지 않는다. 즉 혼자서는 어떠한 일도
할 수 없다는 의미

고장난명(孤掌難鳴)의 유래

이 성어는 중국 원대(元代)의 궁대용(宮大用)이 쓴 〈칠리탄(七里灘)〉에서 "비록 너의 마음은 밝고 거룩하나, 만약 영웅과 힘을 합치지 않는다면 너 혼자 고장난명일 뿐이다(雖然你心明聖, 若不是雲臺上英雄倂力, 你獨自個孤掌難鳴)"라는 대목에서 유래되었다.

이와 유사한 고사성어로는 ≪한비자(韓非子)≫의 〈공명편(功名篇)〉에 "일수독박 수질무성(一手獨拍 雖疾無聲)"이라는 글이 있는데 "한 손으로 홀로 쳐서는 아무리 빨리 해도 소리가 나지 않는다"라는 의미이므로 고장난명(孤掌難鳴)과 같은 의미의 고사성어라고 할 수 있다.

고장난명(孤掌難鳴)과 마케팅

혼자서는 일을 할 수 없다는 고장난명(孤掌難鳴)은 마케팅 측면에서 전

사적 마케팅에 대한 교훈을 제시하는 고사성어라고 할 수 있다. 전사적(全社的)이란 사장부터 말단 사원까지 전체의 조직원을 말하는 것으로 전사적 마케팅은 전체의 조직원이 고객중심으로 사고하고 맡은바 역할을 수행하고 기업의 제한된 인적·물적 자원을 고객만족을 위해 한 곳으로 집중하는 것을 말한다. 이러한 측면에서 전사적 마케팅을 통합적 마케팅이라고도 한다.

고객에게 만족을 줄 수 있는 마케팅활동을 수행하기 위해서는 기업의 모든 조직이 전사적으로 참여해야 하며, 기업의 조직·문화·시스템 등을 고객중심으로 바꾸어놓아야 한다. 아무리 훌륭한 마케팅부서를 보유하더라도 다른 부서가 고객의 이익에 부합하지 않는다면 마케팅은 실패할 수밖에 없다.

예를 들어 호텔에서 마케팅 담당 부서장의 전략 목적은 자기 호텔을 이용하는 고객에게 좋은 객실과 식음료를 제공하고 인적 서비스를 통하여 고객만족을 시켜 궁극적으로는 매출을 극대화하여 호텔기업의 지속적 유지 및 발전을 도모하는 것이다. 그런데 조리부가 음식재료비의 원가를 낮추기 위해 메뉴의 질을 떨어뜨린다든지, 객실정비부서인 하우스키핑에서 청소를 대충한다든지, 인사부가 인건비를 절감하기 위하여 비숙련 아르바이트생을 대거 활용한다면 고객만족을 실현시킬 수 없는 것이다.

특히 마케팅은 기업 내 타 부서와 유기적으로 관련되어 있으므로 마케팅 계획과 실천은 마케팅부서를 중심으로 통합되고 조화를 이루어야 하며, 마케팅부서 이외 타 부서들도 고객중심에 업무의 초점을 맞추어야 하는데, 그 내용은 다음과 같다.

- CEO : 기업중심이 아니라 고객중심적 경영철학
- 비서실 : 고객이 자기의 사장보다 높다는 사고
- 생산부서 : 고객이 불평하지 않도록 품질관리
- 회계부서 : 고객의 환불요청 즉각 응대
- 인사부서 : 고객 서비스 마인드 인재 채용 및 교육
- R&D부서 : 고객의 욕구를 충족시킬 수 있는 상품개발
- 판매부서 : 고객지향적 태도

고장난명(孤掌難鳴). 마케팅부서만 열심히 한다고 소리가 나지 않는다. 전사적으로 같이 맞장구를 쳐야 고객만족의 소리가 나는 것이다. 특히 전사적 마케팅을 지향하기 위해서는 구성원들 간에 남원북철(南轅北轍)이 되어서는 안 된다. 남원북철(南轅北轍)이란 수레는 남으로 향하고 바퀴는 북으로 간다는 뜻으로, 마음과 행위가 모순됨을 비유하는 말이다.

知彼知己 百戰不殆

지피지기 백전불태

SWOT분석을 하라

知: 알 지, 彼: 저(상대방) 피, 知: 알 지, 己: 몸(자신) 기,
百: 일백 백, 戰: 싸움 전, 不: 아닐 불, 殆: 위태할 태
상대를 알고 나를 알면 백 번 싸워도 위태롭지 않다는 뜻

지피지기 백전불태(知彼知己 百戰不殆)의 유래

이 성어는 ≪손자병법(孫子兵法)≫ 〈모공편(謀攻篇)〉에서 유래되었는데 원문의 내용을 소개하면 다음과 같다.

- 지피지기 백전불태(知彼知己 百戰不殆) : 적을 알고 나를 알면 백 번 싸워도 위태롭지 않다.
- 부지피이지기 일승일부(不知彼而知己 一勝一負) : 적의 상황을 모르고 나의 상황만 알고 있다면 한 번은 승리하고 한 번은 패배한다.
- 부지피부지기 매전필태(不知彼不知己 每戰必殆) : 적의 상황을 모르고 나의 상황도 모르면 매번 전쟁을 할 때마다 필히 위태로워진다.

이와 같이 전쟁에서는 적의 전력과 아군의 전력을 제대로 파악해야 승리할 수 있다는 것이다.

지피지기 백전불태(知彼知己 百戰不殆)와 마케팅

오늘날 기업 간 마케팅 전쟁에서 지피지기(知彼知己)는 곧 SWOT분석을 의미한다. SWOT분석이란 자사 내부의 강점(Strength)과 약점(Weakness), 그리고 외부의 기회(Opportunity)와 위협(Threat) 요인을 분석하여 적절한 마케팅전략을 수립하기 위한 것이다. 강점은 경쟁업체와 비교하여 고객에게 부각시킬 수 있는 요소이고, 약점은 경쟁업체와 비교해 볼 때 취약한 요소이며, 기회는 자사의 사업에 유리하게 작용하는 외부환경을 말하고, 위협은 자사의 사업에 부정적으로 작용하는 외부환경을 말한다.

SWOT분석의 목적은 자사의 강·약점을 파악하고, 시장에서 기회와 위협 요소를 찾아내어 마케팅의 전략적 과제를 밝혀내는 데 있다. 자사

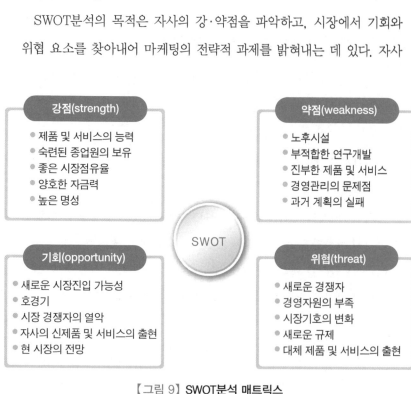

【그림 9】 SWOT분석 매트릭스

의 강점과 약점 요인의 분석은 경영자원 즉 경영전략, 기업문화, 제품특성, 시장점유율, 인적 자원, 자금력 등을 분석하는 것이고, 기회와 위협 요인의 분석은 거시적 환경 즉 정치·기술·경제·사회·문화적 환경 등을 분석하는 것이다. SWOT분석의 기법은 매트릭스를 이용하여 강점요인과 약점요인, 기회요인과 위협요인을 한눈에 쉽게 알아볼 수 있도록 하여 강점은 부각시키고, 약점은 보완 또는 제거를 해야 하며, 기회는 최대한 활용하고, 위협은 극복해 나가도록 하는 것이다.

결국 SWOT분석은 사단취장(捨短取長) 즉 단점은 버리고 장점은 취하고, 절장보단(節長補短) 즉 장점으로 단점을 보완하는 전략이라고 할 수 있다. 따라서 SWOT분석을 통하여 지피지기(知彼知己), 경쟁사를 알고 자사를 파악하여 백전불태(百戰不殆), 백 번 싸워도 위태롭지 않도록 해야 할 것이다.

종두득두(種豆得豆)란 고사성어가 있다. 콩을 심으면 콩을 얻는다는 뜻으로 모든 일에는 원인에 따라 결과가 생긴다는 의미이다. 이 성어는 ≪명심보감(明心寶鑑)≫ 〈천명편(天命篇)〉의 "종과득과(種瓜得瓜), 종두득두(種豆得豆)"라는 대목에서 유래되었다. 즉 오이를 심으면 오이를 얻고, 콩을 심으면 콩을 얻는다는 뜻이다. 마케팅 측면에서 이 성어는 사업이나 신상품이 출시되었을 때 성공과 실패는 반드시 그 원인이 있다는 의미로 해석할 수 있다. 결국 SWOT분석을 통하여 실패를 막아야 하는데, 일반적으로 사업이나 신상품 출시의 성공요인은 다음과 같다.

- 소비자의 욕구를 충족시켜 주었기 때문이다.
- 상품이 기술적으로 경쟁우위에 있었기 때문이다.
- 시장에서 성장잠재력이 높았기 때문이다.

- 자사의 경영자원과 잘 조화된 상품이었기 때문이다.
- 시장진입 시기와 광고 등의 촉진전략이 맞았기 때문이다.
- 시장에서 경쟁 정도가 낮았기 때문이다.
- 최고경영자를 비롯하여 전사적 마케팅을 했기 때문이다.

그리고 사업이나 신상품 출시의 실패요인은 다음과 같다.

- 표적시장을 잘못 선정했기 때문이다.
- 포지셔닝이 잘못되었기 때문이다.
- 상품의 차별화된 편익을 제공하는 데 실패했기 때문이다.
- 가격정책이 잘못되었기 때문이다.
- 유통경로의 부족 또는 입지선정이 잘못되었기 때문이다.
- 광고 및 홍보 등 촉진의 지원이 부족했기 때문이다.
- 기술 자체가 진부했기 때문이다.
- 출시의 타이밍을 놓쳤기 때문이다.
- 경쟁자 분석 및 수요예측을 잘못했기 때문이다.
- 최고경영자를 비롯하여 전사적 마케팅을 하지 못했기 때문이다.

이와 같이 모든 사업이나 신상품의 성공과 실패는 종두득두(種豆得豆) 와 같이 그 원인이 있게 마련인데, 이를 분석하고 대안을 마련하는 것이 마케터의 역할이라고 할 수 있다.

生者必滅

상품수명주기별
마케팅전략

生者必滅
생자필멸

상품수명주기별 마케팅전략

生: 날 생, 者: 놈 자, 必: 반드시 필, 滅: 멸망할 멸
태어난 것은 반드시 죽는다는 의미

생자필멸(生者必滅)의 유래

이 성어는 불교 경전인 ≪대반열반경≫의 다음과 같은 글에서 유래하였다.

회자정리(會者定離) : 만난 사람은 언젠가는 헤어지기 마련이고
거자필반(去者必返) : 떠난 사람은 반드시 돌아올 것이며
생자필멸(生者必滅) : 태어난 것은 반드시 죽는다.

즉 인연으로 이루어진 세상 모든 것은 하나도 빠짐없이 덧없는 무상으로 귀착되므로 은혜와 애정으로 모인 것일지라도 언젠가는 반드시 이별하기 마련이다. 또한 떠난 사람도 언젠가는 반드시 돌아와 다시 만나게 되며, 세상에 근간을 두고 생명으로 태어난 모든 것은 반드시 죽게 되어 있음이 하늘의 이치라는 의미를 강조한 것이다.

생자필멸(生者必滅)의 마케팅계책

시장에 출시된 상품도 도입기 – 성장기 – 성숙기 – 쇠퇴기의 과정을 거치면서 소멸하게 된다. 이를 상품수명주기(PLC : Product Life Cycle)라고 한다. 사람도 수명주기가 있듯이 상품에도 수명주기가 있다는 것이다. 그러나 모든 상품이 반드시 일정한 수명주기를 거치는 것은 아니다. 상품이 출시되어 얼마 되지 않아 소멸하는 경우도 있고, 장기간 성장하거나 성숙기가 지속되는 경우도 있으며, 쇠퇴기에 접어들었다가 리포지셔닝을 통하여 다시 성장하는 경우도 있다. 상품이 수명주기를 갖는 것은 고객이 계속 새로운 욕구와 변화를 추구하기 때문이다.

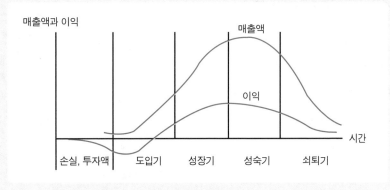

【그림 10】**상품수명주기**

따라서 자영업자와 마케터는 생자필멸(生者必滅) 즉 상품도 주기를 거쳐 소멸한다는 점을 인식하여 대비해야 하고, 또한 자사의 상품이 주기의 어느 단계에 있는지 파악하여 그에 따른 마케팅전략을 수립해야 할 것이다. 이에 대한 구체적인 계책은 다음과 같이 6계로 제시하였다.

제25계 : 선즉제인(先則制人) – 신상품 선제전략

제26계 : 후발제인(後發制人) – 신상품 반응전략

제27계 : 동여탈토(動如脫兎) – 도입기 마케팅전략

제28계 : 파죽지세(破竹之勢) – 성장기 마케팅전략

제29계 : 군웅할거(群雄割據) – 성숙기 마케팅전략

제30계 : 강노지말(强弩之末) – 쇠퇴기 마케팅전략

先則制人

선즉제인

신상품 선제전략

先: 먼저 선, 則: 곧 즉, 制: 누를 제, 人: 사람 인
앞서면 남을 제압한다는 뜻으로, 남보다 일을 앞서 도모하
면 능히 남을 제압할 수 있다는 의미

선즉제인(先則制人)의 유래

이 성어의 유래는 ≪사기(史記)≫ 〈항우본기(項羽本紀)〉에서 찾을 수 있다. 진(秦)나라 2세 황제 원년에 진(秦)나라 강동(江東)의 회계군수(會稽郡守) 은통(殷通)은 정국의 혼란한 틈을 타 진(秦)나라를 무너뜨리고 자신이 황제(皇帝)가 되려는 꿈을 꾸고 있었다. 진시황(秦始皇) 이후 계속되는 폭정으로 살기가 더욱 어려워진 농민들은 급기야 우후죽순처럼 세력을 만들어 반란을 일으키기 시작하였다. 그중에 진승(陳勝)과 오광(吳廣)은 대택향(大澤鄉)에서 봉기하여 순식간에 관군을 물리치고 귀족들과 또 다른 반진(反秦)세력을 연합하여 도읍인 함양(咸陽)으로 진격하였다.

그러자 은통은 오중(吳中)의 실력자인 항량(項梁)을 만나 자신의 심중을 이야기하고 거사를 도모하고자 하였다. 항량은 초(楚)나라의 명장 항연(項燕)의 아들로서 병법에 뛰어난 지략가였다. 은통은 항량에게 진승과 오광이 난(亂)을 일으키고 반진(反秦)세력과 귀족들을 연합하여 함양

으로 진격하고 있는 것은 하늘이 진(秦)나라를 멸망시키려는 징조라고 하면서 "먼저 선수를 치면 상대를 제압할 수 있고, 뒤지면 제압당한다고 하지 않소(先則制人, 後則人制)"라고 하였다. 그리고 "이참에 당신과 환초(桓楚)가 군사를 맡아 거사를 일으키면 어떻겠소?" 하자 항량은 "군사를 일으키려면 먼저 환초를 찾는 것이 급선무입니다. 그런데 환초의 거처를 아는 사람은 제 조카 항우(項羽)뿐이오니 그를 보내 환초를 찾아오게 하는 것이 어떻겠습니까?"라고 하였다. 은통은 "그럽시다. 그럼 항우를 들라 하시오"라고 하였다. 그러나 항량은 문밖에 있는 항우에게 귀엣말로 무언가를 속삭였다. 그리고 방 안에 들어온 항우는 칼을 빼 은통의 목을 쳤으며, 항량은 관아를 점령하고 스스로 이 지역의 군수가 되었다. 선즉제인(先則制人)하려던 은통은 도리어 후즉제어인(後則制於人) 즉 뒤처져 제압당하고 말았다.

선즉제인(先則制人)과 마케팅

남보다 일을 앞서 도모하면 능히 남을 제압할 수 있다는 선즉제인(先則制人)은 마케팅 측면에서 신상품의 선제전략이라고 의미를 부여할 수 있다. 선제전략(positive strategy)은 경쟁기업보다 먼저 능동적으로 신상품을 출시하는 전략을 말한다. 이러한 선제전략은 기업이 ① 성장을 위하여 적극적인 경영을 추구하고자 할 때 ② 새로운 시장에 대한 진입기회를 포착하였을 때 ③ 매출이 높을 것으로 판단된 표적시장을 개척하였을 때 ④ 경쟁기업의 신상품개발에 대한 정보를 입수하였지만 자사가 경쟁우위에 있다고 판단될 때 유효한 전략이라고 할 수 있다.

특히 선제전략으로 신상품을 통해 시장을 점령하게 되면 이른바 '원조의 효과를 톡톡히 누릴 수 있을 뿐만 아니라 브랜드명이 그러한 종류의 상품에 대한 대명사가 되어 시장 전체를 지배할 수 있다. 즉 후발업체의 상품은 선발업체의 아류가 되어 소비자의 심리는 원조보다 못하다

는 인식을 갖게 할 뿐만 아니라 선발업체의 브랜드명이 소비자의 뇌리에 오랫동안 남아 시장에서 후발업체의 브랜드명은 거의 기억하지 못하는 현상이 발생한다. 이를 시장선점효과(First Mover Effect)라고 한다.

따라서 최초는 그만큼 절대적이다. 예를 들어 조지워싱턴은 미국 최초의 대통령이다. 그러나 미국 제2대 대통령의 이름은 잘 떠오르지 않는다. 최초로 에베레스트 정상을 정복한 사람은 영국의 힐러리경으로

【표 5】 선즉제인(先則制人) 전략으로 제품군의 대명사가 된 브랜드

제품군	대명사가 된 브랜드	생산기업
반창고	대일밴드	대일화학공업
조미료	미원	미원그룹
수상 모터사이클	제트스키(Jet Ski)	일본 가와사키
셀로판 테이프	스카치 테이프	3M
렌즈관리용액	리뉴(re-nu)	바슈롬
진통해열제	타이레놀(Tylenol)	Johnson & Johnson
머리 깎는 기계	바리깡(barikan)	프랑스 바리캉 에 마르 (Bariquand et Mare)
사륜구동의 작은 차	지프(Jeep)	크라이슬러
굴삭기	포클레인(Poclain)	프랑스의 건설기계 회사 이름이자 상표
휴대용 카세트 재생기	워크맨(walkman)	소니
피부 보호제	바셀린(vaseline)	유니레버
즉석사진기	폴라로이드(Polaroid)	미국 폴라로이드사
겨울철 코트	버버리(burberry)	영국 버버리

잘 알고 있어도, 두 번째 정복한 사람의 이름은 잘 모른다.

실제 제품의 사례를 들어보면 숙취제거 음료수 '컨디션'은 초기에 선제전략을 통하여 시장을 지배하였다. 후발업체들이 숙취제거 음료수를 만들어 내놓았지만 원조는 '컨디션'으로 생각한다. 편의점 등의 마트에 가서도 소비자들은 복잡하게 "숙취제거 음료수 주세요." 하지 않고 그냥 "컨디션 주세요." 하는 것이다.

마케팅전략가 알리스는 〈마케팅 불변의 법칙〉에서 22개의 법칙 중 제1법칙을 "더 좋은 것보다 맨 처음이 낫다"는 즉 '선도의 법칙(The Law of Leadership)'을 제시하였다. 아주 특별한 경우를 제외하고 제품 카테고리에서 1등 브랜드의 시장위치를 차지하고 있는 제품들의 공통점은 시장에서 가장 먼저 진입한 제품이라는 것이다. 그 이유는 마케팅은 제품 싸움이 아니라 인식싸움이라고 하는 것처럼 소비자인식을 가장 크게 지배하는 변수가 바로 시장진입 순서이기 때문이다. 스마트폰 시장에서 삼성과 애플이 소송을 벌이고 있는 것도 시장에서 우리 제품이 먼저라는 것을 강조하는 이유이다.

後發制人

후발제인

신상품 반응전략

後: 뒤 후, 發: 쏠 발, 制: 지을 제, 人: 사람 인

후에 손을 써서 상대를 제압한다는 뜻으로, 적을 상대할 때 한 걸음 양보하여 그 우열을 살핀 뒤에 약점을 공격함으로써 단번에 적을 제압하는 전략을 의미

후발제인(後發制人)의 유래

이 성어는 《순자(荀子)》의 "뒤에 출발하여 먼저 도달하는 것이 용병의 중요한 술책이다(後之發, 先之至, 此用兵之要術也)"라는 말에서 유래되었다. 즉 전투에 임할 때 적이 전열을 정비하여 그 기세가 날카로울 때는 정면으로 상대하지 말고 한 걸음 뒤로 물러나 기다렸다가, 적의 전열과 기세가 흐트러진 틈을 타 공격하여 적을 제압하는 용병술을 말한다.

후발제인(後發制人)과 마케팅

후발제인(後發制人)의 전략은 마케팅 측면에서 상품을 출시할 때 선제전략에 반대되는 반응전략(reactive strategy)으로 의미를 부여할 수 있다. 이 전략은 경쟁자나 시장환경변화에 따라 수동적으로 신상품을 출시하는 것으로 결국 앞서 출시한 상품의 반응을 보고 대응하겠다는 것

이다.

즉 반응전략은 ① 경쟁자가 신상품을 출시하였을 때 자사의 기존상품들을 보호하는 차원에서 같이 신상품으로 대응하고자 할 때 ② 경쟁사의 상품이나 서비스가 성공하거나 또는 성공이 예상되어 빠르게 모방(me-too전략)하는 차원에서 ③ 고객의 요구에 기꺼이 응하고자 할 때 사용하면 유효한 전략이 될 수 있다.

그러나 반응전략은 적은 투자비용으로 손쉽게 브랜드 인지도를 높일 수 있고, 여러 업체 간 경쟁을 통하여 시장규모를 확대시키므로 소비자와 기업 모두에게 이익이 되는 긍정적인 측면도 있지만 비슷한 제품의 공급이 같은 시장에서 늘어나기 때문에 업체 간 수익성을 악화시키고, 업체들의 연구개발 의욕을 꺾는 단점으로 인하여 선발업체의 인기를 이용한 비도덕적인 상술이라는 비난을 받기도 한다. 이러한 현상은 특히 음료나 과자와 같은 식음료업계에서 자주 찾아볼 수 있는데, 대표적인 사례로 오리온 초코파이와 롯데 초코파이를 들 수 있다.

또 다른 예로 중소기업 비락은 '식혜'라는 전통음료를 출시하여 대박을 터뜨렸다. 그러자 대기업인 L회사 음료제품의 판매가 상대적으로 급감하였다. 이에 강한 유통망을 가지고 있던 L회사는 자사의 음료제품을 보호하기 위하여 똑같은 '식혜'를 출시하였고, 다른 중소기업 음료회사들도 식혜를 모방(me-too전략)하여 출시함으로써 결국 비락의 식혜는 몰락하고 말았다.

비락식혜는 한국야쿠르트에서 인수하여 재출시되고 있다.

動如脫兔

동여탈토

도입기 마케팅전략

動: 움직일 동. 如: 같을 여. 脫: 벗을 탈. 兔: 토끼 토
덫에서 풀려나 달아나는 토끼처럼 움직인다는 뜻으로, 동
작이 매우 신속함을 비유한 말

동여탈토(動如脫兔) 의미와 유래

이 성어는 《손자병법(孫子兵法)》 13편 중 11편 〈구지편(九地篇)〉에 "이런 까닭으로 전쟁 초기에는 처녀처럼 행동하고, 적군들이 문을 열면 토끼가 덫에서 벗어나듯 공격하면, 적들은 미처 대항하지 못하게 된다(是故始如處女, 敵人開戶, 後如脫兔, 敵不及拒)"라는 대목에서 유래되었다.

동여탈토(動如脫兔)와 마케팅

동여탈토(動如脫兔)는 상품수명주기 중 첫 번째인 도입기의 마케팅전략을 설명하는 고사성어라고 할 수 있다. 즉 도입기에는 신상품이 마치 덫에서 풀려난 토끼처럼 막 뛰어나가는 형국을 말한다. 새로운 상품이 등장하게 되는 도입기에는 그 상품이 존재한다는 것을 알고 있는 사람은 극소수이다. 이들 극소수는 새로운 상품이 나오면 일단 경험해 보고

싶어 한다는 점에서 혁신자(innovator), 또는 선각 수용자(early adopter)
라고 한다.

예를 들어 새로운 기능의 스마트폰이 출시되면 남보다 먼저 어려운
기술을 이해하고 과감하게 체험하고자 하는 층이라고 할 수 있다. 이들
은 자신의 선 체험을 주변에 전파하거나 블로그 등의 인터넷 공간에 소
개하는 것을 즐거워한다. 이와 같이 소비의 혁신자와 선각 수용자가 신
상품을 구입하는 단계를 도입기라고 한다.

도입기의 특징은 시장 진입단계로서 마케팅비용은 많이 들지만 수요
가 적고 매출액은 낮아 이익은 발생하지 않거나 아주 낮은 편이다. 또한
새로운 상품에 대한 잠재구매자의 수가 아직 적고 경쟁기업이 없거나
극소수인 것이 특징이다. 도입기의 마케팅전략은 다음과 같다.

1) 시장세분화의 필요성을 낮춘다

시장규모가 적고 소비자들의 필요나 욕구가 다양하지 않기 때문에 시
장세분화에 대한 필요성이 낮다.

2) 고가와 저가전략의 선택이 요구된다

다수의 소비자가 고가를 지불할 의사가 있고, 잠재경쟁자의 진입이
당분간 없다고 판단되면 고가격에 의하여 단위당 높은 마진을 실현시킬
수 있다. 그러나 신속하게 시장에 침투할 목적이거나 잠재시장이 비교적
크고, 가격민감도가 높은 경우에는 저가전략이 요구된다.

3) 인지도 향상을 위한 전략이 요구된다

도입기에 있는 신상품일수록 소비자들은 그 상품에 대하여 잘 모르

므로 인지도 향상을 위한 촉진노력이 필요하다.

　신상품의 도입기에는 아직 경쟁자가 드물다는 점에서 동여탈토(動如脫兎). 즉 덫에서 풀려나 달아나는 토끼처럼 상품을 재빠르게 알리고 확산시켜 시장을 선점할 필요성이 있다.

破竹之勢

파죽지세

성장기 마케팅전략

破: 깨뜨릴 파, 竹: 대나무 죽, 之: 갈 지, 勢: 기세 세

대나무를 쪼개는 기세라는 뜻으로, 거침없이 적을 물리치며 진군하는 기세를 이르는 말

파죽지세(破竹之勢)의 유래

이 성어는 ≪진서(晉書)≫ 〈두예전(杜預專)〉에서 유래되었다.

위(魏)나라의 사마염(司馬炎)은 원제(元帝)를 폐한 뒤 스스로 제위(帝位)에 올라 무(武帝)제라 칭하고, 국호를 진(晉)이라고 했다. 결국 천하는 3국 중 오(吳)나라와 진(晉)나라 둘로 양립하게 되었고, 무제는 오(吳)나라마저 무너뜨리기 위해 진남 대장군(鎭南大將軍) 두예(杜預)에게 출병을 명했다.

오나라의 군사적 요충지 무창(武昌)을 점령한 두예(杜預)는 휘하 장수들과 오나라를 일격에 공략할 마지막 작전회의를 열었다. 이때 한 장수가 "지금 당장 오나라의 수도 건업(建業)을 치기는 어렵습니다. 건업은 중국에서도 세 손가락 안에 들 만큼 덥고 습한 곳입니다. 게다가 이제 곧 잦은 봄비로 강물은 범람할 것이고, 또 언제 전염병이 발생할지 모르기 때문입니다. 그러니 일단 철군했다가 겨울에 다시 공격하는 것이 어떻겠

습니까?"라고 건의하였다.

대부분의 장수들이 고개를 끄덕이며 옳다고 했지만, 두예(杜預)는 "지금 아군의 사기는 마치 '대나무를 쪼개는 기세(破竹之勢)'인데, 대나무란 처음 두세 마디만 쪼개면 그 다음부터는 칼날이 닿기도 전에 저절로 쪼개지는 법. 어찌 이런 절호의 기회를 버린단 말이오"라고 단호히 말했다. 이에 장수들이 수긍하고 결국 두예는 오나라의 도읍 건업을 단숨에 공략하여 함락시켰다. 오왕(吳王) 손호(孫晧)가 항복함에 따라 마침내 진나라는 삼국시대에 종지부를 찍고 천하를 통일하게 되었다.

파죽지세(破竹之勢)와 마케팅

대나무를 쪼개는 기세라는 뜻의 파죽지세(破竹之勢)는 마케팅 측면에서 상품수명주기상 성장기를 설명하는 고사성어라고 할 수 있다. 즉 상품이 파죽지세처럼 팔려나가는 시기를 말한다. 상품이 도입기를 거쳐 성장기 단계에 있다면 소비자는 이미 선각 수용자들로부터 구전을 통하여 알게 되었고, 매체를 통해 제품의 정보를 숙지하고 있는 상태이다.

이와 같은 성장기에는 수요가 급속도로 커지고 매출도 급성장하여 이익이 점점 증가하는 단계이다. 이 시기에는 경쟁기업이 등장하고, 시장 자체가 성장하는 단계이므로 더 많은 시장 확대가 요구된다. 성장기의 구체적인 마케팅전략을 소개하면 다음과 같다.

1) 상품전략

상품 생산을 확대하는 데 초점을 두면서 상품에 새로운 속성을 부가하는 등 경쟁상품의 진입에 대응해야 한다. 또한 새로운 표적시장을 개발하여 시장의 범위를 확대시켜야 하며, 모방한 경쟁제품의 출시에 대처하기 위하여 제품의 차별화를 시도해야 한다. 예를 들어 경쟁업체가 자사의 상품을 모방하여 시장에 진입하면 그때 새로운 속성을 부가한 상품으로 대응하여 경쟁업체의 상품을 상대적으로 구식으로 몰아버리는 것이다.

2) 가격전략

후발 경쟁업체의 상품이 약세를 보이면 기존의 가격을 유지하고, 후발 경쟁업체의 상품이 약진하면 이미 경험곡선에 의해서 얻어진 비용절감의 효과를 이용하여 후발 경쟁업체 상품의 가격보다 낮춘다. 이때 후발 경쟁업체는 초기 투입비용에 의하여 쉽게 가격을 낮출 수 없다. 예를 들어 자사의 신상품은 도입기를 거쳐 성장기에 있으므로 어느 정도 초기 비용을 만회했기 때문에 10,000원에 파는 것을 9,000원으로 낮출 수 있지만 후발 경쟁업체는 비슷한 상품을 출시하자마자 9,000원으로 낮추는 것은 무리가 있는 것이다.

3) 유통경로전략

성장기의 시장은 상품이 급속도로 판매되므로 가능한 유통경로를 확산해야 한다. 즉 한정된 유통경로에서는 소비자의 구매욕구를 충족시킬 수 없는 것이다.

4) 촉진전략

성장기 시장에서는 어느 정도 상품의 인지도가 구축된 상태이므로 혁신층보다는 일반 대중에게 공감을 얻을 수 있는 광고와 홍보, 이벤트 등의 프로모션을 전개해야 한다. 또한 도입기에는 상품 자체의 인지도 향상만 신경쓰면 되지만, 성장기에는 경쟁사가 등장하므로 자사 상품의 선호도 향상을 위한 촉진전략이 요구된다.

群雄割據

군웅할거

성숙기 마케팅전략

群: 무리 군, 雄: 영웅 웅, 割: 나눌 할, 據: 의거할 거

여러 영웅이 각 지역을 서로 차지하고 있다는 뜻으로, 춘추
전국시대 여러 지역에서 일어난 영웅들이 각자 한 지방씩
차지하고 위세를 떨치며, 세력을 다투는 모습을 표현한 말

군웅할거(群雄割據)의 유래

춘추전국(春秋戰國)은 중국 춘추시대와 전국시대를 아울러 이르는 말
이다. 주나라가 낙읍(洛邑)에 동천(東遷)하고 나서 진(秦)이 중국을 통일할
때까지는 제후가 대립하여 항쟁한 시대로서 전반기를 춘추시대, 후반기
를 전국시대라고 한다.

춘추(春秋)는 공자가 쓴 중국 최초의 편년체 역사서인 ≪춘추(春秋)≫
라는 이름에서 유래되었고, 그 시기는 기원전 770년에서 기원전 403년
사이로 당시 맹주는 춘추오패(春秋五霸)라 하여 제(齊)의 환공, 진(晉)의
문공, 초(楚)의 장왕, 오(吳)의 합려, 월(越)의 구천 등이었다. 전국(戰國)은
한나라 유향의 역사서 ≪전국책(戰國策)≫에서 유래되었고, 그 시기는 기
원전 475년부터 진나라가 통일하기 전 221년까지를 말한다. 춘추시대
초 100여 개 나라로 분열되어 있던 중국은 전국시대에 이르러 한(韓)·위
(魏)·조(趙)·제(齊:田齊)의 4개 신흥국과 진(秦)·초(楚)·연(燕)의 3개 구국

으로 축소되었는데, 이 7국을 '전국 7웅'이라고 한다. 이 7국들 간의 오랜 전쟁 끝에 기원전 223년 마침내 진이 초와의 전투에서 승리하고, 2년 후에 전국을 통일해 중국 최초의 통일제국을 수립했다.

군웅할거(群雄割據)와 마케팅

춘추전국시대의 군웅할거는 마케팅에서 상품수명주기 중 성숙기 시장과 일치한다고 할 수 있다. 성숙기는 시장이 포화되어 있는 상태로서 경쟁사들이 동일제품을 놓고 치열한 각축을 벌이게 된다. 즉 성숙기의 시장은 이미 몇 개의 기업에 의하여 적절히 분할되어 있고, 상품판매 총량이 최고점에 이르게 된다. 또한 성장기에 비하여 시장수요대비 기업들의 공급능력이 큰 반면에 경쟁은 치열하고, 매출증가율이 저하되며, 점유율을 유지하기 위한 마케팅비용의 증가와 함께 이윤은 감소한다. 시장 전체가 성장하고 있을 때는 시장점유율을 위해 경쟁하지 않더라도 매출을 신장시킬 수 있지만, 일단 시장의 성장이 멈추면 경쟁이 격화되고 업계 전체의 이익이 감소하는 현상이 발생한다.

결국 성숙기 시장에서는 경쟁업체 간 시장점유율 확보를 위한 제로섬게임을 해야 한다. 따라서 자사의 제품을 구매하는 고객에게 촉진활동을 집중하는 것이 아니라 다른 경쟁사의 제품을 구매하는 고객을 유인하기 위한 촉진활동에 집중해야 하는데, 이를 정복마케팅(Conquest Marketing)이라고 하며, 이동통신사의 시장에서 자주 볼 수 있는 마케팅 기법이다. 성숙기 시장의 특징을 요약하면 다음과 같다.

● 신규 수요가 아닌 대체 수요가 발생된다.

- 고객이 가격에 민감해진다.
- 경쟁사와 품질이 비슷해진다.
- 고객의 서비스수준이 높아진다.
- 고객은 감성소비보다 이성적 소비를 지향한다.
- 기업에 대한 애호도가 점점 떨어진다.
- 고객이 더욱 많은 부가서비스를 요구한다.
- 기업의 마케팅비용이 높아진다.

이에 대한 마케팅전략으로는 ① 기존의 상품으로 새로운 세분시장에 진출하거나 경쟁자의 고객을 흡수해야 하고 ② 한정된 시장을 놓고 경쟁에서 살아남아야 하므로 마케팅비용을 줄여 가격을 낮추거나 서비스를 차별화하여 최소한 시장점유율을 유지해야 한다. 따라서 경쟁상품 간에 차이가 없는 성숙기에서 경쟁우위를 확보하려면 차별화우위 또는 비용우위전략이 요구된다. 차별화우위전략은 경쟁사와 차별화된 서비스를 통하여 시장점유율을 유지하는 것을 말하고, 비용우위전략은 기업 자체의 비용절감을 통하여 동일한 상품을 경쟁사보다 낮은 가격에 제공하여 시장점유율을 유지하고자 하는 전략을 말한다.

특히 성숙기 시장은 매출이 더 이상 늘지 않는 정체성을 보이는데, 이를 타개할 수 있는 방법으로는 상품의 사용량을 늘려 매출을 증가시키는 전략이 요구된다. 예를 들어 치약시장이 성숙기에 접어들어 더 이상 매출이 증대하지 않자 한 치약회사는 치약의 구멍을 크게 하여 한번 짤 때 양이 많이 나오도록 하여 소비량을 늘린 바 있다. 또한 치과협회와의 공익광고를 통하여 건강한 치아를 위한 이른바 3·3·3 칫솔법은 사용량을 늘리는 데 공헌하였다. 즉 하루 3번, 식후 3분 이내, 3분 동안 칫솔질하기 캠페인을 통하여 치약의 사용량을 늘렸던 것이다. 또한 우유의 소비촉진을 위하여 한 팩에 180ml의 양을 200ml로 늘린 것도 사용량을 증대시키기 위한 전략이었다고 할 수 있다.

强弩之末

강노지말

쇠퇴기 마케팅전략

強: 굳셀 강, 弩: 쇠뇌 노(활), 之: 갈 지, 末: 끝 말

강한 활에서 쏘아진 화살도 마지막에는 힘이 없어 맥을 추지 못한다는 뜻으로, 강대한 힘도 최후에는 쇠퇴하여 아무것도 할 수 없게 되어버린다는 의미

강노지말(强弩之末)의 유래

이 성어는 ≪사기(史記)≫ 〈한장유열전(漢長孺列傳)〉에서 유래되었다.

한무제(漢武帝)는 수십 년간 괴롭히던 흉노족을 섬멸하고자 대신들과 숙의를 하였다. 그런데 대신 중에서 어사대부(御史大夫)가 전쟁을 극구 반대하였다. 그는 아군이 그동안 계속 전쟁을 치러 지칠 대로 지쳐 있고, 사기가 땅에 떨어져 있어 서둘러 전쟁터에 내보내면 지난 번처럼 대패할 우려가 크다고 하였다. 또한 병사들이 나이가 많은 탓에 전쟁터에 나가도 승산이 없으며 줄행랑칠 궁리만 한다고 하였다. 한무제가 걱정스러운 표정을 짓자 어사대부는 강노지말(强弩之末)이라는 고사를 인용해 설득하였다. 즉 "활시위를 당기면 처음에는 힘차게 바람을 가르고 나아가다가 일정한 거리에 이르면 힘이 떨어져 나뭇잎조차 떨어뜨리지 못합니다. 마지막에는 종이도 뚫지 못합니다"라고 하였다. 따라서 어사대부는 전쟁터에 내보내기 전에 병사들을 다시 훈련시켜 정신무장이 되면

그때 가서 흉노족을 정벌하러 나서는 것이 좋겠다고 건의하였고, 한무제는 이를 받아들였다.

강노지말(强弩之末)과 마케팅

강노지말(强弩之末)은 상품수명주기 단계에서 쇠퇴기를 의미한다. 즉 쇠퇴기의 상품은 강노지말처럼 쏜 화살이 마지막에는 힘없이 떨어지듯이 판매량이 줄고 가격경쟁은 더욱 치열해지므로 매출은 저하된다. 따라서 마케팅비용의 지출은 무의미하므로 가급적 시장에서 빠르게 철수하는 전략과 마케팅비용을 줄여가면서 쉽게 판매될 수 있는 만큼은 거두어들이는 수확전략의 선택이 요구된다. 결국 쇠퇴기의 상품은 고객에게 더 이상 매력이 없다는 것이다. 그러나 수명이 다된 상품을 리포지셔닝하여 다시 살아나는 경우도 있다.

리포지셔닝(repositioning)이란 기존 제품이나 서비스의 판매가 정체 및 하락할 경우 매출이 떨어지는 이유를 분석하여 소비자들의 마음속에 다시 포지셔닝시키는 전략을 말한다. 예를 들어 '박카스 드링크'는 예전에 일반 소비자들이 즐겨 마셨는데, 그 소비자들이 지금은 중장년층이 되어 브랜드가 늙은 이미지를 갖게 되었다. 이에 젊은층 모델을 광고에 내세워 다시 포지셔닝하여 쇠퇴기를 벗어나고 있다. 이와 같이 시간이 경과함에 따라 경쟁환경과 소비자 욕구가 변하여 매출에 문제가 있을 경우 목표 포지션의 재설정이 요구되는데 리포지셔닝전략이 요구되는 경우는 다음과 같다.

- 현재의 포지셔닝이 소비자의 트렌드 변화에 의해 경쟁력을 상실했

을 경우

- 해당시장의 규모나 수익성이 낮아 신규시장으로 이동해야 할 경우
- 현재의 포지셔닝으로 인하여 비용의 발생과 마이너스 효과가 발생할 경우

강노지말(强弩之末)의 단계에서 리포지셔닝하여 성공한 브랜드 – 박카스

리포지셔닝의 대표적인 사례로 동아제약의 박카스를 들 수 있다. 박카스 드링크는 1963년부터 출시되어 피로회복제로서 전 국민의 사랑을 받았다. 그러나 박카스의 위력은 2001년 광동제약이 웰빙 트렌드에 의하여 '마시는 비타민 C'라는 콘셉트의 비타500 드링크를 선보이면서 쇠퇴하기 시작하였다. 이후 비타500은 젊은층을 중심으로 급속히 확산되었고, 박카스는 옛 향수로 남게 되었다. 이에 박카스는 진열을 정비하고 '젊은 날의 선택'이라는 광고 캠페인을 통하여 젊은층을 파고들었고, '지킬 것은 지킨다'는 젊은 세대를 상징하는 슬로건과 참신한 모델을 등장시킨 감성적인 광고 역시 화제를 낳았다. 또한 국토대장정 등을 통하여 젊은층과 교감하였다. 결국 박카스는 중년들이 마시는 드링크라는 인식에서 새롭게 리포지셔닝하여 젊은층의 시장을 확보할 수 있었고, 기존의 충성고객까지도 유지할 수 있게 되었다.

따라서 박카스는 강노지말(强弩之末) 상황에서 어사대부의 건의처럼 리포지셔닝전략을 통하여 재도약하는 대표적인 케이스라고 할 수 있다.

강노지말(强弩之末)
상황에서 리포지셔닝
하여 재도약하고
있는 박카스

마 케 팅 전 략 **72** 계

마케팅 전략 실전응용

제6장

동가홍상 同價紅裳
명실상부 名實相符
촌철살인 寸鐵殺人
관주위보 貫珠爲寶
견상지빙 見霜知冰
일거양득 一擧兩得

錦上添花

상품 및
브랜드 전략

錦上添花
금상첨화

상품 및 브랜드 전략

錦: 비단 금, 上: 위 상, 添: 더할 첨, 花: 꽃 화

비단 위에 꽃을 더한다는 뜻으로, 좋은 일 위에 더 좋은 일
이 더하여짐을 비유적으로 이르는 말

금상첨화(錦上添花)의 유래

이 성어는 북송(北宋) 때 당송팔대가의 한 사람인 왕안석(王安石)이 정
계를 떠나 만년에 남경의 한적한 곳에서 은둔할 때 지은 시 〈즉사(卽事)〉
에서 유래되었다.

강물은 남원으로 흘러 서쪽 언덕으로 기울고(河流南苑岸西斜)

바람에 영롱한 이슬이 아름답구나(風有晶光露有華)

문 앞 버드나무는 옛사람 도령의 집이고(門柳故人陶令宅)

우물가 오동나무는 옛 총지의 집이라(井桐前日總持家)

좋은 초대를 받아 술잔을 거듭하니(嘉招欲履盃中)

즐거운 노래는 비단 위에 꽃을 더하네(麗唱仍添錦上花)

문득 무릉의 술과 안주의 객이 되니(便作武陵樽俎客)

내 근원에 붉은 노을이 아직도 많구나(川源應未少紅霞)

금상첨화(錦上添花)의 마케팅계책

비단 위에 꽃을 더하여 좋은 일 위에 더 좋은 일이 더하여짐을 비유하는 금상첨화(錦上添花)는 마케팅 측면에서 상품과 브랜드전략에 대한 지침을 주는 고사성어라고 할 수 있다. 소비자 입장에서는 상품과 브랜드에 대하여 이왕이면 금상첨화를 선호한다는 점에서 이에 대한 구체적인 계책을 다음과 같이 6계로 제시하였다.

제31계 : 동가홍상(同價紅裳) – 디자인전략

제32계 : 명실상부(名實相符) – 브랜드전략

제33계 : 촌철살인(寸鐵殺人) – 카피라이트전략

제34계 : 관주위보(貫珠爲寶) – 패키징전략

제35계 : 견상지빙(見霜知氷) – 인디케이터 제품전략

제36계 : 일거양득(一擧兩得) – 하이브리드효과 마케팅

同價紅裳

동가홍상

디자인전략

同: 같을 동, 價: 값 가, 紅: 붉을 홍, 裳: 치마 상

같은 값이면 다홍치마란 뜻으로, 같은 조건하에서 자신이
취할 수 있는 이익을 최대한으로 누리고자 할 때 쓰는 말

동가홍상(同價紅裳)의 유래

이 성어는 17세기 후기 재야학자 조재삼(趙在三)이 쓴 ≪송남잡지(松南雜識)≫와 작자 미상(1836년 박경가(朴慶家)가 저술했다는 설도 있음)으로 국어 어휘의 어원을 해석한 책 ≪동언고략(東言考略)≫에서 유래되었다. '보기 좋은 떡이 먹기도 좋다'는 속담은 동가홍상(同價紅裳)과 같은 의미라고 할 수 있다.

동가홍상(同價紅裳)과 마케팅

같은 값이면 다홍치마라는 뜻의 동가홍상(同價紅裳)은 마케팅 측면에서 디자인전략에 대한 방향을 제시하는 것이라고 할 수 있다. 즉 소비자는 같은 값이면 디자인이 좋은 상품을 선택한다는 의미인데, 사람은 본능적으로 아름다운 것을 추구하는 심리가 작용하기 때문이다. 오늘날

제품은 품질과 기능 면에서 경쟁사 간에 큰 차이가 없다. 결국 품질은 기본이라는 것이다. 그렇다면 차별화할 수 있는 가장 큰 무기는 무엇인가? 바로 소비자의 감성에 소구하는 디자인이다. 오늘날 경쟁사 간에 차별적 우위를 점할 수 있는 요소가 곧 디자인이며, 제품의 경쟁은 곧 디자인 전쟁이라고 할 수 있다. 삼성과 애플의 스마트폰 특허전쟁도 결국 디자인 전쟁이다. 일찍이 코카콜라는 맛도 맛이지만 콜라병의 디자인으로 세계를 사로잡았다. 따라서 마케터는 동가홍상(同價紅裳)의 의미를 새겨 디자인전략에도 역량을 쏟아야 한다. 디자인은 상품의 외모로서 크게 제품 디자인, 포장 및 용기 디자인으로 구분할 수 있다.

1) 제품 디자인

제품의 형상·모양·색채 또는 이들을 결합한 것으로 실용성과 미적 요소를 통하여 소비자에게 제품에 대한 유형적 인식을 전달하고, 구매욕구를 자극하는 요인이라고 할 수 있다.

2) 포장 및 용기 디자인

포장 디자인은 종이나 천 따위로 제품을 감싸는 부수물의 모양디자인을 말한다. 예전의 포장은 제품의 보호가 주목적이었으나 최근에는 브랜드의 이미지 제고는 물론 제품의 가치를 더욱 돋보이게 하고, 경쟁제품이 나열된 유통시장에서 경쟁적 우위를 차지할 수 있는 '말 없는 세일즈맨(silent salesman)' 역할을 한다. 용기 디자인은 종이나 천 따위로 감쌀 수 없는 액체류를 담는 용기 모양의 디자인을 말하며, 포장 디자인과 같은 역할을 한다. 예를 들면 맥주와 음료수의 캔 및 병, 향수의 병 등을 의미한다.

코카콜라 병 디자인의 유래

코카콜라 병은 조지아 근교의 가난한 농군의 아들로 태어난 '루드'라는 청년에 의해 발명되었다. 그는 어려운 가정형편으로 인하여 중학교도 진학하지 못하고 도시로 상경하여 신문 배달이나 심부름꾼 등을 거쳐 유리병 공장에서 일하게 되었다. 그에게는 주디라는 여자 친구가 있었는데 어느 날 주디는 "물에 젖어도 손에서 미끄러지지 않고 병 속에 콜라가 많이 들어 있는 것처럼 보이는 새로운 모양의 병을 공개모집"한다는 신문광고를 들고 루드를 찾아왔다.

루드는 주디의 만류에도 불구하고 6개월간 공장을 휴직하고 오로지 병 모양을 고안하는 데 총력을 기울였다. 그러나 6개월이 다 되었는데도 루드의 작업은 진전이 없었고, 주디가 찾아왔지만 그는 주디를 볼 면목이 없었다. 루드가 주디를 본 순간 루드는 드디어 병 모양이 생각났고 재빠르게 스케치하였다. 주디가 입고 있었던 옷은 그 당시 유행하던 통이 좁고 엉덩이의 선이 아름답게 나타나는 호블 스커트(hobble-skirt)였는데 루드는 그 옷에 착안하여 병을 디자인하였던 것이다. 그리고 병 공장에서 일한 경험을 살려 직접 견본을 만들었고, 미국 특허청에 의장(모양)을 출원했다.

이 이야기는 1915년 당시 호블 스커트(hobble-skirt)형의 병을 개발한 얼 딘(Earl R. Dean) 또는 알렉산더 사무엘슨(Alexander Samuelson)을 루드라는 청년으로 둔갑시켜 지어낸 이야기로 추측된다.

당시 여자들에게 유행하였던 호블 스커트 (hobble-skirt)를 모델로 만든 엽서(1911년)와 1915년 얼 딘(Earl R. Dean)이 디자인한 코카콜라 병

名實相符
명실상부

브랜드전략

名: 이름 명, 實: 열매(실제) 실, 相: 서로 상, 符: 부신 부

이름과 실상이 서로 들어맞는다는 뜻

명실상부(名實相符)의 유래

이름과 실상이란 뜻의 명실(名實)은 중국의 사상가들이 철학적 용어로 자주 사용하였다. 묵자(墨子)는 '취실여명(取實予名)' 즉 실제를 취하여 이름을 부여해야 한다 하였고, 《관자(管子)》〈구수편(九守篇)〉에서는 "명은 실제에서 생겨난다(名生於實)"고 주장하였으며, 《장자(莊子)》〈소요유편(逍遙遊篇)〉에서도 '이름이란 실제의 손님이다(名者 實之賓也)'라고 하였다. 명실(名實)은 전국시대 때 논리학과 인식론의 문제로 활발히 토론되었으며, 특히 공손룡(公孫龍)은 《명실론(名實論)》이라는 책을 통하여 명실관계를 전문적으로 연구하기도 하였다.

상부(相符)는 '서로 일치하다 또는 부합되다'는 뜻인데, 여기서 한자 '符'는 부신(符信) 부이다. 부신(符信)이란 나뭇조각이나 두꺼운 종이에 글자를 기록하고 도장을 찍은 뒤, 두 조각으로 쪼개어 한 조각은 상대에게 주고 다른 한 조각은 자기가 가지고 있다가 나중에 서로 맞추어서 증거로

삼던 물건을 말한다. 이러한 부신은 초기에 대나무로 만들었다. 그래서 부(符)는 대나무 죽(竹)에 줄 부(付)를 붙여 만들어진 한자이다.

명실상부(名實相符)와 마케팅

이름과 실상이 서로 들어맞는다는 뜻의 명실상부(名實相符)는 마케팅 측면에서 브랜드전략에 부합되는 고사성어라고 할 수 있다. 즉 브랜드 (상품명)와 상품의 실상이 서로 부합되어야 한다는 것이다. 예전에 휴대폰을 국내에서 처음으로 생산할 때 LG에서는 '화통'이라고 명명하였다. '화끈하게 통화된다'는 의미이다. 뜻은 좋은 것 같은데 이름이 휴대폰의 실상에 걸맞지 않아 촌스러웠다. 당시 휴대폰 소유자는 일부 부유층에 한정되어 있었다. "당신의 휴대폰은 어디 거냐?"라고 물었을 때 "LG 화통입니다"라고 답했는데 그것이 촌스러웠던 것이다. 이후 'CYON(싸이언)'으로 바뀌었다.

브랜드 때문에 수출에 애를 먹었던 경우도 있다. 예를 들어 대영자전의 경우 대영은 영어 발음이 거의 '다이 영(Die Young)'으로 읽혀 '죽는다'는 뜻과 '젊은이'라는 의미가 결합되어 낭패를 보기도 하였다.

브랜드(brand)란 어떤 상품을 다른 것과 구별하기 위하여 사용하는 이름이나 기호, 도안 따위를 통틀어 이르는 말이다. 결국 브랜드는 상품명과 상표라는 두 가지 의미를 지니고 있다. 브랜드는 해당 기업이나 제품의 정체성(Identity)을 나타내는 것이며, 제품의 콘셉트, 특징, 소비자의 욕구 등이 모두 담겨 있는데, 명실상부한 브랜드를 결정할 때는 다음과 같은 전략이 요구된다.

1) 상품명 전략

상품명은 독특하고, 상품과 연관성이 있어야 하며, 기억이 용이해야 한다. 이 3요소가 잘 조화되고 결합되어 소비자가 선호하는 토털 이미지가 형성되었을 때 비로소 그 브랜드 네이밍은 성공적이라고 할 수 있다.

- 독특성 : 상품명은 경쟁사의 것과 차별화되어야 하고, 명백히 구분되어져야 한다. 즉 독자적인 상품명을 통하여 상품의 이미지와 파워를 형성해야 한다.
- 연관성 : 고객에게 제공하고자 하는 편익을 고려하여 상품명을 정하고, 상품의 품질과 수준이 상품명과 연관성을 갖도록 한다.

브랜드 스토리텔링 – '처음처럼' 소주

2006년 두산에서 출시한 저도 소주 '처음처럼'은 성공회대 신영복 교수의 서화에세이 '처음처럼'이라는 글에서 착안되었고, 브랜드의 제호 글씨도 신영복 교수가 직접 쓴 것이다.

처음처럼   _신영복

처음으로 하늘을 만나는 어린 새처럼
처음으로 땅을 밟고 일어서는 새싹처럼
우리는 하루가 저무는 저녁 무렵에도
아침처럼 새 봄처럼 처음처럼
다시 새날을 시작하고 있다.

'처음처럼' 제조회사는 '처음처럼' 새날을 맞이하듯 초심을 잊지 않는 삶을 살고자 하는 마음을 소주 한 잔에 담았다는 브랜드 스토리텔링을 하였다.

● 기억용이성 : 상품명은 고객들이 쉽게 이해하고 회상이 되어야 한다. 대부분의 고객들은 상품을 구매하고자 할 때 가장 먼저 회상되는 상품명을 찾는 것이다. 따라서 상품명은 발음이 좋아야 하고, 스토리텔링이 있다면 더욱 기억을 용이하게 할 수 있다.

2) 상표전략

상표는 자기의 상품이라는 것을 명시한 것으로 경쟁상품과 식별하기 위하여 사용하는 문자, 도형, 색상의 조합물이라고 할 수 있다. 상표의 색상은 시각적인 효과를 줄 뿐만 아니라 일관성 있는 색상은 상표의 인식을 높여주는 수단이 된다. 로고(logo)는 로고 타입(logo type)을 줄인 말로써 상품명의 문자를 독특하게 형상화한 전용서체를 말하며, 심벌마크(symbol mark)는 상징적인 요소를 그림으로 도형화한 것을 말한다. 소비자는 같은 값이면 좋은 상표에 매력을 느낀다.

상표의 기능은 소비자와 기업의 측면에서 살펴볼 수 있다. 먼저 소비자 측면에서의 기능은 ① 품질과 신뢰성에 대한 판단 기준이 되고 ② 상표의 정보를 알고 있으므로 구매결정을 신속하게 할 수 있다. 기업 측면에서의 기능은 ① 이미지를 제고할 수 있고 ② 경쟁사와 차별화하는

【표 6】 명실상부한 브랜드 사례

업체명	브랜드	의 미
대상	청정원	정직, 신뢰, 신선, 깨끗함을 상징
풀무원	풀무원	대장간에서 쇠를 뜨겁게 달구기 위해 바람을 넣는 기구. 풀무질을 통해 사회에 필요한 사람을 만들겠다는 뜻에서 농장의 이름을 '풀무원'으로 지음
CJ	해찬들	해가 가득 찬 들녘
두산식품	종가집	전통성과 엄격함을 상징

수단이 되며 ③ 상표권 등으로 법적 보호를 받을 수 있고 ④ 브랜드 애호도(brand loyalty)를 확보하여 안정적인 매출을 확보할 수 있으며 ⑤ 브랜드 확장을 통하여 사업기회를 확대할 수 있다.

3) 브랜드 확장전략

브랜드 확장(Brand Extension)전략이란 '높은 브랜드 가치를 갖는 한 브랜드의 이름을 다른 제품군에 속하는 신제품의 이름에 확장하여 사용하는 전략'을 말한다. 여기서 높은 브랜드 가치를 갖는 한 브랜드를 패밀리 브랜드(Family Brand)라고 한다. 패밀리 브랜드(Family Brand)는 한 기업에서 생산되는 유사제품군이나 전체 품목에 동일하게 부착하는 브랜드로서 제품과 기업의 이미지를 통일시켜 신뢰도를 높여 그 기업에서 생산하는 모든 제품을 인식시키기 위한 방법이다. 이를 우산처럼 꼭지점을 중심으로 살이 펼쳐진다고 하여 '엄브렐러마케팅(umbrella marketing)'이라고 한다.

대표적인 사례로는 '풀무원'을 들 수 있다. 친환경적인 '풀무원 콩나물'이 히트를 치자 뒤이어 두부를 비롯한 면류, 냉동식품류, 조미식품류, 김치류, 녹즙, 과채음료 등 모든 식품류에 '풀무원'이란 브랜드를 부착하여 성공을 거두었다. 즉 '풀무원'이란 패밀리 브랜드의 효과를 톡톡히 본 셈이다.

패밀리 브랜드전략의 목적은 모(母) 브랜드에 대한 후광효과를 노리자는 전략이다. 후광효과(Halo Effect)란 어떤 대상을 평가할 때, 그 대상의 어느 한 측면의 특질이 다른 특질들에까지도 영향을 미치는 것을 말한다. 이와 같은 브랜드 확장전략의 효과는 다음과 같다.

첫째, 시장진입이 용이하다. 이미 알려진 브랜드를 다른 신제품에도 부착함으로써 소비자에게 위험지각을 줄여주고, 신뢰감을 줄 수 있으므로 손쉽게 시장에 진출할 수 있다.

둘째, 마케팅비용을 절감할 수 있다. 개별 브랜드로 시장에 진입하고자 할 때는 브랜드 인지도를 높이기 위하여 초기에 막대한 마케팅비용이 들어가는데, 기존의 브랜드를 사용하므로 상당한 비용을 절감할 수 있다.

셋째, 새로운 브랜드 개발에 따른 시간과 비용을 절감할 수 있다. 새로운 브랜드를 개발하려면 소비자의 리서치를 비롯하여 브랜드 콘셉트 설정 및 네이밍 그리고 로고 등의 브랜드 아이덴티티(BI: Brand Identity) 작업 등 상당기간이 소요되고, 그에 따른 인적 비용 등도 상당액이 소요된다. 따라서 패밀리 브랜드를 사용하면 그 비용을 절감할 수 있다는 것이다.

넷째, 규모의 경제효과를 추구할 수 있다. 각각의 제품에 대하여 동일한 포장과 패키지를 사용할 수 있으므로 비용이 절감될 수 있다.

다섯째, 빌보드효과(Billboard Effect)를 노릴 수 있다. 마트 등에서 한 기업의 여러 제품군이 같은 브랜드로 진열하게 되면 소수의 브랜드 제품군보다 인기가 높다는 이미지를 심어줄 수 있는 것이다.

그러나 브랜드 확장전략은 패밀리 브랜드를 사용하는 어느 한 제품에서 부정적으로 인식되거나 결함이 생길 경우 그 브랜드의 전 제품이 몰락할 수 있다는 점에 유의해야 한다. 또한 유사성이 떨어지는 제품에게도 무리하게 확장을 하면 패밀리 브랜드의 아이덴티티가 모호해질 수 있다. 예를 들어 간장업체가 캔커피에 같은 브랜드를 사용하게 되면 간장과 커피의 맛이 상충되어 브랜드 아이덴티티가 모호해지는 것이다. 이와 같이 브랜드 정체성이 모호한 소위 '브랜드의 공동묘지'에는 수천 개의 제품이 안장되어 있다. 주요 시신을 예로 들면 IBM 복사기, 제록스(Xerox) 컴퓨터, 코카콜라(Coca-Cola) 의류 등이 있다. 이들 제품은 품질에 하자가 있어 실패한 것이 아니라 패밀리 브랜드와 제품의 유사성이 떨어졌기 때문이다. 즉 IBM을 컴퓨터 회사라고 인식한 사람들의 마음속에 IBM 복사기는 왠지 친숙하지 않은 것이다.

≪순자(荀子)≫ 〈군도편(君道篇)〉에 '원청즉류청(原淸則流淸)'이란 글귀가 있는데, "근원이 맑으면 그 흐름도 맑다는 것"이다. 또한 조선시대 속담집인 〈동언해(東言解)〉에 상탁하부정(上濁下不淨)이란 한자성어가 있는데, "윗물이 흐리면 아랫물도 흐리다"는 뜻이다. 따라서 브랜드는 명실상부(名實相符)하여 그 흐름이 맑아야 하는 것이다.

조선맥주의 패밀리 브랜드전략

1945년 해방 이후 우리나라의 맥주는 동양맥주의 'OB'와 조선맥주의 '크라운'이 양대산맥을 이루면서 치열한 전투를 벌였다. 초반에는 조선맥주가 앞서 나갔으나 1957년부터 1980년 중반까지는 동양맥주가 시장점유 측면에서 6 : 4 정도로 앞섰고, 이후 1990년 초반까지는 7 : 3 정도로 더욱 격차가 벌어졌다. 당시 소비자에게 블라인드 테스팅(blind testing)을 해보면 'OB'보다 '크라운'이 더 맛있다고 하였다. 그런데 상표를 붙여 테스트하면 'OB'가 더 맛있다는 것이다. 문제는 조선맥주의 패밀리 브랜드인 '크라운'이었다. 부정적으로 인식하고 있었으므로 맛이 좋은 어떠한 신상품을 출시하여도 '크라운'이란 브랜드를 붙이면 안 팔리는 것이었다. 결국 패밀리 브랜드인 '크라운'을 떼고 하이트(hite)란 브랜드로 바꾸었다. 대성공이었다. '크라운'이란 패밀리 브랜드는 상탁하부정(上濁下不淨)이었다. 즉 "윗물이 흐리면 아랫물도 흐리다"는 성어의 원리가 작용된 셈이다.

寸鐵殺人
촌철살인

카피라이트전략

寸: 마디 촌, 鐵: 쇠 철, 殺: 죽일 살, 人: 사람 인
손가락만한 작은 쇠붙이로도 사람을 죽일 수 있다는 뜻으로, 짧은 경구로도 사람을 크게 감동시킬 수 있음을 말함. 촌(寸)은 손가락 하나의 너비 정도

촌철살인(寸鐵殺人)의 유래

이 성어는 중국 남송(南宋)의 학자 나대경(羅大經)의 저서 ≪학림옥로(鶴林玉露)≫에 "어떤 사람이 한 수레의 무기를 싣고 왔다고 해서 사람을 죽일 수 있는 것이 아니다. 나는 한 치도 안 되는 쇠붙이만 있어도 사람을 죽일 수 있다(我則只有寸鐵 便可殺人)"라는 대목에서 유래되었다.

여기서 말하는 촌철(寸鐵)은 손가락 너비도 안 되는 쇠붙이 무기가 아니라 한마디 말을 의미하며, 살인(殺人)은 사람을 죽이는 것이 아니라 사람을 감동을 시킨다는 의미이다. 결국 촌철살인(寸鐵殺人)이란 장황하게 많은 말을 하지 않고, 간단한 한마디 말과 글로써 상대방의 급소를 찔러 당황하게 만들거나 감동시키는 경우를 비유한 것이다. 즉 허를 찌르는 한마디 말이 수천 마디의 말보다 더욱 효과를 발휘할 때 이르는 말이다.

이와 유사한 고사성어로는 '일자천금(一字千金)'이 있는데, 한 글자에

천금이란 뜻으로 심금을 울리는 아주 빼어난 글이라는 의미이다. 또한 '일언이폐지(一言而蔽之)'란 성어가 있는데, 한마디의 말로써 능히 그 전체를 대변하다는 뜻이다.

촌철살인(寸鐵殺人)과 마케팅

촌철살인(寸鐵殺人)은 마케팅에 있어서 상품의 카피라이트(copywrite) 전략에 적용할 수 있다. 마케팅 과정(marketing process)은 제품이나 서비스를 소비자에게 효율적으로 전달하기 위하여 ① 시장조사를 통하여 사업기회를 확인하고 ② 시장을 세분화하여 표적시장을 선정한 다음 ③ 포지셔닝(정위화)을 하고 ④ 마케팅믹스(상품, 가격, 유통, 촉진)전략을 구축하는 일련의 과정을 말한다.

여기서 포지셔닝(positioning)전략이란 고객의 마음속에 자사의 제품이나 서비스를 시장에서 독특하고 경쟁적 위치를 차지할 수 있도록 정위화하는 것으로 고객의 이미지에 영향을 주고 지각하게 하는 것이다. 따라서 포지셔닝의 성공은 자사의 제품이나 서비스의 명확한 이미지를 고객에게 어느 정도 강렬하게 심어주느냐에 달려 있다. 포지셔닝의 커뮤니케이션 수단은 광고 카피라이트(copywrite)이다.

예를 들어 볼보(Volvo)는 그들의 자동차를 '세계에서 가장 안전한 차'로 포지셔닝했다. 볼보는 그러한 포지셔닝을 전달하기 위하여 자동차 디자인을 안전한 모양으로 하였고, 충돌 테스트 광고 등을 통하여 소비자에게 강한 이미지를 심어주었다. 소비자들은 볼보(Volvo)를 '세계에서 가장 안전한 차'로 인식하게 된 것이다. 세계적인 운동화 업체인 나이키(Nike)의 슬로건은 '저스트 두 잇(Just Do It)'이다. 직역하면 '그냥 한번 해봐',

'지금 당장 해보라'는 뜻이지만 "당신의 무한한 가능성을 믿고 최선을 다하여 도전하라"는 의미를 내포하고 있다. 즉 스포츠를 할 때 나이키 운동화를 신고 도전해 보라는 메시지를 주어 나이키를 신으면 도전을 성취할 수 있다는 자신감을 불러주는 이미지를 심어줄 수 있었다.

따라서 상품에 대한 설명을 장황하게 늘어놓는 것보다 촌철살인(寸鐵殺人) 즉 상품의 특성을 짧은 카피라이트로써 소비자에게 강한 인상을 심어주어야 한다. 그리고 그 카피라이트는 일자천금(一字千金), 즉 한 글자에 천금을 담아야 하고, 일언이폐지(一言而蔽之), 즉 한마디의 말로써 능히 그 전체를 대변할 수 있어야 한다. 카피라이트의 슬로건은 제품이나 서비스의 속성을 강조해야 하는데, 그 유형은 다음과 같다.

1) 경쟁우위 카피라이트

타사의 제품이나 서비스보다 경쟁우위를 강조할 때 사용하는 카피라이트전략을 말한다. 예를 들어 아마존닷컴(amazon.com)은 인터넷이라는 가상공간을 통하여 '지구상에서 가장 큰 서점'이라는 카피라이트를 통하여 경쟁력을 과시하고, 월마트는 대형 할인점으로서 '항상 낮은 가격 (always low prices)'이라는 슬로건으로 경쟁사보다 경쟁우위를 강조하고 있으며, 메르세데스-벤츠는 '최고가 아니면 아무것도 아니다(The best or nothing)'라는 슬로건을 통하여 세계 최고의 명차임을 강조하고 있다.

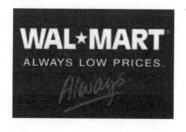

월마트의 슬로건

2) 가치 카피라이트

가치는 직접적으로 가치를 느낄 수 있는 가격대비의 가치와 간접적으로 가치를 느낄 수 있는 정신적 가치로 나눌 수 있다. 가격대비의 가치를 강조하는 카피라이트는 ① 우수한 품질을 비싸게 ② 우수한 품질을 같은 가격으로 ③ 같은 품질을 더 싸게 ④ 약간 낮은 품질을 더 싸게 ⑤ 우수한 품질을 더 싸게 하는 등의 5가지로 구분되는데, 자사가 어떤 것을 추구하느냐에 따라 달라진다.

그리고 정신적 가치 카피라이트는 가격을 떠나 고객에게 정신적으로 느낄 수 있는 문화, 분위기, 행복, 색다름 등의 제공을 강조한 것이라고 할 수 있다. 예를 들어 신라호텔의 경우 '최신 라이프스타일 공간(Contemporary Lifestyle Destination)'이라는 슬로건을 통하여 휴식은 물론, 고급 식문화, 예술, 뷰티, 쇼핑, 웨딩, 엔터테인먼트 등 고객의 고품격 라이프스타일을 제안하는 공간으로써 이미지를 포지션하고 있다.

3) 속성 및 혜택 카피라이트

상품의 속성을 강조하여 차별화 및 우월성을 나타내거나, 특정한 상품을 구매하면 얻게 되는 편리성이나 규모의 이익 등 혜택(benefit)을 강조하는 카피라이트를 말한다.

4) 이미지 카피라이트

상품의 등급이나 명성 등의 이미지를 활용하여 카피라이트하는 것을 말한다. 예를 들면 '특급 호텔', '7성급 호텔' 등의 표현은 이미지를 고급화시켜 준다.

5) 경쟁자 카피라이트

경쟁자와 차별화할 수 있는 것을 강조하여 카피라이트하는 방법을 말한다. 예를 들면 아래의 표와 같다.

【표 7】 경쟁자 카피라이트의 사례

업체명	카피라이트(슬로건)	의 미
에이비스(Avis) 렌터카	우리는 2등입니다. 그래서 더욱 노력하겠습니다	렌터카 시장에서 매출 1위인 허츠(Hertz)를 겨냥하여 더욱 열심히 서비스하겠다는 의지를 표명
웬디스(Wendy's) 햄버거	Where is the beef (쇠고기는 어디에?)	경쟁 햄버거 업체인 맥도날드(McDonald's)와 버거킹(Burger King)이 햄버거를 만들 때 돼지고기를 많이 쓰는 반면에 웬디스는 소고기를 많이 쓰고 있다는 점을 비교 강조
한국철도	철도는 약속시간을 지켜줍니다	고속버스 등과 같은 경쟁 운송업체보다 시간을 정확하게 지켜준다는 것을 강조

1. 삼성전자 애니콜 – "한국 지형에 강하다"

애니콜이 탄생하기 전 삼성전자의 휴대폰은 '삼성 휴대폰'이라는 이름으로 시장에 존재하였다. 당시 휴대폰 시장에서 삼성의 시장점유율은 10% 내외였고, 외국산 모토로라가 70%였다. 그러나 1990년대 중반 삼성은 애니콜을 출시하면서 "한국 지형에 강하다"는 카피라이트를 사용하였다. 이 카피라이트 하나로 세계적 이동통신기업 모토로라의 아성을 물리치고 국내 휴대폰업계 1위의 자리에 올라섰다. 그 이유는 외국산 모토로라보다 한국 지형에는 국산이 더 통화가 잘된다는 의미와 함께 언제 어디서든 통화가 된다는 애니콜(any call)의 브랜드 네임도 한몫을 한 것이다.

2. 금성사 – "순간의 선택이 10년을 좌우한다"

LG의 전신인 금성사(Goldstar)는 자사의 전자제품에 대하여 "순간의 선택이 10년을 좌우한다"라는 카피라이트로 광고하여 성공을 거두었다. 즉 전자제품을 살 때 자사의 상품을 구매하면 10년을 더 쓸 수 있으므로 순간의 선택을 잘하라는 것이다. 결국 소비자가 경쟁사의 제품을 고르다가 "순간의 선택이 10년을 좌우한다"라는 말이 떠올라 금성사 제품으로 선택하게 되었다. 1995년 LG전자로 통합되기 전 골드스타(금성사)가 쓰리스타(삼성)를 이길 수 있었던 것은 이 명카피라이트 덕분이었다.

貫珠爲寶
관주위보

패키징전략

貫: 꿸 관, 珠: 구슬 주, 爲: 행할 위, 寶: 보배 보
구슬을 뚫어서 꿰어야 보배가 된다는 의미

관주위보(貫珠爲寶)의 유래

이 성어는 "구슬이 서 말이라도 잘 꿰어야 보배"라는 우리 속담을 한자성어로 표현한 것이다. 이 속담은 아무리 훌륭하고 좋은 것이라도 다듬고 정리하여 쓸모 있게 만들어놓아야 값어치가 있다는 것을 비유하는 말로 사용되고 있다.

관주위보(貫珠爲寶)와 마케팅

구슬을 잘 꿰어야 보배가 된다는 관주위보(貫珠爲寶)는 마케팅 측면에서 패키징전략에 해당한다고 할 수 있다. 패키징(packaging)이란 여러 단위요소의 제품이나 서비스를 하나의 상품으로 묶는 것을 말한다. 전주비빔밥이 맛있는 것은 각 재료가 조화를 잘 이루었기 때문이다. 이러한 묶음을 잘 꿰게 되면 보배가 될 수 있다는 것이다. 잘 꿰어야 한다는 의

미는 아무 구슬이나 사용하는 것이 아니라 좋은 구슬을 골라내고, 그것을 용도에 맞게 꿰는 것을 말한다.

'금슬상화(琴瑟相和)'라는 고사성어도 있다. 거문고와 비파가 음률이 잘 어울려 서로 조화가 잘 된다는 뜻으로 가족 간의 화합을 강조한 말이다. 따라서 패키지상품의 구성요소들은 거문고와 비파의 음률처럼 잘 조화되어야 한다. 그래야 소비자에게 매력을 어필할 수 있고, 경쟁사와 차별화를 꾀할 수 있다.

특히 서비스는 핵심서비스와 부가서비스가 유무형의 요소로 복합되어 묶음(bundle)으로 제공되는 경우가 많다. 가장 대표적인 패키지상품으로는 해외여행상품을 들 수 있다. 항공, 숙박, 식사, 지상교통편, 관광지 입장료 등을 여행객 개인이 따로 구매하면 많은 액수가 들지만, 이를 여행사에서 패키지로 구매하면 보다 싼 가격으로 해외여행을 갈 수 있다. 세계적 리조트업체인 클럽 메드(Club Med)는 항공, 숙박, 교통, 식사, 레크리에이션, 엔터테인먼트 등 제반 관광활동을 묶은 올 인클루시브 패키지(all-inclusive packages)로 상품을 판매하고 있는데, 관광객이 하나하나 낱개로 구입하면 가격이 더 비싸고 시간도 많이 소요되는 것을 해소해 주는 상품이다. 또한 레스토랑의 세트메뉴(set menu)도 패키지상품이라고 할 수 있다.

결국 패키지상품은 기업의 입장에서는 박리다매를 통한 수요창출전략이고, 소비자 입장에서는 낱개로 구매하는 것보다 묶은 것을 한번에 구매함으로써 할인된 가격으로 구매할 수 있다는 장점이 있다. 이와 같은 패키지상품이 관주위보(貫珠爲寶)가 되기 위해서는 다음과 같은 전략이 요구된다.

- 수요를 유인 또는 자극할 수 있도록 구성되어야 한다.

- 고객에게 가치 또는 묶음에 대한 혜택을 줄 수 있어야 한다.

- 단위 서비스요소들이 조화를 이루어야 한다.

- 묶음의 제공요소가 자세하게 설명되어야 한다.

- 패키지상품의 유효기간 내에는 가격변동 불가의 원칙이 적용되어야
  한다.

見霜知氷

견상지빙

인디케이터 제품전략

見: 볼 견, 霜: 서리 상, 知: 알 지, 氷: 얼음 빙
서리가 내린 것을 보고 얼음이 얼 것을 안다는 뜻으로, 어
떠한 조짐을 보아 결과를 예측한다는 것을 의미

견상지빙(見霜知氷)의 유래

이 성어는 서한(西漢) 때 유향(劉向)이 지은 ≪설원(說苑)≫이라는 설화
집에 '견망지존(見亡知存), 견상지빙(見霜知氷)'이라는 글귀에서 유래되었다.
'사라지는 것을 보고 존재하였다는 것을 알며, 서리를 보고 얼음을 안다.'
라는 뜻이다.

견상지빙(見霜知氷)과 마케팅

서리가 내린 것을 보고 얼음이 얼 것을 안다는 견상지빙(見霜知氷)은
마케팅 측면에서 인디케이터 제품전략을 의미한다고 할 수 있다. 인디케
이터(indicator)란 '표시'라는 뜻이며, 인디케이터 제품전략이란 소비자의
편의를 높이기 위하여 제품의 사용 시기나 상태 즉 표시 등을 알려주어
감성을 자극함으로써 구매의 효과를 노리는 기법을 말한다. 예를 들면

오줌을 싸면 색깔이 변하는 기저귀를 들 수 있다. 실제 오줌을 싸면 색깔이 변하는 기저귀는 교체시기를 알려주는 편의성에 의하여 그렇지 않은 기저귀보다 많은 매출을 올렸다.

· 1990년대 중반 하이트맥주는 온도기억 문자발현 특수라벨을 병에 부착하여 호평을 받았다. 평상시에는 아무런 표시가 없다가 12℃에서부터 특수섬유잉크에 색변화가 일어나기 시작하여 7~8℃가 되면 푸른색 암반 천연수 상징마크가 나타나고 온도가 올라가면 다시 사라지도록 되어 있다. 맥주의 온도는 7~8℃일 때 가장 맛있다는 것을 알려주는 것이다. 이후 신호등 모양으로 바꿔 상온에서는 빨간색만 드러나고 마시기에 적합한 7~8℃가 되면 파란색으로 바뀌게 하여 인디케이터효과를 톡톡히 보았다.

오랄비 인디케이터 칫솔의 경우 칫솔 사용기간에 따라 점차적으로 칫솔모의 색이 사라지게 하여 교체시기를 알려주고 있다. 그 외 물이 끓으면 소리가 나는 주전자, 티슈가 다 소모되었음을 알리는 색깔 표시 등을 들 수 있다.

하이트 캔 맥주에 적용되는 온도 눈금자는 맥주를 마시기에 최적의 음용온도인 7도 이하에서 가장 푸른색을 띠며, 시간의 경과와 함께 내용물이 줄어들면 캔 표면의 푸른색이 사라지고 냉장 전처럼 변화하여, 결국 내용물이 남아 있는 부분만 표시하게 되는데 이는 전형적인 인디케이터 제품이라고 할 수 있다.

따라서 인디케이터 제품은 소비자에게 가시적인 요소를 보여줌으로써 사용에 대한 편의를 제공하는 것이라고 할 수 있으며, 소비자에게 관심과 흥미를 유발할 수 있는 요소가 된다는 점에서 인디케이터가 없는 제품보다 훨씬 구매의 정도가 높다고 할 수 있다. 결국 인디케이터는 제품의 신호등이라고 할 수 있다. 제품마다 견상지빙(見霜知氷)할 수 있는 인디케이터를 개발할 수 있다면 소비자에게 더욱 매력적인 제품이 될 것이다.

一擧兩得

일거양득

하이브리드효과 마케팅

一: 한 일, 擧: 들 거, 兩: 두 량, 得: 얻을 득
한 가지 일로 두 가지 이익을 얻는다는 뜻

일거양득(一擧兩得)의 유래

이 성어에 관한 유래는 ≪사기(史記)≫, ≪진서(晉書)≫, ≪전국책(戰國策)≫ 등에 등장한다. 그중 ≪사기(史記)≫ 〈장의열전(張儀列傳)〉에 보면 '일거필유쌍호지명(一擧必有雙虎之名)'이라는 글귀가 있는데, 여기서 일거양득(一擧兩得)이라는 성어가 만들어졌다.

전국시대(戰國時代) 진(秦)나라 혜왕은 초(楚)나라의 사신 진진(陣軫)에게 한(韓)나라와 위(魏)나라를 공격하는 전략에 대하여 물었다. 이에 진진은 "지금 두 호랑이가 서로 소를 잡아먹으려 하는데, 먹어보고 맛이 있으면 서로 빼앗으려고 싸울 것입니다. 싸우게 되면 큰 놈은 다치고 작은 놈은 죽을 것이니, 그때 다친 놈을 찔러 죽이면 일거에 두 마리의 호랑이를 잡았다는 명성을 얻게 될 것입니다(一擧必有雙虎之名)"라고 말했다.

일거양득(一擧兩得)과 유사한 성어로는 일석이조(一石二鳥)가 있는데, 한 개의 돌을 던져 두 마리의 새를 맞추어 떨어뜨린다는 뜻으로, 한 가지

일을 해서 두 가지 이익을 얻음을 이르는 말이다.

일거양득(一擧兩得)과 마케팅

한 가지 일을 해서 두 가지 이익을 얻는다는 일거양득(一擧兩得)은 마케팅 측면에서 하이브리드효과를 의미한다. 하이브리드(hybrid)란 잡종 또는 혼혈이란 뜻인데, 두 가지 이상의 요소가 하나로 합쳐짐을 의미한다. 소비자의 입장에서는 하나의 가격으로 두 가지 기능성의 상품이 있다면 더욱 매력을 느낄 것이다. 예를 들어 예전에는 사무실에서 복사기와 프린트를 따로 구입해야 했다. 그러나 복사기에 프린트 기능을 추가한 복합기를 구입하면 각각 구입하는 것보다 가격도 저렴하고 사용도 더욱 편리하다.

또한 중국 음식을 먹을 때 짜장면 주문한 사람은 옆 사람이 먹고 있는 짬뽕이 먹고 싶고, 짬뽕을 시킨 사람은 옆 사람이 먹고 있는 짜장면을 먹고 싶다. 이러한 욕구를 간파하여 만든 것이 한 그릇에 짬뽕 반, 짜장면 반을 담아주는 짬짜면이다. 그야말로 일거양득인 셈이다.

특히 스마트폰의 경우 여러 기능이 있지만 휴대폰에 디지털카메라 기능을 하이브리드함으로써 디지털카메라 시장이 점점 축소되고 있는 실정이다. 복사기와 스마트폰의 예에서 알 수 있듯이 하이브리드효과를 노린 제품이 등장하면 전통적인 한 기능의 제품은 시장이 축소될 수도 있다. 따라서 마케터는 하이브리드효과를 얻는 제품 아이디어에 관심을 갖고, 반대로 자사의 제품이 경쟁사의 하이브리드전략에 위협이 되는지도 예의주시할 필요가 있다.

하이브리드효과는 제품에만 해당되는 것이 아니라 서비스에도 적용된다. 예를 들어 '불후의 명곡'이라는 주말 TV프로그램의 경우 신세대 가수들이 과거 전설로 알려진 가수의 노래를 부르는 경연장인데, 신세대와 과거세대를 모두 아우르는 프로그램으로서 하이브리드전략이라고 할 수 있다. 또한 최근 한류열풍을 타고 의료관광 붐에 의하여 의료관광객을 위한 '메디텔'이라는 신종업체가 등장하고 있는데, 메디텔(Meditel)이란 의료(Medical)와 호텔(Hotel)의 합성어로서 한 장소에서 진료를 받고 숙박도 가능하게 한 것이다. 이 또한 하이브리드효과라고 할 수 있다.

그러나 하이브리드전략은 일거양득의 효과가 있지만, 하나의 전문적 기능이 약화될 수 있다는 점에서, 이를 어떻게 극복하느냐가 관건이다. "두 마리 토끼를 잡으려다 둘 다 놓친다"는 속담도 있다. 결국 하이브리드전략은 '선택·집중'과는 상반되는 개념이라고 할 수 있다. 두 마리 토끼를 한번에 잡을 수 있는지, 한 마리 토끼만 선택하여 집중하여 잡을 것인지 마케터의 선택적 판단이 요구된다.

【표 8】 하이브리드효과를 노린 제품 사례

상 품	내 용
골프채	하나의 골프채에 우드와 아이언 기능
안경	하나의 안경에 선글라스와 다초점 기능
냉난방 전자제품	하나의 제품에 에어컨과 히터 기능
커피믹스	하나의 제품에 커피, 설탕, 프림이 모두 들어 있음

 **커피믹스의 성공**

　커피믹스(coffee mix)란 커피·크리머·설탕 등을 섞어서 일 회분씩 포장하여 뜨거운 물에 타 먹을 수 있도록 해놓은 커피제품을 말한다. 커피믹스는 1976년 우리나라 동서식품이 세계 최초로 만들었다. 동서식품이 커피믹스를 만들 수 있었던 것은 식물성 커피크리머인 '프리마'를 그전에 개발하였기 때문이다. 커피믹스를 처음 개발한 목적은 야외에서 커피를 즐길 수 있도록 하려는 것이었다.

　그러나 우리나라 사람은 다방커피에 익숙해져 있고, 성격이 급한 측면에서 이미 배합된 커피에 뜨거운 물만 부으면 완성되는 편의성 때문에 커피믹스의 실내 소비는 급속도로 확산되었다. 커피믹스 하나만 있으면 커피·크리머·설탕을 따로 구매하지 않아도 되는 장점도 작용하였다. 결국 커피믹스는 우리나라만의 독특한 문화로서 우리나라 특유의 '빨리빨리 문화'와 '초고속 경제성장'의 흔적이라고 할 수 있지만 다방커피에 익숙하였던 점을 간과할 수 없다.

人以群分

시장세분화와
마케팅

제7장

人以群分

인이군분

시장세분화와 마케팅

人: 사람 인, 以: 써 이, 群: 무리 군, 分: 나눌 분
사람은 같은 무리끼리 모인다는 뜻

인이군분(人以群分)의 유래

이 성어는 ≪주역(周易)≫ 〈계사(系辭) 상편〉에서 찾을 수 있다. "하늘은 높고 땅은 낮아, 하늘과 땅(乾坤)의 구별이 정해져 있다. 낮은 것과 높은 것이 벌려져 있고, 귀한 것과 천한 것이 각기 자리하고 있다. 움직임과 고요함이 일정한 법칙이 있어서 강한 것과 유순한 것이 결정된다. 방법이 유사한 것끼리 서로 모이고, 만물은 무리로 나누어져 공존한다(方以類聚, 物以群分)"라는 대목이 등장하는데, 여기서 사물은 유사한 것끼리 모인다는 '물이유취(物以類聚)'란 성어가 유래되었다.

또한 전국시대 제(齊)나라의 선왕(宣王)은 순우곤(淳于髡)에게 각 지방에 흩어져 있는 인재를 찾아 등용하도록 하였다. 며칠 뒤 순우곤이 일곱 명의 인재를 데리고 왕 앞에 나타나자 왕이 "귀한 인재를 한번에 일곱 명씩이나 데려오다니, 너무 많지 않은가?"라고 하였다. 이에 순우곤은 자신만만한 표정을 지으면서 "같은 종의 새가 무리지어 살듯, 인재도끼리끼리 모입니다. 그러므로 신이 인재를 모으는 것은 강에서 물을 구하는 것과 같습니다"라고 하였다. 결국 사람도 같은 무리끼리 모인다고 하여 '인이군분(人以群分)'이란 용어가 유래되었다.

이와 유사한 성어는 우리나라 ≪춘향전≫에도 등장하는데 몽룡이 "나는 지나가는 어사이니, 내 청도 거절하겠느냐?"라고 하자 춘향이 "초록은 동색이요, 가재는 게 편이라더니 양반들은 다 똑같은가 봅니다. 차라리 내 목을 베시오!"라는 대목이 나온다. 풀색과 녹색은 같은 색이라는 '초록동색(草綠同色)'과 '가재는 게 편'이란 말도 인이군분(人以群分)과 같은 의미라고 할 수 있다.

인이군분(人以群分)의 마케팅계책

사람은 같은 무리끼리 모인다는 인이군분(人以群分)은 마케팅에 있어서 시장세분화에 대한 의미를 제시해 주는 고사성어라고 할 수 있다. 시장세분화(market segmentation)란 유사한 필요, 욕구, 선호, 구매행동을 보이는 고객끼리 군집화하여 분류하는 과정을 말한다. 전체 시장 중에서 동질성을 갖는 각각의 하위집단을 세분시장이라고 하며, 세분시장은 기업의 마케팅 노력에 비슷한 반응을 보이는 고객집단이라고 할 수 있다.

또한 시장세분화 전략은 세분시장 중에서 표적시장을 설정하여 마케팅 예산을 효율적으로 사용하여 최대의 효과를 얻고자 하는 기법이다. 즉 마케팅 활동을 표적시장에 맞추어 전개함으로써 불필요한 시간과 비용을 막아 효율화를 극대화하자는 것이다. 이에 시장세분화에 의한 마케팅계책으로 다음과 같이 6계를 제시하였다.

제37계 : 분도양표(分道揚鑣) − 라이프스타일마케팅

제38계 : 군계일학(群鷄一鶴) − 귀족마케팅

제39계 : 독야청청(獨也靑靑) − 싱글마케팅

제40계 : 노익장(老益壯) − 실버마케팅

제41계 : 수구초심(首丘初心) − 복고마케팅

제42계 : 십인십색(十人十色) − 개별마케팅

分道揚鑣

분도양표

라이프스타일마케팅

分: 나눌 분. 道: 길 도. 揚: 오를 양. 鑣: 칼끝 표

뜻과 취미가 서로 다르고 목적이 달라 피차 가는 길이 같지 않음을 비유해서 일컫는 말. 표(鑣)는 말의 재갈을 뜻하고, 양표(揚鑣)는 말의 재갈을 들어 올림. 즉 말을 몰아 앞으로 나아감을 의미함

분도양표(分道揚鑣)의 유래

이 성어는 당(唐)나라 이연수(李延壽)의 ≪북사(北史)≫에서 유래되었다.

남북조시대 북위(北魏) 효문제(孝文帝)가 다스리던 시기에 원지(元志)라는 사람이 도읍인 낙양의 경조윤(京兆尹)을 맡고 있었다. 그의 부친은 황제의 목숨을 구한 적이 있어 원지는 효문제의 깊은 총애를 받으며, 학문이 높지 않은 관리들을 경시하였다. 어느 날 원지가 수레를 타고 길을 가다가 우연히 조정의 어사중위(御史中尉)인 이표(李彪)를 만나게 되었다. 관직이 낮은 관리는 더 높은 관리에게 길을 내주어야 했다. 그런데 원지는 관직으로 보아 마땅히 이표에게 길을 양보해야 했으나, 오히려 그를 얕보고 길을 내주지 않았다. 이표는 몹시 화를 내며 그 자리에서 원지를 꾸짖었다. 원지가 승복하지 않자, 두 사람은 다투었고, 결국 효문제에게 그 판결을 맡기기로 하였다. 효문제 앞에서 이표는 "저는 조정의 대신인데, 어찌 낙양령이 저를 막고 길을 비키지 않을 수 있습니까?"라

고 말했다. 이에 원지도 "저는 도읍인 낙양의 경조윤으로서 낙양에 사는 모든 사람들은 모두 제가 관리하는 호적 안에 있습니다. 경조윤이 어떻게 보통 지방 관리처럼 일개 어사중위에게 길을 양보할 수 있겠습니까?"라고 응수하였다. 효문제에게 한쪽은 은인의 아들이고, 다른 한쪽은 아끼는 신하로서 모두 문책할 수 없는 상황이었다. 효문제는 어느 한쪽의 편을 들고 싶지 않아 "낙양은 과인의 도읍이니, 마땅히 길을 나누어서 수레를 몰아야 하오. 이제부터 그대들은 길을 달리하여 다니도록 하시오(自應分路揚鑣. 自今以後, 可分路而行)"라고 하였다. 이후 원지와 이표는 길의 반쪽으로만 다니게 되어, 서로 양보할 필요가 없게 되었다.

분도양표(分道揚鑣)와 마케팅

뜻과 취미가 서로 다르고 목적이 달라 피차 가는 길이 같지 않음을 뜻하는 분도양표(分道揚鑣)는 마케팅 측면에서 라이프스타일 마케팅전략에 대한 의미를 제시하는 것이라고 할 수 있다. 라이프스타일(lifestyle)이란 인간이 살아가는 양식으로서, 유사한 라이프스타일을 가진 사람들은 그들끼리 모이려는 경향이 있으며, 그들의 소비성향 역시 유사하다. 이를 고사성어로 유유상종(類類相從)이라고 한다.

따라서 오늘날 상품은 라이프스타일에 초점을 두고 있다고 할 수 있다. 라이프스타일을 마케팅에 전개하기 위해서는 결국 시장을 세분화해야 하는데, 크게 사회계층별과 가족구성별로 나누어볼 수 있다.

1) 사회계층별 라이프스타일

중국 서진(西晋)의 문신이자 학자인 부현(傅玄)이 쓴 ≪태자소부잠(太子少

傳箋)≫이라는 책에 '근주자적(近朱者赤) 근묵자흑(近墨者黑)'이라는 글귀가 있는데, "붉은색을 가까이하는 사람은 붉은색으로 물들고, 먹을 가까이하는 사람은 검어진다"라는 뜻이다. 이 고사성어는 마케팅 측면에서 사회 각 계층의 구성원은 라이프스타일이 유사하며, 그에 따른 소비자행동에 대한 이론을 설명하는 것이라고 할 수 있다.

사회계층(social class)이란 한 사회의 구성원들을 동질적인 집단들로 계층화시킨 것으로서 각 계층의 구성원들은 직접 대면접촉을 하지 않아도 유사한 소비행동을 한다는 것이다. 사회계층은 부의 정도 차이뿐만 아니라, 서로 다른 가치관, 태도, 생활양식, 행동양식을 가지고 있기 때문에 사회계층별로 시장을 세분화하면 효과적인 마케팅을 전개할 수 있다는 것이다.

사회계층별 시장세분화는 인구통계학적 시장세분화를 더욱 구체화한 것으로서 ① 소득 ② 재산의 정도 ③ 교육수준 ④ 직업 ⑤ 가족 ⑥ 주거형태 ⑦ 주거지역 등의 요소에 의하여 결정되는데, 크게 상·중·하 등의 3계층으로 구분하거나 이 3계층을 세분화하여 상상층, 상중층, 상하층, 중상층, 중중층, 중하층, 하상층, 하중층, 하하층 등 9계층으로 나누기도 한다. 따라서 마케터는 사회계층이 갖는 특성을 분석함으로써 소비자의 행동을 더 깊이 이해할 수 있다.

예를 들어 상상층은 골프를 치고 고급 승용차를 소유하는 소비행동의 특성을 보이는데, 그 집단에 속한 소비자는 본인의 의지와 관계없이 골프를 치고 고급 승용차를 소유하고자 하는 등 유사한 라이프스타일을 보여준다. 따라서 골프상품과 고급 승용차는 상상층을 대상으로 마케팅을 하는 것이다. 따라서 사회계층 간에는 소비자 행동측면에서 상이한 태도와 가치를 보이고 있는데, 그 특성을 살펴보면 다음과 같다.

- 사회계층은 대체로 직업, 소득, 교육수준, 재산에 의하여 가름된다.
- 개인의 능력이나 노력에 따라 사회계층 간의 이동이 가능하다.
- 동일한 사회계층의 구성원들은 대체로 유사한 가치관, 관심, 행동을 공유한다.
- 동일계층의 소비자들은 의류, 승용차, 여가활동 등에 유사한 선호도를 나타낸다.

2) 가족구성별 라이프스타일

가족단위는 소비의 주체로서 구성원이 어떻게 되느냐에 따라 라이프스타일 및 소비성향이 다르게 나타난다. 따라서 가족구조에 따른 라이프스타일을 분석함으로써 그들의 욕구를 충족시켜 줄 수 있는 상품을 통하여 구매를 유도할 수 있는 것이다.

【표 9】 가족구조에 따른 라이프스타일

구 분	특 징	라이프스타일
딩크족 (DINK: Double Income No Kids)	정상적인 가정생활을 영위하면서 의도적이든 비의도적이든 자녀를 두지 않는 맞벌이 부부	자신들만의 자유로운 라이프스타일을 추구하며, 일하는 삶에서 보람을 찾으려 하고, 부와 출세를 인생의 목표로 삼는 20~30세대의 유형
통크족 (TONK: Two Only No Kids)	자녀가 출가한 뒤 노인부부만 사는 독립가구	자녀에게 부양받기를 꺼려하고, 부부끼리 독립적으로 삶을 즐기려는 실버세대로서 연금 등의 경제력을 바탕으로 건강, 여행 등에 관심이 많은 편
코쿤족 (Cocoon: 누에고치)	일정한 수입원을 가지고 있는 직장인	일상의 스트레스를 피해 자신만의 공간을 찾아 휴식이나 여가를 즐김. 주로 인터넷 게임방, DVD영화관, 통신판매업, 음식 배달업체 등의 주요 타깃
싱글족 (Single)	경제력과 인터넷 활용능력을 갖추고 자신들만의 삶을 만끽하며 홀로 사는 신세대 남녀계층. 싱글족 중에서 특히 결혼 적령기를 넘겼으나 의도적으로 결혼을 미루는 사람을 싱크족(SINK: Single Income No Kids)이라 함	결혼이라는 틀에 얽매이지 않고, 자유와 이상을 즐김. 원룸이나 공간절약형 가전제품 등이 이들을 위한 라이프스타일 상품임
듀크족 (Dewks: Dual-Employed With Kids)	아이가 있는 맞벌이 부부	대부분 고소득, 고학력의 특징이 있으며, 자녀에게 투자를 아끼지 않음

제38계

群鷄一鶴
군계일학

귀족마케팅

群: 무리 군, 鷄: 닭 계, 一: 한 일, 鶴: 학 학

닭의 무리 속에 한 마리의 학이라는 뜻으로, 여러 평범한
사람들 가운데 뛰어난 한 사람이 섞여 있음을 비유하는 말

군계일학(群鷄一鶴)의 유래

《진서(晉書)》〈혜소전(嵇紹傳)〉에 의하면 죽림칠현(竹林七賢)으로 불리는 일곱 명의 선비가 있었다. 그중 위(魏)의 중산대부(中散大夫)로 있던 혜강(嵇康)이 억울한 죄를 뒤집어쓰고 처형당했다. 그때 혜강에게는 나이 열 살밖에 안된 아들 혜소가 있었다. 혜소가 성장하자 당시 죽림칠현의 한 사람으로 이부(吏部)에서 벼슬하던 산도(山濤)가 무제(武帝)에게 청하였다. "폐하, 아비의 죄는 아들에게 미치지 않는다고 합니다. 혜소가 가진 슬기와 지혜는 춘추시대 진(晉)나라의 대부 극결에게 결코 뒤지지 않사오니, 그를 비서랑으로 등용하옵소서." 무제는 그가 추천할 만한 사람이라면 더 높은 자리를 줘도 좋다고 말하며 비서승(秘書丞)으로 혜소를 기용했다. 혜소가 처음으로 낙양(洛陽)에 입성하자, 어떤 사람이 칠현의 한 사람인 왕융(王戎)에게 "혼잡한 인파 속에서 혜소를 처음 보았습니다. 그의 드높은 기개와 혈기가 마치 '닭의 무리 속에 있는 한 마리의 학(群鷄一

鶴'과 같았습니다"라고 말하였다.

군계일학(群鷄一鶴)과 마케팅

닭의 무리 속에 한 마리의 학이라는 군계일학(群鷄一鶴)을 마케팅 측면에서 의미를 부여하면 닭의 무리는 일반 고객이라고 할 수 있고, 한 마리의 학은 '귀족(VIP)고객'이라고 할 수 있다. 귀족마케팅이란 귀족(VIP) 즉 고소득층과 상류층을 대상으로 차별화된 제품 및 서비스를 제공하는 기법을 말한다. 귀족(VIP)고객들은 자신이 다른 사람과 다르다는 것을 과시하기 위해 많은 대중들이 소비하는 제품이나 서비스를 기피한다. 즉 집단 속에서 남과 다르고 싶다는 욕구로 인하여 소비에서도 군계일학이 되고 싶은 것이다. 이러한 현상을 마치 고고한 백로 같다고 하여 '백로효과'라고 하고, 영어로는 1950년 미국의 하비 라이벤스타인(Harvey Leibenstein)이 주장한 '스놉효과(Snob Effect)'라고 하는데, 밴드웨건효과와 반대의 개념이다.

밴드웨건효과는 다른 사람의 소비를 따라하는 것이지만, 스놉효과는 유행을 추종하지 않고 남들과 다른 것을 구매하는 것이 특징이다. 스놉효과가 나타나는 제품은 수요에 대한 가격탄력성이 매우 작은 편이며, 가격이 크게 올라도 인기는 식지 않지만, 가격이 내려가 일반대중이 살 수 있는 환경이 되면 흥미를 잃게 되는 특성이 작용한다.

그리고 백화점 등에서 VIP고객을 중시하는 것은 이른바 80/20의 법칙이 적용되기 때문이다. '80/20법칙'이란 19세기 이탈리아 경제학자인 파레토가 국가 부의 80%가 20%의 국민에게 있음을 발견하여 명명한 것인데, 다양한 분야에서 유용하게 적용되고 있다. 예를 들어 미드웨이

항공사는 80%의 출발지연이 20%의 원인에 있다는 것을 분석하여 그 원인을 제거하였다. 이 법칙을 백화점에 도입하면 매출의 80%는 20%의 고객에 의하여 이루어진다는 것이다. 따라서 이 20%의 고객은 VIP 고객으로 집중 관리의 대상이 되는 것이다.

VIP보다 한 단계 높은, 극소수의 상류층 고객만을 상대로 마케팅 활동을 펼치는 것을 VVIP(very very important person)마케팅 또는 하이엔드(High-end)마케팅이라고 한다. 대표적인 사례로는 백화점 트렁크 쇼를 들 수 있다. 트렁크 쇼(trunk show)란 의상이나 보석 등 신제품이 출시되었을 때 소수의 VVIP를 위해 개최하는 소규모 패션쇼를 말하는데, 과거 상인들이 상류층 고객에게 값비싼 고급보석류를 판매할 때 트렁크에 담아서 보여줬다는 데서 유래되었다. 트렁크 쇼는 주로 정기휴일 때 열리는데 30~50명 내외의 소수 VVIP만을 초청하여 다과와 함께 모델이 입고 나온 신상품 의류를 구경하게 한다. 한번 열리면 평일보다 10~20배가량의 매출이 올라오는 것으로 나타나고 있다.

이들 VVIP에게는 베블런효과가 작용한다. 베블런효과(Veblen Effect)란 미국의 경제학자이자 사회과학자인 베블런이 주장한 것으로 소비재의 가격이 비쌀수록 오히려 수요가 증가하는 현상을 말한다. 그 이유는 사회적 지위나 부를 과시하고자 하는 상류층의 소비력이 작용하기 때문이다. 이러한 소비층에게는 고급화와 차별화, 고가의 마케팅이 요구된다. 대표적인 사례로 명품을 들 수 있는데, 명품을 얼마나 싸게 구입했느냐가 중요한 것이 아니라 얼마짜리 명품을 갖고 있는가가 중요한 것이다.

귀족마케팅과 유사한 개념의 임페리얼 마케팅(Imperial Marketing)은 높은 가격과 좋은 품질로써 소비자를 공략하는 판매기법으로서 가격파

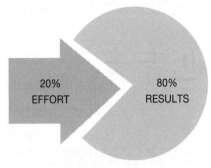

【그림 11】 백화점 매출의 파레토법칙

괴와는 정반대의 개념이다. 주로 고품질을 선호하며 명품을 좋아하는 일부 소비자들을 대상으로 집중하는 마케팅전략이다. 군계일학을 위한 VVIP마케팅의 구체적인 전술을 소개하면 다음과 같다.

- 고가의 이미지를 만들어라
- 우월감을 조장하라
- 차별화를 시도하라
- '나는 있고 너는 없다'는 것을 강조하라
- 그들만의 특별한 공간을 만들어라
- 개별마케팅을 지향하라
- 상품의 수량을 제한하라
- 공급이 부족할 만큼 유통하라. 즉 구입을 못 해서 안달이 나도록 하라

獨也靑靑

독야청청

싱글마케팅

獨: 홀로 독, 也: 어조사 야, 靑: 푸를 청, 靑: 푸를 청

홀로 푸르고 푸름이란 뜻으로, 남들이 모두 절개를 꺾는
상황 속에서도 홀로 절개를 굳세게 지키고 있음을 비유적
으로 일컫는 말

독야청청(獨也靑靑) 의미와 유래

이 성어는 성삼문이 지은 다음과 같은 시조에서 유래되었다.

이 몸이 주거 가서 무어시 될고 하니,

봉래산 제일봉(第一峯)에 낙락장송(落落長松) 되야 이셔,

백설(白雪)이 만건곤(滿乾坤)할 제 독야청청(獨也靑靑) 하리라.

이 시조는 1728(영조 4)년 김천택(金天澤)이 고려 말기부터 편찬 당시까
지의 역대 시조 998수와 가사 17편을 엮은 책인 ≪청구영언(靑丘永言)≫
에 소개되고 있다. 성삼문(成三問)은 조선 전기의 문신이자 학자로서, 사
육신의 한 사람이었으며, 세종대왕을 도와 집현전에서 ≪훈민정음≫ 창
제에 참여하였고, 단종 복위운동을 추진하였다.

독야청청(獨也青青)과 마케팅

홀로 굳세게 지낸다는 의미의 독야청청(獨也青青)은 마케팅 측면에서 싱글족의 라이프스타일을 의미한다고 할 수 있다. 싱글마케팅(single marketing)이란 1인 가구 또는 홀로 소비활동을 하는 소비자를 대상으로 전개되는 마케팅기법을 말한다. 현재 우리나라 1인 가구의 연간 소비지출액은 무려 50조 원으로 2인 이상 가구의 1인당 소비지출액을 앞지르고 있는 실정이다. 또한 1인 가구의 소비지출액은 전체 가구 지출액의 12%를 차지하고, 1인 가구의 월 지출액은 95만 원으로 2인 이상 가구의 1인당 소비지출액 73만 원과 비교하면 월 22만 원을 더 쓰는 것으로 나타나고 있다(삼성경제연구소).

1인 가구 즉 싱글족이 확산되는 이유는 첫째, 결혼하지 않은 성인이 부모집에서 분가하여 따로 살려는 경향이 높아지고 있고, 둘째, 결혼을 기피하거나 셋째, 이혼의 증가, 그리고 노후에 홀로 남는 경우 등 독신자의 증가 때문이다. 이와 같이 최근 시장에서는 1인 가구의 소비가 주목되고 있는데, 싱글족은 다인가구에 비해 상대적으로 가족 부양에 대한 경제적 부담이 적으므로 소비에 보다 자유롭다. 이와 같이 1인 가구가 주요 소비층으로 부상하면서, 이들을 지칭하는 '싱글슈머(Single-sumer)'라는 신조어도 탄생했다. 싱글슈머는 독신(Single)과 소비자(Consumer)의 합성어이다.

싱글족 중에서 결혼을 하지 않고 자신의 자유의사에 따라 생활을 즐기는 사람을 글루미족(gloomy generation) 일명 나홀로족이라고 한다. 영어 글루미(gloomy)란 '어두운, 우울한, 음침한' 등의 뜻을 가지고 있지만 나만의 공간, 나만의 시간, 혼자 있는 것을 더 좋아하고 편안해 하는 등

군중 속의 고독을 즐기는 사람들을 일컫는다. 즉 혼자서 점심 먹으러 가는 등 고독과 잠깐의 우울을 일부러 즐기고, 쓸쓸함을 취미처럼 즐기는 것이다. 커피전문점과 음식점에서는 혼자 오는 고객을 위하여 바(bar)형 테이블의 배치를 설치하거나 확장하고 있다. 그 외 공연, 뮤지컬, 영화 등에서도 1인 예매가 점점 늘어가고 있는 실정이다. 싱글족을 겨냥한 마케팅의 핵심전략은 소형화, 효율화, 편의화 등이다.

1) 소형화

싱글족을 위한 소형화는 생활의 필수품인 가전제품 즉 전기밥솥, 세탁기, 식기세척기 등을 소형화하여 욕구를 충족시켜 주어야 한다. 집도 마찬가지다. 원룸이 많이 생기고 소형 아파트의 수요가 많은 것도 싱글족 때문이다. 그리고 주거공간을 효율적으로 사용할 수 있는 시스템가구와 빌트인 가전, 토스트 겸용 전자레인지 등과 같은 멀티제품 등도 싱글족을 위한 소형화전략이라고 할 수 있다.

2) 효율화

혼자 살면서 가장 비경제적인 요소가 음식이다. 음식재료가 재고로 남아 충분히 활용하지 못한다는 것이다. 따라서 싱글족을 대상으로 음식의 효율화를 위한 전략이 요구되는데, 예를 들면 마트 등에서는 1~2인용 간편식 인스턴트 식품, 잘라놓은 과일, 조각 피자, 식빵 등 개수의 축소 등을 들 수 있다.

3) 편의화

편의화는 혼자 이용하는 음식점, 커피전문점 등 서비스업체의 유효한 전략으로서, 혼자 이용할 수 있도록 바(bar) 설치 또는 혼자서 식음료를 즐겨도 불편하지 않은 공간과 분위기를 만들어주어야 한다.

【표 10】 업종별 싱글 마케팅의 사례

업 종	사 례
가전회사	소형 전기밥솥 · 세탁기 · 식기세척기, 빌트인 가전, 멀티제품 등
주택	원룸, 소형 아파트
가구	시스템가구, 4등분되는 4인용 식탁
식품, 마트	1~2인용 간편식 인스턴트 식품, 식품의 조각 판매, 도시락
음식점, 커피전문점	바(bar) 설치, 1인 삼겹살
유통	편의점
레저용품	자전거 등 혼자 즐길 수 있는 것

커피전문점의 싱글족을
위한 바(bar) 테이블

老益壯
노익장

실버마케팅

老: 늙을 노, 益: 더할 익, 壯: 씩씩할 장
나이를 먹을수록 더욱 기력이 왕성해진다는 뜻

노익장(老益壯)의 유래

이 성어의 유래는 ≪후한서(後漢書)≫ 〈마원전(馬援傳)〉에 전한다.

마원(馬援)은 어릴 때부터 글을 배웠고 무예에도 뛰어난 인재였는데 그저 소나 말을 기르며 살아가고 있었다. 마원은 장성하여 군수를 보좌하면서 그 현을 감찰하는 독우(督郵)가 됐다. 그때 죄수를 호송하는 일을 맡게 됐는데, 이런저런 하소연을 하는 죄수들에게 동정심을 느껴 그들을 풀어주고 북쪽으로 도망쳤다. 그는 친구들과 담소하면서 이렇게 말했다. "대장부가 뜻을 세우면 곤궁해도 더욱 굳세어야 하며, 늙어도 더욱 씩씩해야 한다(丈夫爲志, 窮當益堅, 老當益壯)"라고 하였다.

세상이 혼란스러워지자 마원은 평범한 삶을 버리고 농서(隴西)의 외효(隈囂) 밑으로 들어가 대장이 됐다. 외효는 후한(後漢)의 침략을 견제하기 위하여 촉(蜀)지방의 공손술(公孫述)과 손을 잡기 위해 마원을 그곳으로 파견했다. 마원과 공손술은 같은 고향 친구였다. 공손술은 당시 스스로 황제라 일컫고 있었는데, 마원이 찾아왔을 때 오만한 행동을 하자 크게 실망하고 의례적인 인사만 하고는 곧장 돌아왔다.

그 뒤 마원은 후한(後漢)의 광무제를 알현하게 됐다. 광무제는 마원을 성심성의껏 대접하였고, 복파장군(僕波將軍)이라는 벼슬을 주어 남방의 교지(交趾)를 평정하도록 하였다. 어느 날 동정호(洞庭湖) 일대의 만족(蠻族)이 반란을 일으켜 광무제가 군대를 파견하였으나 전멸하고 말았다. 마원이 이 소식을 듣고 자신을 보내달라고 광무제에게 건의를 했다. 그때 마원의 나이가 62세였다. 그의 나이를 알고 있는 광무제는 "그대는 이제 너무 늙었소." 하며 만류하였다. 이에 마원이 "신(臣)의 나이 62세지만 아직도 갑옷을 입고 말을 탈 수 있으니 어찌 늙었다고 할 수 있겠습니까?" 하고는 갑옷을 입고 말에 안장을 채우는 것을 보고 광무제는 '노익장(老益壯)'이라고 하면서 감탄을 하였다. 결국 마원은 전장에 나가 만족(蠻族)을 완전히 진압했다.

노익장(老益壯)과 마케팅

노익장(老益壯)은 오늘날 마케팅 측면에서 실버마케팅의 필요성을 제시한 성어라고 할 수 있다. 실버마케팅(silver marketing)이란 65세 이상의 고령자를 표적시장으로 하여 전개되는 마케팅기법을 말한다. UN은 한 나라의 전체 인구 중에서 65세 이상의 고령인구가 차지하는 비율이 7% 이상이면 고령화사회라고 규정하고 있다. 따라서 실버의 기준은 65세라고 정의할 수 있다. 고령화가 급속히 진행되는 이유는 출생률이 가파르게 하락하고 있는데다 의학의 발달로 평균 수명이 늘고 있기 때문이다.

통계청 자료에 따르면 우리나라의 65세 고령인구는 2000년 7월 1일 기준으로 전체 인구의 7.1%로 집계되어 이미 고령화사회에 접어들었다. 고령인구는 2026년에는 20%, 2040년에는 32%가 될 전망이어서 일본에 이어 세계 제2위의 고령화사회 국가가 될 것으로 예상된다.

2000년 이전 과거 고령의 인구는 미미하였고, 또한 그들의 경제력도 약하여 마케팅 측면에 세분시장으로 표적하기에는 무리가 있었다. 그러나 오늘날 고령인구는 14세 이하 어린이 및 유아를 포함한 세대와 맞먹을 뿐만 아니라 연금 등의 혜택으로 인하여 경제력도 있어 인구통계학적 시장세분화 측면에서 유력한 시장으로 떠올랐다. 물론 고령인구 대부분이 경제력이 있는 것은 아니지만 적어도 과거의 고령자처럼 살고 싶지 않고, 추하게 늙은이 대접을 받으며 살기 싫다는 것이다. 오늘날 고령인구는 소비에서도 노익장을 과시하고 있다. 고령인구의 최근 소비 트렌드를 살펴보면 다음과 같다.

- 건강과 관련된 제품과 서비스에 관심이 많다.
- 시간을 소비할 수 있는 여행과 스포츠에 관심이 많다.
- 새로운 것보다는 추억할 수 있는 것에 열망한다.
- 복잡한 기능은 싫어하지만 정보에서 소외되는 것은 싫어한다.
- 외향보다는 안락함과 편안함을 추구한다.
- 젊은층 못지않게 유행을 따르려고 한다.
- 가격보다는 품질에 관심이 많다.
- 충동구매보다는 이성적 소비를 선호한다.
- 브랜드에 대한 충성도가 강하다.
- 커뮤니티 공간에서 구전을 선호한다.

이와 관련하여 실버시장에서의 마케팅믹스전략을 분석해 보면 다음과 같다.

1) 제품(Product) 전략

화려하고 복잡한 기능의 제품보다는 품질을 중요시하고, 서비스 상품은 대중적인 것보다 그들만의 특화된 서비스를 원한다. 상품에 대한 브랜드명은 간단명료한 것을 원하며, 쉽게 외우고, 읽고, 알아볼 수 있는 것을 원한다. 특히 브랜드 충성도(brand loyalty)가 강하므로 특별한 이유 없이는 타 브랜드로 바꾸지 않으려는 경향이 강하다는 점에 유의하여 브랜드 네이밍을 해야 할 것이다.

2) 가격(Price) 전략

실버세대들은 일생 동안 소비경험을 하면서 가격과 품질의 관계를 잘 알고 있다. 따라서 이들은 품질과 가격이 비례한다는 경험법칙을 가지고 있다. 그러므로 단순히 저가격만으로는 유혹할 수 없다.

예능 프로그램 '꽃보다 할배'가 화제가 되면서 실버세대를 잡기 위한 마케팅이 관심을 끌고 있다.

3) 유통(Place) 전략

젊은 세대처럼 오프라인을 이곳저곳 다니면서 제품과 가격을 분석하는 것을 싫어하고 또한 온라인상에서 비교분석하는 것도 즐거워하지 않는다. 가능한 거주지 가까운 곳에서 유통할 수 있도록 전략을 수립해야 할 것이다. 특히 유통점에서는 실버들을 위하여 가격표의 글씨를 크게 하는 것도 하나의 전략이라고 할 수 있다.

4) 촉진(Promotion) 전략

과거에 실버시장의 공략은 방문판매와 효도관광 중 전시판매가 주효했

일본 편의점의 실버마케팅

일본 편의점 훼미리마트는 도시락 등을 독거노인에게 배달하면서 노인의 모습을 사진이나 동영상으로 촬영, 택배 서비스를 신청한 가족이나 친척에게 인터넷으로 보내주는 서비스를 준비하고 있다. 서비스를 원하는 사람은 훼미리마트 카드 회원으로 가입한 뒤 카드로 비용을 지불하면 된다. 훼미리마트는 안부 확인 서비스가 정착되면 각종 공공요금 지불 대행과 세탁물 수취 등까지 포함하는 고령자를 위한 종합 서비스로 확대할 계획이다. 또한 노인들을 위해 편의점 통로를 넓히고 화장실을 늘리는 한편 노인용 신선식품을 취급하는 점포를 늘릴 방침이라고 밝혔다.

일본 편의점업계는 최근 몇 년 동안 고령자를 위하여 다음과 같은 서비스를 실시하여 왔다.

- 쇼핑 대행과 무료 배달 서비스
- 노인용 도시락 판매
- 자동문과 안마기구 설치
- 노인들이 읽기 쉽게 가격표의 글씨 크기 확대

다. 그러나 가짜 상품과 바가지 상혼에 실망을 경험한 실버세대들에게는 이러한 촉진전략은 더 이상 유효하지 않다. 이들에게 신뢰를 주는 것은 광고이다. 특히 시간이 많은 실버세대들은 많은 시간 TV와 마주하고 신문을 대하고 있다는 점에 유의해야 한다.

首: 머리 수, 丘: 언덕 구, 初: 처음 초, 心: 마음 심

여우가 죽을 때 자기가 살던 굴이 있는 언덕 쪽으로 머리를 둔다는 뜻으로, 고향을 그리워하는 마음을 의미

수구초심(首丘初心)의 유래

이 성어는 ≪예기(禮記)≫ 〈단궁상편(檀弓上篇)〉에서 유래되었다.

은(殷)나라 말기 강태공(姜太公)은 사냥 나왔던 창(昌)을 만나 함께 주왕을 몰아내고 주(周)나라를 세웠다. 그 공로로 영구(營丘)라는 곳에서 제후(諸侯)로 살다가 그곳에서 죽었다. 이후 그를 포함하여 5대손에 이르기까지 모두 주나라 땅에 묻혔다. 이를 두고 당시 사람들은 "고지인유언 왈호사정구수인야(古之人有言 曰狐死正丘首仁也)" 즉 "옛사람이 이르기를 여우가 죽을 때 머리를 자기가 살던 굴 쪽으로 향하는 것이 인(仁)이다"라고 하였다. 이 대목에서 수구초심(首丘初心), 그리고 같은 의미의 수구지심(首丘之心)이란 한자성어도 만들어졌다.

수구초심(首丘初心)과 마케팅

고향을 그리워한다는 수구초심(首丘初心)을 마케팅에 접목하면 곧 복고마케팅의 단서를 제공하는 고사성어라고 할 수 있다. 사람들은 세월이 지나면 누구나 과거를 향수하게 된다. 복고마케팅(Retro-Marketing)은 과거에 선보인 제품이나 서비스를 다시 유행시키는 것으로 과거로 회귀한다는 의미에서 리바이벌(revival) 또는 컴백(comeback) 마케팅, 우리말로는 향수 또는 추억 마케팅이라고 한다.

복고마케팅에서는 과거에 선보였던 상품을 그대로 살려내어 판매하는 경우도 있지만, 대부분 현재 소비자들의 기호에 맞게 재수정하여 출시하는 것이 특징이며, 때로는 상표만 과거의 제품에서 차용하는 경우도 있다. 즉 맛은 과거 제품과 많이 다르지만, 포장지 디자인과 글자체를 그대로 재현하는 것이다.

물론 복고마케팅의 주 타깃은 과거의 향수를 가지고 있는 중년들이지만, 신세대에게도 호기심과 신선함으로 다가갈 수 있다. 이와 같이 복고마케팅이 유행하는 이유는 다음과 같다.

1) 위안을 얻고자 하기 때문이다

사회경제적으로 불안한 현재의 심리를 과거의 따뜻한 추억을 통하여 위안받고 싶은 심리가 작용하기 때문이다. 각박한 오늘을 살고 있는 중년들은 흔히 "옛날이 좋았지"라고 하면서 위안을 얻는 것이다.

2) 익숙함에서 오는 편안함 때문이다

디지털시대에 급변하는 기술적 기능에 적응하기보다는 과거의 아날로

그적 감성 즉 느림의 미학을 그리워하기 때문이다. 또한 음식의 경우도 서구화, 프랜차이즈화, 퓨전화되고 있는 시점에서 옛 맛을 그리워하는 것은 익숙함에서 오는 편안함 때문이라고 할 수 있다.

3) 옛 문화를 동경하기 때문이다

1970~80년대에 젊은 시절을 보낸 현재 중년층의 문화는 호젓한 오솔길과 강변을 걷고 음악다방에서 커피 한 잔하는 것이었으며, 술집에서는 통기타 음악을 듣는 것이었다. 그러나 아파트개발 등 도시화의 진전으로 인하여 추억의 장소는 사라졌고, 1992년 서태지와 아이들의 등장으로 인하여 듣는 음악에서 보는 음악으로 바뀌었다. 이때부터 과거의 음악은 '7080음악', 그때의 세대를 '7080세대'라고 칭하게 되었다. 이러한 문화는 화석으로 변해버렸다. 옛 문화를 동경하던 세대들의 문화적 욕구가 현재 7080음악을 비롯한 당시의 문화를 다시 유행하게 하였다. 이러한 현상을 동시대성 효과라고 하며, 과거를 아름답게 생각하는 미화편향 현상이 복고마케팅을 불러오는 것이다.

복고마케팅은 소비자들의 추억과 향수를 불러일으킬 뿐만 아니라 기업 입장에서도 충분한 메리트가 있다. 기업의 입장에서 복고마케팅의 장점은 첫째, 마케팅비용을 절약할 수 있다는 것이다. 즉 복고 브랜드는 과거에 신뢰를 검증받았기 때문에 소비자들의 추억과 향수만 자극하면 되므로 마케팅비용을 절감하면서 옛 영광을 재현할 수 있는 것이다. 둘째, 중장년층이라는 견고한 시장이 있다는 것이다.

복고마케팅에서 유의할 점은 비록 과거의 제품이지만, 품질을 개선해야 하고, 과거에 유행한 광고 카피를 삽입하거나 과거의 포장 디자인을 유지하면서도 세련되어야 하며, 가격대도 높지 않아야 한다는 점이다. 오늘날 현대적 감각의 광고 홍수 속에 옛 추억을 소재로 한 광고는 촌스러운 것이 아니라 오히려 신선하고 주목률이 높다고 할 수 있다. 복고 마케팅은 특히 경기가 불황일수록 더욱 각광을 받는다. 즉 불황기에 소비심리가 위축된 소비자들은 잘 모르는 신제품보다 값싸고 검증된 옛날 상품에 지갑을 여는 빈도가 높기 때문이다.

세대가 바뀌어도 수구초심(首丘初心)은 불변의 진리이다. 그래서 복고 마케팅은 향후 어느 시대에서든지 존재할 수 있는 것이다.

【표 11】 복고마케팅의 사례

업 종	복고마케팅 사례
마트	호떡, 호빵, 뻥튀기 등 옛날 과자 판매, 옛 분식코너 마련
프로야구	과거 유니폼 착용
영화 및 드라마	친구, 써니, 건축학 개론, 빛과 그림자, 응답하라 1994
주점	7080 라이브 카페
커피점	'별다방 미스리' 등
빙과류	옛 상표 사용

2013년 복고풍을 타고 인기를 얻었던 드라마 '응답하라 1994'

十: 열 십, 人: 사람 인, 十: 열 십, 色: 빛 색

열 사람이 있으면 열 가지 색깔이 있게 마련이라는 뜻으로,
사람마다 생김새, 기호, 취미, 생각 등이 제각기 다름을 일
컫는 말

십인십색(十人十色)의 유래

이 성어는 특별한 출전 없이 일상 속에서 사용된 한자숙어로서 천차
만별(千差萬別), 백인백색(百人百色), 천태만상(天態萬象), 형형색색(形形色色),
각양각색(各樣各色)과 같은 의미로 쓰이고 있다.

십인십색(十人十色)과 마케팅

열 사람이 있으면 열 가지 색깔이 있게 마련이라는 십인십색(十人十色)은
마케팅 측면에서 고객마다 욕구와 기호가 다르다고 해석할 수 있다. 이를
타개할 마케팅이 개별마케팅이다. 개별마케팅(individual marketing)은 표
적시장을 더욱 세분화한, 개인을 위한 마케팅으로서 고객 개개인에게 차
별화된 메시지를 전달하는 기법을 말한다. 개별마케팅의 반대되는 개념
이 대중마케팅인데 그 차이점을 비교분석하면 다음 표와 같다.

【표 12】대중마케팅과 개별마케팅의 비교

구 분	대중마케팅	개별마케팅
마케팅 본질	판매에 초점, 일회성 거래개념	고객유지에 초점, 장기적 관계구축 개념
목적	대량판매	고객욕구충족을 통한 가치창출
대상고객	불특정 다수	확인된 개별고객
커뮤니케이션	일방적(one-way)	쌍방적(two-way)
메시지	모든 고객에게 동일한 메시지	개별고객에게 차별화된 메시지
성과지표	시장점유율	고객마음 점유율

대중마케팅	개별마케팅
존경하는(친애하는) 고객님! Dear Customers(Friends)!	존경하는(친애하는) 홍길동 고객(또는 직함)님! Dear Mr. Gil-dong Hong!

【그림 12】고객에게 편지나 안내문 발송 시 호칭 사용

개별마케팅은 고객 개인의 욕구와 기호에 맞춰준다는 점에서 맞춤식 마케팅 또는 일대일(1:1) 마케팅, 고객의 욕구와 기호를 데이터베이스화하여 전개한다는 점에서 데이터베이스마케팅, 그리고 실시간 대응한다는 점에서 RTR(Real-Time Response)마케팅 등으로 세분화할 수 있다.

1) 맞춤식(1:1) 마케팅

맞춤식(1:1) 마케팅은 기존에 생산한 것을 고객에게 판매하고자 하는 것이 아니라 고객의 욕구와 기호에 맞게 생산해 주는 것을 말한다. 예를 들어 델(Dell) 컴퓨터 회사는 컴퓨터를 완제품으로 판매하는 것이 아니라 색상, 디자인, 기능 등의 각종 사양을 고객의 주문에 맞추어 생산하여 성공을 거둔 바 있다.

2) 데이터베이스마케팅(database marketing)

데이터베이스마케팅(database marketing)은 고객개인에 대한 인구통계학적 자료뿐만 아니라 취향, 구매이력, 라이프스타일 등을 데이터베이스화하여 개인고객에게 맞춤식 정보서비스를 제공하여 구매를 유도하는 기법을 말한다. 특히 데이터베이스마케팅은 불필요한 고객들을 대상으로 하는 마케팅활동을 하지 않음으로써 비용의 절감을 기할 수 있는데 구체적인 수단으로는 이메일, D.M(Direct Mail), 텔레마케팅(telemarketing) 문자 서비스 등을 들 수 있다. 데이터베이스마케팅의 사례를 몇 가지만 소개하면 다음과 같다.

【표 13】 데이터베이스마케팅의 사례

업 종	사 례
카센터	특정 고객이 엔진오일을 교환했다면 그 고객에게 판촉물 등을 통하여 연락처 및 주소 등을 데이터베이스화한 다음 1년 후 엔진오일을 교환할 시기가 되었을 때 문자 서비스 등을 통하여 방문을 유도하는 것
호텔	● 객실의 특정 고객이 딱딱한 베개로 교체할 것을 요구했을 경우 이에 대한 정보를 저장하여 재방문 시 사전에 딱딱한 베개를 비치해 주는 것 ● 특정 고객이 레스토랑에서 스테이크를 미디엄으로 주문하였다면 이에 대한 정보를 입력하여 재방문 시 "이번에도 미디엄으로 해드릴까요?" 하고 여쭙는 것

3) RTR마케팅

RTR(Real-Time Response)마케팅은 고객의 욕구 변화에 따라 기업이 실시간으로 대응하여 욕구를 충족시켜 주는 기법을 말한다. 오늘날 고객들은 과거처럼 기업이 잘할 때까지 기다려주지 않는다는 점에서 RTR마케팅은 신속하게 고객욕구에 대응하는 전략이라고 할 수 있다. RTR마케팅은 제품 자체를 지능형으로 설계하여 제한적이지만 고객욕구를 충족시켜 주거나, 웹기술을 이용하여 서비스를 실시간 제공하는 것 등을 들 수 있다.

대표적인 사례로 자동차의 경우 고객의 운전습관에 따라 각종 편의장치가 자동적으로 변하는 것과 주위환경에 따라 전조등의 밝기와 비추는 범위가 자동 조절되는 것을 들 수 있다. 단 이러한 제품 중심의 RTR 마케팅은 제품 설계 시 입력한 범위 내에서만 대응이 가능하다는 한계점이 있다. 실시간 서비스의 경우 온라인 쇼핑몰에서 택배물건의 처리과정을 한눈에 볼 수 있도록 하는 것을 들 수 있다.

借刀殺人

고객을
통하여
고객을
창출하라

借刀殺人

차도살인

고객을 통하여 고객을 창출하라

借: 빌릴 차, 刀: 칼 도, 殺: 죽일 살, 人: 사람 인

칼을 빌려 사람을 죽인다는 뜻으로, 내 손에 피를 묻히지
않고 남의 손을 빌려 적을 제거하는 병법으로서 남의 힘으
로 목적을 달성하고자 함을 의미

차도살인(借刀殺人)의 유래

차도살인(借刀殺人)과 같은 계책은 동서고금을 막론하고 수없이 등장
하는데, ≪손자병법≫ 36계 중 제3계책으로 잘 알려져 있다. 차도살인
(借刀殺人)이라는 계명은 북송시대를 배경으로 하는 명대의 희곡 〈삼축기
(三祝記)〉에서 유래되었다.

송(宋)나라 인종(仁宗) 때 조정의 대신들이 결탁하여 자신들의 사리사
욕을 채웠다. 이에 반해 범중엄(范仲淹)이 개혁을 강하게 주장하자 대신
들은 범중엄을 철천지원수로 여겼다. 그리하여 이들은 범중엄을 없앨
음모를 꾸몄다. 전쟁 경험이 전혀 없는 범중엄(范仲淹)은 정적(政敵)의 계
략에 빠져 졸지에 서하(西夏)를 정벌하라는 임무를 맡게 되었는데, 정적
의 목적은 군사력이 강한 서하의 군대라는 '칼'을 빌려 범중엄을 없애려
는 데 있었다.

차도살인(借刀殺人)의 마케팅계책

남의 손을 빌려 적을 제거하는 병법인 차도살인(借刀殺人)은 마케팅 측면에서 고객의 힘을 빌려 고객을 창출하는 전략이라고 해석할 수 있다. 이러한 전략은 적은 비용으로 큰 효과를 창출할 수 있는 기법으로 고객이 최고의 마케터이자 세일즈맨임을 보여주는 것이다. 고객을 통하여 고객을 창출하는 차도살인(借刀殺人)의 계책으로 다음과 같이 6계를 제시하였다.

제43계 : 겸청즉명(兼聽則明) – 벤치마크마케팅

제44계 : 회자인구(膾炙人口) – 구전마케팅

제45계 : 반객위주(反客爲主) – 프로슈머마케팅

제46계 : 백문불여일견(百聞不如一見) – 체험마케팅

제47계 : 점입가경(漸入佳境) – 스토리텔링마케팅

제48계 : 부화뇌동(附和雷同) – 밴드웨건효과 마케팅

兼聽則明

겸청즉명

벤치마크마케팅

兼: 겸할 겸, 聽: 들을 청, 則: 곧 즉, 明: 밝을 명
여러 사람의 의견을 들으면 분명해진다는 뜻

겸청즉명(兼聽則明)의 유래

이 성어는 ≪신당서(新唐書)≫ 〈위징전(魏徵傳)〉에서 유래되었다. 당나라 태종 때 위징(魏徵)이라는 유명한 정치가가 있었다. 그는 역사에 정통하였기 때문에 항상 당태종에게 여러 가지 계책을 건의하였다. 어느 날 당태종이 위징에게 "황제는 어떻게 하면 현명해지고 어떻게 하면 아둔해지느냐?"라고 물었다. 위징이 대답하기를 "겸청즉명(兼聽則明) 편신즉암(偏信則暗)"이라고 하였다. 즉 여러 사람들의 의견을 들으면 현명해지고, 한쪽 의견만 들으면 아둔해진다는 뜻이다.

겸청즉명(兼聽則明)과 마케팅

여러 사람의 의견을 들으면 분명하다는 의미의 겸청즉명(兼聽則明)을 마케팅 측면에서 의미를 부여하면 벤치마크마케팅(benchmark marketing)전략이라고 할 수 있다. 벤치마크(benchmark)란 원래 토목 분야에서 사용되는 말이었다. 즉 강물 등의 높낮이를 측정하기 위해 설치된 기준점을 벤치마크라고 부르는데, 이를 마케팅에 접목하면 상품 선택의 기준점이라고 할 수 있다.

벤치마킹(benchmarketing)이란 용어도 있다. 자신이 속한 기업이나 단체의 문제점에 대하여 그 분야에서 탁월한 기업 및 단체를 상대로 업무 및 시스템을 보고 배움으로써 부단히 경영혁신을 추구하는 기법을 말한다. 여기서 '탁월한'이라는 의미는 보고 배울 점이 있는 기준점을 말한다. 벤치마킹은 1979년 미국의 제록스사가 경쟁력 제고를 목적으로 일본의 저가 복사기를 탐구한 것이 그 효시로 알려져 있다.

벤치마크마케팅은 다수의 사람들이 평가한 상품 순위나 코멘트 혹은 언론이나 전문가의 조언 등 특정한 기준점을 홈페이지를 비롯하여 카페나 블로그 등의 커뮤니티 공간에 노출시켜 의사결정을 유도하는 것으로서 온라인에서 유효하게 작용하고 있다. 이를 블로그마케팅이라고도 한다. 특히 상품에 대한 정보가 부족하거나 소비자가 구매 선택을 망설일 때 사전 구매자와 경험자의 코멘트와 같은 벤치마크는 구매결정에 강력한 영향을 미친다.

예를 들어 음식점을 선택할 때 인터넷 커뮤니티 공간에서 기존 이용자들의 코멘트는 구매결정에 큰 영향을 미치는 것이다. 따라서 벤치마크마케팅은 제품 구매에 대해 안심과 확신을 가질 수 있게 하며, 구매장벽을 낮추거나 구매 후의 상품에 대한 만족도를 높이는 기법이라고 할 수 있다.

결국 겸청즉명(兼聽則明)은 소비자의 상품에 대한 평가의 결과이므로 이는 구매결정에 벤치마크가 되는 것이다. 오늘날 스마트기술의 발전은 기존의 종속적인 마케팅이 아니라 판매자와 소비자 사이에 소통과 공감을 이끌어낼 수 있는 장을 만들었다. 따라서 여러 사람의 의견을 들으면 분명해진다는 겸청즉명은 온라인상에서 더욱 위력을 발휘할 것으로 보인다.

중국 ≪국어(國語)≫ 〈주어(周語) 하편〉에 "중심성성, 중구연금(衆心成城, 衆口煉金)"이란 고사성어가 나온다. 중심성성(衆心成城)은 많은 사람들의 뜻은 견고한 성을 이룬다는 뜻이고, 중구연금(衆口煉金)은 많은 사람들의 말은 쇠를 녹인다는 뜻이다. 결국 겸청즉명(兼聽則明)을 설명하는 말이라고 할 수 있다. 그런데 '중구삭금 적훼쇄골(衆口削金 積毀碎骨)'이란 고사성어도 있다. 중구삭금(衆口削金)은 여러 사람의 입은 쇠도 녹인다는 뜻이고, 적훼쇄골(積毀碎骨)은 헐뜯음이 쌓이면 뼈도 깎는다는 뜻이다. 따라서 벤치마크가 중구삭금(衆口削金)인지 또는 적훼쇄골(積毀碎骨)인지에 따라 기업의 성패가 달려 있다고 할 수 있다.

膾炙人口

회자인구

구전마케팅

膾: 회 회(날고기), 炙: 구울 자, 人: 사람 인, 口: 입 구

널리 사람들의 입에 오르내리는 것을 말함

회자인구(膾炙人口)의 유래

회자(膾炙)는 ≪맹자(孟子)≫의 〈진심장구(盡心章句) 하편〉에서 유래되었다.

춘추시대 공자의 제자였던 증석(曾晳)은 양조(羊棗: 야생의 작은 감인데 처음에는 황색이었다가 익으면서 점차 검게 변하여 마치 그 모양이 양의 배설물과 같다 하여 붙여진 이름)를 좋아하였는데, 증석의 아들 증자(曾子)는 죽은 아버지가 생각나서 차마 양조를 먹지 못하였다. 이 일을 두고 전국시대 공손추(公孫丑)라는 사람이 스승인 맹자에게 "날고기(膾)와 구운 고기(炙) 그리고 양조 중 어느 것이 더 맛이 있습니까?"라고 물었다. 맹자는 당연히 회자(膾炙)라고 하였다. 이에 공손추는 "그렇다면 증삼은 왜 회자는 먹고 양조는 먹지 않았습니까?"라고 하였다. 맹자는 "회자(膾炙)는 모든 사람이 먹기를 좋아하는 것이고, 양조는 증석만이 좋아했기 때문이다"라고 하면서 "사람들이 이름 부르기를 꺼리고, 성을 부르는 것은 성은 다 함께 쓰는 것이지만 이름은 그 사람 혼자 쓰는 것이기 때문이다"라고 빗

대어 설명하였다.

　이후 중국 오대(五代)시대 왕정보(王定保)는 자신이 쓴 ≪당척언(唐摭言)≫에서 "이도(李濤)의 시 가운데 '물소리 귀에 오래 남아 있고, 산 빛은 문을 떠나지 않네(水聲長在耳, 山色不離門)'라는 시구는 널리 사람들의 입에 오르내린다(皆膾炙人口)"라고 평하였다. 여기서 회자인구(膾炙人口)가 유래되었고, 좋은 글귀는 여러 사람들에게 자주 인용되는 것을 비유하는 말로 사용되었다.

회자인구(膾炙人口)와 마케팅

　회자인구(膾炙人口)는 마케팅 측면에서 구전마케팅으로 의미를 부여할 수 있다. 구전마케팅(WOM : Word-Of-Mouth)이란 소비자들이 자발적으로 메시지를 전달하게 하여 상품에 대한 긍정적인 입소문을 내게 하는 기법으로 '입소문마케팅' 또는 꿀벌이 윙윙거리는(buzz) 것처럼 소비자들이 상품에 대해 말한다고 하여 '버즈(buzz)마케팅'이라고도 한다. 소비자들은 상품을 구매할 때 주변 사람의 구전에 의하여 의사결정을 하는 경우가 많다. 그 이유는 고객들은 사전에 인지된 서비스의 위험(risk)과 불확실을 줄이기 위하여 구전에 의지하기 때문이다.

　이러한 구전은 상품을 구매할 때 사전구매에 대한 정보의 원천으로 참고가 될 뿐만 아니라 신뢰성을 높여주는 수단이기도 하다. 이와 같은 구전은 자신의 상업적인 이익과는 무관하게 대화를 통해서 정보를 전달하는 행위이며, 광고의 수신자가 친구나 동료에게 이야기함으로써 때때로 정보의 원천이 되는 형태의 커뮤니케이션이라고 할 수 있다. 또한 표적 수신자에 도달하면 과정이 끝나는 것이 아니라 전달받은 수신자가 또 다른 사람에게 구전의 경로를 통해서 그 내용을 다시 확산시키게 된다. 따라서 구전은 자신의 경험을 주위 사람들에게 긍정적으로 전달하는 등 무료광고의 효과를 가져다준다는 점에서 구전만큼 효과가 좋은 광고는 없다고 할 수 있다.

예를 들어 가족끼리 모처럼 외식하고자 음식점의 정보를 구하던 중 매체 즉 공중파 및 케이블 TV, 신문과 잡지 등의 광고를 보고 그 음식점으로 결정하여 찾아갔는데 길게 늘어선 줄, 운 좋게 한 자리를 잡았다 해도 기대 이하의 음식 맛과 서비스에 실망한 적이 있을 것이다. 이런 경우를 몇 차례 경험하다 보면 광고에 소개된 음식점을 예전만큼 신뢰하지 못하게 될 것이다. 그렇다면 음식점을 선택하는 데 가장 큰 영향을 미치는 요인은 무엇일까? 믿을 수 있는 친구나 동료, 지인들의 추천 말 한마디, 즉 입소문일 것이다. 실제 우리 주변에는 음식점을 결정하는 과정에서 입소문의 영향을 많이 받는 것을 볼 수 있다.

구전마케팅과 유사한 개념으로 바이럴마케팅이란 것이 있다. 구전마케팅이 순수하게 사람의 입에서 사람의 입으로 전달되는 것이라면 바이럴마케팅은 인터넷 웹상에서 네티즌들의 입소문이 전파되는 것을 말한다. 즉 바이럴(viral: virus + oral)마케팅은 상품이나 기업의 이미지를 바이러스처럼 확산시키는 마케팅으로서 '인터넷 웹 환경에서의 입소문마케팅'이라 할 수 있다. 네티즌들이 제품이나 서비스를 경험해 본 것을 후기로 남겨 다른 이들에게 추천해 주는 방식으로 블로그나 카페 등의 정보성 콘텐츠를 통해 제품과 기업을 소개함으로써 일방적 기업의 온라인 광고보다 훨씬 효과가 높다고 할 수 있다.

특히 바이럴마케팅은 온라인의 특성을 가지고 있으므로 많은 네티즌이 쉽고 편하게 접할 수 있어 입소문 발생에도 유리하며, 블로그, 카페,

유튜브 등 SNS(Social Network Service) 채널이 발달한 요즘 생산자가 바이러스를 심어놓으면 수용자가 자연스레 퍼가 엄청난 속도로 확산된다는 점에서 이보다 더 좋은 광고는 없다고 할 수 있다. 싸이의 '강남스타일' 뮤직비디오가 'Youtube'를 통하여 전 세계인이 공유함으로써 싸이가 하루아침에 세계적인 가수된 것은 대표적인 사례라고 할 수 있다. 이러한 SNS를 '똑똑한 군중(smart mobs)'이라고 한다. 이와 같은 SNS마케팅은 비용이 거의 들지 않고, 효과를 실시간으로 확인할 수 있으며, 일회성 노출에 의존하는 매스미디어에 비해 지속적인 마케팅을 전개할 수 있다는 것이 장점이다.

구전과 바이럴마케팅은 일파만파(一波萬波)의 효과를 기대할 수 있다. 즉 하나의 물결이 연쇄적으로 많은 물결을 일으킨다는 뜻이며, 의역하면 사소한 원인이나 계기가 엄청난 파장을 불러일으키는 것을 말한다. 이 성어는 당(唐)나라 때 고승인 선자화상(船子和尙)의 '선거우의(船居寓意)'라는 시의 "일파재동만파수(一波纔動萬波隨)"라는 문구에서 유래하였다.

일파만파와 유사한 효과로 나비효과라는 것이 있다. 나비효과(Butterfly Effect)란 어떤 일이 시작될 때 있었던 아주 작은 변화가 결과에서는 매우 큰 차이를 만들 수 있다는 이론으로 미국의 기상학자 에드워드 로렌츠(Edward N. Lorenz)가 "아마존 정글에 있는 나비의 날갯짓이 미국 텍사스 주에 태풍을 가져올 수 있다"라고 한 말에서 유래되었다.

따라서 마케터는 구전이든 바이럴이든 자사의 제품이나 서비스가 잠재고객들에게 회자인구(膾炙人口)가 되도록 하여 일파만파와 나비효과를 노려야 할 것이다. 오늘날 SNS 커뮤니케이션의 발달로 인하여 나비효과의 속도는 더욱 빨라지고 있다. 구전마케팅의 전개원칙은 다음과 같다.

1) 좋은 제품과 서비스를 제공하라

구전마케팅의 궁극적인 목적은 좋은 구전을 통하여 잠재고객에게 영향을 미치도록 하는 것이다. 따라서 좋은 구전은 좋은 제품과 서비스제공에서부터 출발한다고 할 수 있다.

2) 부정적인 구전이 속도가 빠르다는 것을 명심하라

긍정적인 구전은 3명에게, 부정적인 구전은 33명에게 전한다. 또한 상품의 구매를 경험한 대부분의 고객은 잠재고객에게 자신의 구전이 영향을 미치기를 원한다. 그런데 많은 고객은 좋은 구전보다 나쁜 구전을 더 전파하고자 한다. 즉 같은 상황에서도 부정적인 것이 눈에 띄고, 머리속에 오래 남는데, 이러한 현상을 부정적 편향(negativity bias)이라고 한다.

3) 조직 내부의 부정적 구전을 막아라

조직 내부의 불만요인은 외부 고객에게도 영향을 미친다. 따라서 조직 내부의 불만을 제거하여 긍정적 구전이 전파될 수 있도록 해야 한다. 예를 들어 조직의 종업원이 자신의 기업 제품이나 서비스에 대하여 구매하지 않는 것이 좋다고 전달한다면 외부고객은 내부 직원이 믿지 못하는 제품이나 서비스를 전혀 구매할 의사가 없어지게 된다.

反客爲主

반객위주

프로슈머마케팅

反: 돌이킬 반, 客: 손 객, 爲: 할 위, 主: 주인 주

객(손님)이 오히려 주인 노릇을 한다는 뜻으로, 흔히 굴러 온 돌이 박힌 돌을 빼낸다는 속담과 일맥상통함

반객위주(反客爲主)의 유래

이 성어는 ≪손자병법≫ 36계 중 30계의 계략으로 객군을 주군으로 만드는 병법을 말한다. ≪삼국지≫에 나오는 원소(袁紹)와 한복(韓馥)의 이야기는 반객위주(反客爲主)의 전략을 잘 설명해 주고 있다.

원소와 한복 두 사람은 일찍부터 동탁(董卓)을 토벌하는 데 힘을 합쳤던 우호적인 관계였다. 이후 원소의 세력이 점점 강대해졌지만 병사들에게 먹일 식량이 부족하게 되었다. 원소는 평소 자신에게 식량을 대어주던 한복의 곡창지대인 기주(冀州)를 공격하기로 마음먹었다. 그러나 친구를 공격할 명분이 없었던 원소는 반객위주의 전략을 사용하였다. 하북지역에서 세력이 강한 공손찬이 한복을 공격하고자 하자, 친구를 도와준다는 명분으로 군대를 데리고 기주 땅으로 들어간 원소는 요직에 자신의 부하들을 하나둘씩 앉히고 결국 모든 권한을 쥐게 되었다. 그야말로 손님으로 들어온 사람이 결국엔 주인이 되어버린 형국을 만든 것

이다.

반객위주(反客爲主)와 마케팅

객(손님)이 오히려 주인 노릇을 한다는 반객위주(反客爲主)는 마케팅 측면에서 고객을 주인처럼 생각하는 일종의 프로슈머마케팅전략이라고 할 수 있다. 프로슈머(prosumer)는 생산자(producer)와 소비자(consumer)의 합성어로서 프로슈머마케팅(prosumer marketing)은 상품개발의 주체에 대한 개념에 소비자를 포함시켜 소비자가 상품 개발을 직접 요구하게 하고, 아이디어를 제안하도록 하여 기업이 이를 수용하여 신제품을 개발하는 것으로서 이를 통해 고객 만족을 실현시키는 기법을 말한다. 과거 신제품을 개발할 때 소비자들의 욕구를 파악한 후 제품 개발에 적용시키는 형식이었다면 오늘날에는 소비자가 직접 아이디어를 제안하고 제작에 참여하는 형태로 변화되고 있다.

프로슈머마케팅의 대표적인 성공사례로는 LG전자의 초콜릿폰을 들 수 있다. LG전자는 2005년 초콜릿폰을 만들면서 '싸이언 프로슈머 모임'을 개발에 참여시켰다. 업계 최초의 시도로 제품의 기획단계부터 고객의 의견을 구했고 다양한 이벤트를 구성해 적극적인 홍보활동도 실시했다. 그 결과 휴대전화 사상 처음으로 1,000만 대 판매를 기록하며 국내는 물론 해외에서도 큰 인기를 끌었다.

또한 2009년에 분양한 대전의 파렌하이트 아파트는 설계단계에서 여자 디자이너와 주부 2,500명을 참여시켜 모델하우스 완공까지 2년간 200회 넘게 모여 함께 아파트를 개발하였는데, 예를 들면 "아이들이 마음대로 낙서할 수 있도록 한쪽 벽은 모두 화이트보드로 설치하면 어떨

까", "늘 어두운 화장대 자리 대신 뷰티숍처럼 얼굴을 밝게 비춰주는 조명으로 하면 좋겠다", "주방에서 공과금 계산 같은 간단한 업무를 볼 수 있도록 간이용 책상을 배치하면 좋겠다" 등 실용적인 생각들을 거침없이 쏟아냈고, 파렌하이트 측은 아파트에 가장 오래 머물고 필요한 것이 무엇인지 가장 잘 알고 있는 주부들의 의견을 적극 수용하여 프로슈머마케팅으로 성공을 거두었다.

반객위주(反客爲主) - 프로슈머마케팅

유아복업체들의 프로슈머마케팅이 늘고 있다. 유아복 선택 시 엄마의 의견이 중요한 만큼 그들의 취향이나 니즈를 파악하는 것이 상품 기획 및 판매에 결정적인 영향을 미치기 때문이다. 최근 유아복 브랜드 타티네 쇼콜라는 가을·겨울 신제품 출시에 앞서 공식 서포터즈 '아이맘' 회원 대상으로 품평회를 전개했다. 참가자들은 아이템에 대한 평가와 의견을 자유롭게 주고받고 평소 유아복을 사용하면서 느꼈던 아쉬운 부분과 아이디어를 자유롭게 제안했다. 타티네 쇼콜라는 프로슈머의 의견을 반영해 새롭게 출시할 코트에 후드 디자인을 추가하고 보온성을 강조할 수 있는 니트 아이템을 다양화하기로 결정했다.

아가방앤컴퍼니 역시 지난해 공식카페 '아초행(아기사랑 초보맘의 행복한 육아세상)'을 통해 고객 품평단을 모집, 프로슈머마케팅을 전개했다. 품평단으로 선정된 70명의 주부들은 엘르, 에뜨와, 디어베이비 등 회사의 유아 의류를 제품 출시 전에 체험해 보고 다양한 의견을 전달했다.

업계 관계자는 "유아 관련 용품은 소비자들 사이에서 입소문이 중요하며 매출에도 큰 영향을 미친다. 소비자 관점에서 체험해 보고 솔직한 의견을 제안하는 프로슈머의 역할이 점점 더 커질 것이다"고 설명했다.

－한경닷컴, 2013. 3. 7.

프로슈머는 신제품 개발에 참여하는 방식 외에 정기적인 모니터요원의 활용, 공모전, 체험 수기, 블로거 등을 통하여 직접 시연상품을 써보고 이에 대한 평가 즉 제품에 대한 리뷰를 함으로써 홍보 및 마케터 역할을 담당하기도 한다. 특히 SNS의 대중화가 이뤄지면서 프로슈머의 영향력이 커지고 있다는 점에서 이들을 활용한 마케팅전략이 확대되고 있다. 결국 기업이 프로슈머로부터 아이디어와 홍보를 아웃소싱하는 것이며, 프로슈머는 자사의 마케터이자 세일즈맨이라고 할 수 있다. 따라서 오늘날 기업은 고객을 반객위주로 삼아야 하는 것이다.

프로슈머보다 한 차원 더 진화한 개념으로 큐레이슈머라는 것이 있다. 큐레이슈머란 큐레이터(curator)와 컨슈머(consumer)의 합성어로서 전시회를 꾸미고 기획하는 큐레이터처럼 소비자가 자신의 제품을 직접 꾸미거나 활용도를 창출하는 것을 말한다. 큐레이슈머마케팅의 대표적인 사례로는 DIY(Do It Yourself) 가구전문업체인 이케아를 들 수 있는데, 매장 내에 거실, 안방, 어린이방, 부엌 등을 샘플로 만들어놓아 소비자가 현장에서 자신의 집안 가구를 설계하도록 하여 구매를 유도하고 있다. 또한 아이스크림 가게에서 토핑을 선택하도록 하여 자신만의 아이스크림을 창출하게 하는 것과 아파트에 가변형 벽을 설치하여 소비자가 적절하게 활용하게 하는 것도 큐레이슈머마케팅이라고 할 수 있다.

결국 큐레이터마케팅이란 기업에서 획일화된 상품을 내놓기보다 소비자 개인의 취향을 최대한 살릴 수 있도록 제품을 변형하고 활용할 수 있도록 하여 구매를 유도하는 것이라고 할 수 있다.

제46계

百聞不如一見

백문불여일견

체험마케팅

百: 일백 백, 聞: 들을 문, 不: 아니 불,
如: 같을 여, 一: 한 일, 見: 볼 견

백 번 듣는 것이 한 번 보는 것만 못하다는 뜻으로, 무엇이
든지 경험해야 확실히 알 수 있다는 말

백문불여일견(百聞不如一見)의 유래

이 성어의 유래는 ≪한서(漢書)≫ 〈조충국전(趙充國傳)〉에서 찾을 수 있다.

전한(前漢) 9대 황제인 선제(宣帝) 때의 일이다. 변방의 유목민족인 강(羌)족이 난을 일으키자 한(漢)나라는 이들을 토벌하려 했으나 싸움에 져 실패로 돌아갔다. 당황한 선제는 조충국 장군에게 사람을 보내 토벌군 장수로 누가 적임자인지 물었다. 70세가 넘은 조충국은 "제가 비록 늙기는 했지만 제 이상 가는 자는 없습니다"고 말했다. 조충국은 무제 때 흉노족 토벌에 참가했다가 적군에 포위당하자 겨우 백 명의 군사로 적진을 뚫고 전군을 구출한 장수로서 용맹하고 병법에 뛰어났을 뿐만 아니라 이민족 사정에도 밝았다.

선제는 조충국을 불러 "강족을 토벌하는 데 어떤 전략을 쓸 것이며 또 병력은 얼마나 필요한가"를 묻자 조충국은 "백 번 듣는 것은 한 번 보느니만 못합니다(百聞不如一見). 현지 사정을 살피지 않고서는 계책을

세우기 어려우므로 당장 현지 사정을 살펴본 뒤 아뢰겠나이다"라고 하였다. 결국 강족의 난은 조충국에 의해 진정되었다.

백문불여일견(百聞不如一見)과 마케팅

백 번 듣는 것이 한 번 보는 것만 못하다는 뜻의 백문불여일견(百聞不如一見)은 마케팅 측면에서 체험마케팅의 철학을 제시하는 것이라고 할 수 있다. 기존에 없던 신제품의 경우 그 특성을 쉽게 상상하기 어려우므로 일방적으로 정보를 제공하는 광고 및 홍보 전략은 소비자의 관심을 끌기 힘들다. 따라서 소비자가 직접 체험해 보도록 하는 마케팅이 요구되는데, 이를 체험마케팅(Experiential Marketing)이라고 한다.

체험이란 실제 혹은 가상의 상황을 관찰하거나 겪음으로써 얻게 되는 개인적 반응을 말한다. 소비자들은 단순히 제품의 특징이나 편익을 나열하는 일방적 광고에 의하여 상품을 구매하는 것보다 기회가 된다면 직접 체험하여 구매하기를 원한다.

전통적인 마케팅에서 소비자는 이성적인 구매결정을 한다는 것이 전제가 되어 일방적 정보를 전달하는 광고에 초점을 두었다. 그러나 오늘날 소비자들은 기업의 일방적 정보보다 여러 경로를 통해서 얻은 경험을 통하여 상품을 안전적으로 구매하려는 경향을 보이고 있다. 즉 일방적 광고만 믿고 상품을 구매하였다가 실패의 경험을 하고 싶지 않다는 것이다.

대표적인 체험마케팅의 사례로는 화장품의 샘플제공을 들 수 있다. 백화점의 경우 화장품 코너에서 향수를 뿌려주거나 화장품을 개봉하여 고객들이 직접 발라보도록 하여 자신에게 맞는 향수와 화장품 구매를 유도하는 것이다. 또한 대형마트의 시식코너와 자동차의 무료시승 이벤트 등도 대표적인 체험마케팅이라고 할 수 있다. 심지어 아파트를 분양할 때도 모델하우스가 아닌 실제 단지 내 일부 가구를 게스트하우스로 만들어 1박 2일 동안 주거시설과 주변환경을 체험하게 하여 분양을 유도하고 있다.

이러한 체험을 경험한 소비자는 제품에 따라 다르지만 대다수 구매로 이어지는 경우가 많은데, 체험을 하지 않는 것보다 몇 배의 매출을 올려주고 있는 실정이다. 또한 제품 생산현장에 고객을 초청하여 직접 보고, 느끼고, 테스트해 보게 하는 것도 체험마케팅이다. 유통현장에서의 시연 및 시음보다 생산현장에서 직접보고, 현장 전문가의 설명과 직접 테스트해 보는 것은 훨씬 생동적이다.

이와 같은 체험마케팅이 효력을 발생하는 이유는 백 번 듣는 것이 한 번 보는 것만 못하다는 '백문불여일견(百聞不如一見)'의 원리가 작용하기 때문이다. 직접 경험을 할 수 없는 경우에는 간접 경험을 하기도 한다. 예를 들면 어떠한 물건을 사고자 할 때 온라인상에서 다른 사람들의 체험 후기를 통하여 경험하는 것을 들 수 있다. 이러한 경험은 구전이 되어 일파만파로 잠재고객들에게 전달된다는 점에서 체험마케팅의 중요성이 있다고 할 수 있다. 특히 신제품의 경우 직접 체험하도록 하는 체험마케팅이 효력을 발휘하는 경우가 많다.

漸入佳境

점입가경

스토리텔링마케팅

漸: 점차 점, 入: 들 입, 佳: 아름다울 가, 境: 지경 경

어떤 일의 상황이나 이야기가 점점 갈수록 재미있게 전개
된다는 뜻

점입가경(漸入佳境)의 유래

이 성어는 ≪진서(晉書)≫ 〈고개지전(顧愷之傳)〉에 전한다. 고개지는 중
국 동진(東晉)시대 명화가로서 서예의 왕희지와 함께 당시 예림의 쌍벽을
이룬 사람이다. 그는 사탕수수를 즐겨 먹었는데 늘 가느다란 줄기 부분
부터 먼저 씹어 먹었다. 이를 이상하게 여긴 친구들이 "사탕수수를 먹
을 때 왜 거꾸로 먹느냐?" 하였다. 고개지는 "갈수록 점점 단맛이 나기
때문(漸入佳境)이다"라고 하였다. 이때부터 '점입가경'은 경치나 문장 또는
어떤 일의 상황이 갈수록 재미있게 전개되는 것을 뜻하게 되었다. 유사
한자성어로는 '흥미진진(興味津津)'을 들 수 있다.

점입가경(漸入佳境)과 마케팅

점점 갈수록 재미있게 전개된다는 뜻의 점입가경(漸入佳境)은 마케팅

측면에서 스토리텔링을 통한 마케팅기법을 의미한다고 할 수 있다. 스토리텔링(Storytelling)은 이야기(Story)와 말하기(Telling)의 합성어로 제품의 기본적 사양에 관한 정보를 소비자에게 전달하는 것이 아니라 상품에 얽힌 이야기를 전달하는 것으로 사람과 사람 사이에서 느끼는 감정을 상품에서도 느끼게 하는 것을 말한다. 이러한 스토리텔링은 소비자에게 상품에 대하여 흥미를 갖게 하여 점입가경하도록 만드는 것이다.

스토리텔링마케팅은 상품에 얽힌 이야기를 가공·포장하여 광고, 판촉 등에 활용하는 효과적인 브랜드 커뮤니케이션 활동을 말한다. 최근 소비자의 구매요인이 제품의 기능 중심에서 감성 중심으로 이동함에 따라 스토리텔링마케팅의 중요성이 부각되고 있다. 스토리텔링마케팅은 상품의 기능적 특성을 설명하는 광고 등의 촉진활동과는 차이가 있다. 즉 스토리텔링마케팅은 상품에 담긴 의미나 소비자의 입에 쉽게 오르내릴 수 있는 화젯거리를 제공하여 소비자와 브랜드의 교감을 유도하는 감성마케팅 활동이라고 할 수 있다.

예들 들어 사람들은 평범한 목걸이보다는 드라마 속 주인공이 착용했던 이야기가 있는 목걸이를 더 좋아하며, 흥미 있는 이야기가 담긴 상품은 단순히 우수한 품질이나 디자인을 가진 제품보다 더욱 매력적으로 간주한다. 이와 같이 이야기가 있는 브랜드는 감성적인 설득의 힘을 가지고 있다는 점에서 스토리텔링마케팅은 상품 차별화에 매우 유용한 수단이라고 할 수 있다. 또한 영화 '로마의 휴

그리워예와 좋은데이

일'에서 '진실의 입'의 조각상이 나오는데, 단순히 조각상의 문화재적 가치를 설명하기보다는 오드리 헵번이 주연한 영화 속에 등장한 곳으로서 관광객이 영화 속 장면을 재현해 보도록 하는 것이 스토리텔링이라고 할 수 있다.

【표 14】스토리텔링마케팅 사례

상품	스토리텔링
소주 '좋은데이'와 '그리워예'	부산을 기반으로 하는 '좋은데이' 소주는 부산 사투리 중 끝말에 '-데이'를 잘 사용한다는 점에 착안해서 붙였지만 날의 영어인 데이(day)를 연상케한다. 그런데 상가집에서 '좋은데이' 달라고 하면 무례하므로 고인을 위해 '그리워예'란 소주를 출시하였다.
에비앙 생수	1789년 한 귀족이 알프스의 작은 마을 에비앙에서 요양하면서 지하수를 먹고 병을 고친 후에 물의 성분을 분석해 보았는데 그 결과 물속에는 미네랄 등 인체에 효험이 있는 성분이 다량 함유되어 있었다는 것이다. 이를 스토리텔링하였다.

이와 같이 상품에도 이야기가 있으면 그 소비자가 점입가경(漸入佳境)에 빠질 수 있으며, 입소문을 통하여 잠재고객에게도 전달된다.

상품명에 숫자를 도입하여 브랜드 스토리텔링을 하는 경우도 있다. 이러한 숫자에 대한 스토리텔링은 소비자에게 이미지 전달이 빠르고, 상품의 특징을 함축적으로 전달할 수 있다. 또한 숫자에 부여한 의미는 소비자들의 호기심을 자극해 제품을 각인하는 효과가 클 뿐만 아니라 기억을 쉽게 그리고 오래도록 하게 할 수 있다는 장점이 있다.

특히 날짜의 숫자를 스토리텔링하여 마케팅하는 것을 데이마케팅(Day Marketing)이라고 하는데, 특정 제품의 소비 촉진을 위해 기념일을 이용하여 수요를 창출하기 위한 판매기법을 말한다. 데이마케팅의 원조는 밸런타인데이(Valentine's Day)이다. 밸런타인의 유래에는 다양한 설이 있는데 가장 유력한 설은 사제 발렌티누스의 일화이다. 3세기경 로마 황제 클라우디스 2세가 군대 기강 확립을 명분으로 병사들의 결혼을 금지했다. 하지만 발렌티누스 사제는 이를 어기고 몰래 병사들의 혼인을 집전했다가 2월 14일 순교했다. 이후 남녀의 사랑을 이어주려 애썼던 그를 기리는 뜻으로 기념하기 시작했다고 전해진다. 밸런타인데이 초콜릿 선물의 시작은 기업 마케팅전략의 일환으로 19세기 영국에서 처음 시작된 것으로 알려졌다.

우리나라의 밸런타인데이 초콜릿 선물문화는 일본의 영향을 받은 것으로 추측하고 있다. 1936년 일본 고베의 한 제과점이 밸런타인데이와 초콜릿을 관련지어 광고활동을 펼쳤다. 광고는 일본 전역에 큰 반향을 일으켰고, 이때부터 밸런타인데이는 초콜릿을 선물하는 날이라는 인식이 자리 잡기 시작했다. 특히 1960년엔 일본 '모리나가제과'가 여성들에게 초콜릿으로 사랑고백을 하도록 장려하는 캠페인을 벌였다. 이것이 계기가 되어 밸런타인데이에는 여성들이 초콜릿으로 남성에게 마음을 전하는 문화가 정착됐다. 화이트데이는 밸런타인데이 때 여성이 남성에게 초콜릿을 선물한 것에 대하여 한 달 뒤 3월 14일 답례차원에서 사탕을 주는 날이다.

우리나라의 대표적인 데이마케팅으로는 11월 11일 빼빼로데이를 들 수 있다. 1995년 전후 부산지역에 소재한 한 여자중학교의 학생들 사이에 빼빼로 과자를 주고받는 것이 유행이었는데 이 내용이 지역신문에 최초로 기사화되면서 표면화되었다. 빼빼로 선물은 '너도 빼빼로처럼 키크고 날씬하게 예뻐지길 바란다'는 의미였다. 특히 이러한 효과를 거두기 위해선 11월 11일 11시 11분 11초에 맞춰 먹어야만 한다는 전제조건을 달기도 하였다. 이를 캐치한 롯데제과가 이듬해인 1997년 11월 빼빼로 시식회라는 마케팅활동을 펼치면서 빼빼로데이는 본격적으로 알려졌다. 이후 롯데제과 빼빼로의 매출은 기하급수적으로 늘었고, 많은 업체에서 이날을 기념하여 다양한 빼빼로를 선보이고 있다.

또한 3월 3일은 3이 겹친다는 의미에서 삼겹살데이라고 하여 삼겹살 수요를 창출하고 있다. 대부분의 ○○○데이는 관련업체의 상술에서 비롯되었지만, 소비자는 이를 알면서도 즐겨 찾는 경향이 있다. 이와 같이 자사의 상품과 연관된 숫자를 찾아내거나 데이(day)마케팅을 활용할 수 있다면 대박을 터뜨릴 수도 있는 것이다.

【표 15】 숫자 스토리텔링마케팅의 사례

브랜드	사례 및 의미
기아차 'K시리즈'	K3, K5, K7, K9 등의 시리즈를 통하여 같은 제품으로 인식하게 하고, 숫자가 커질수록 '프리미엄급'을 의미
음료 '2% 부족할 때'	수분이 부족하면 인체가 갈증을 느낀다는 뜻으로 체내 수분 '2% 부족할 때'라는 브랜드명을 정했고, 사람은 몸 안에 수분이 2% 부족할 때부터 갈증을 느끼기 시작한다는 과학적 사실을 스토리텔링 함
2080치약	20세의 건강한 치아를 80세까지
비타500	비타민 C 500mg을 의미
자일리톨333	3가지 기능성과 3배의 풍부한 향 그리고 3가지 맛이란 뜻

'1865 까르메네르 리제르바(Carmenere Reserva)' 와인의 숫자 스토리텔링마케팅

이 와인의 '1865'라는 명칭은 칠레 와이너리 산페드로(San Pedro)의 설립연도(1865년)를 따서 붙여진 이름이다. 이 와인은 전 세계 80여 개국에서 팔리고 있는데, 한국이 최대 소비국가이다. 1865가 유독 한국 시장에서 히트를 치고 있는 것은 골프의 '드림 스코어(18홀 65타)'와 결부시킨 마케팅활동 때문이다. 즉 1865를 두 숫자씩 끊어 읽으면 '18홀을 65타에 친다'는 뜻으로 스토리텔링한 것이다. 골프경기에서 18홀의 홀마다 파(Par: 각 홀에서 정해진 스코어를 달성)를 기록해도 72타이다. 따라서 65타는 아마추어들에게 꿈의 점수다. 이 와인은 일명 '골프와인'으로 통했고, 클럽하우스 등에서 상당한 매출을 올렸다.

附和雷同

부화뇌동

밴드웨건효과 마케팅

附: 붙을 부, 和: 화할 화, 雷: 우레 뢰, 同: 한가지 동

우레소리에 맞추어 천지만물이 함께 울린다는 뜻으로, 일정한 소신 없이 남의 의견에 동조함을 비유하는 말

부화뇌동(附和雷同)의 유래

이 성어는 ≪논어(論語)≫ 〈자로편(子路篇)〉 "공자(孔子)가 말하기를, 군자는 화합하되 부화뇌동하지 않고, 소인은 부화뇌동하되 화합하지 않는다(子曰 君子和而不同 小人同而不和)"라는 대목에서 유래되었다. 즉 군자는 남을 자기 자신처럼 생각하기 때문에 남과 조화를 이루면서도 각자에게 주어진 역할을 열심히 수행하므로 부화뇌동하지 않는다는 것이고, 반대로 소인은 이익을 좇으므로 이익을 같이하는 사람끼리는 함께 행동하지만 남과는 조화를 이루지 못한다는 의미이다.

부화뇌동(附和雷同)은 추우강남(追友江南) 즉 "친구 따라 강남 간다"는 속담과 같은 의미로 줏대 없는 행동을 뜻한다.

부화뇌동(附和雷同)과 마케팅

부화뇌동(附和雷同)은 소신 없고 줏대가 없다는 부정적인 의미로 사용되지만, 마케팅 측면에서는 소비자의 편승효과를 설명해 주는 고사성어라고 할 수 있다. 편승효과(Bandwagon Effect)란 어떤 재화에 대해 사람들의 수요가 많아지면 다른 사람들도 그 경향에 따라서 그 재화의 수요를 더욱 증가시키는 효과를 말한다.

편승의 영어 '밴드웨건(bandwagon)'이란 용어는 밴드(band)와 웨건(wagon)의 합성어로 악단을 실은 역마차라는 의미이다. 이 용어가 처음 등장한 것은 1848년 미국 대선에 출마한 자카리 테일러(Zachary Taylor)의 선거운동을 위해 당시 인기 광대인이었던 댄 라이스(Dan Rice)가 역마차에 악단을 태워 사람들의 관심을 끌고자 시도한 데서 유래되었다. 밴드웨건이 연주하면서 지나가면 사람들이 무엇 때문인지 궁금하여 모여들기 시작하고, 몰려가는 사람들을 바라본 다른 사람들이 또다시 몰려들면서 군중들이 더욱 불어났던 것이다. 밴드웨건효과(Bandwagon Effect)란 학술적 용어는 1950년 미국의 하비 라이벤스타인(Harvey

밴드웨건
(Bandwagon)
자료 : 위키디피아

Leibenstein) 교수가 소비자들이 타인의 소비행태를 따라가는 행동을 밴드웨건에 비유하여 명명하였다.

밴드웨건효과는 유행을 따르거나, 주위 사람들과의 관계에서 배제되지 않기를 원하는 사람들의 심리에서 유발되는 현상으로 남이 하니까 나도 한다는 식이며, 일반 소비자들이 현재 유행하고 있는 트렌드를 쫓아서 소비하는 '모방소비'를 설명하는 것이다. 부화뇌동과 같은 밴드웨건효과와 유사한 경제 및 심리적 효과는 다양한데 이를 소개하면 다음과 같다.

1) 사회적 증거의 법칙

사람들은 무의식중에서라도 다수가 하는 행동을 그대로 따라하려는 경향이 있다는 것이다. 다수가 하는 행동을 따라했을 경우 그만큼 실수할 확률도 줄고, 다수의 행동은 옳다고 인정하기 때문이다.

2) 관중효과

관중효과(Audience Effect)란 사람이 어떤 일이나 행동을 하고 있을 때 다른 사람들이 보고 있으면 더욱 열심히 한다는 것을 말한다. 예를 들어 도서관에서 공부하면 다른 사람의 눈 때문에 더욱 열심히 하게 되고, 스포츠 경기에 있어서도 관중이 많으면 더욱 열심히 한다는 것이다. 이와 같이 물건을 구매하는 현장에서도 많은 사람이 보고 있으면 더욱 구매하고 싶은 심리가 작동하는 것이다.

3) 군중심리효과

군중심리효과(Crowd-mind Effect)란 많은 사람이 모여 있을 때, 자제력을 잃고 쉽사리 흥분하거나 다른 사람의 언동에 따라 행동하는 일시적이고 특수한 심리상태를 말한다. 구매현장에서 군중심리효과는 서로 눈치를 보고 구매를 미루고 있을 때 어느 한 사람이 구매하면 그때 따라서 구매하는 심리를 말한다.

4) 망 외부성(network externality) 효과

어떤 상품을 사용하는 사람들이 많으면 많을수록 그 상품의 가치가 증가하는 현상을 말한다. 예를 들어 특정 컴퓨터 소프트웨어나 게임은 보다 많은 사람이 사용할수록 그 가치가 커지게 마련이다. 이러한 망 외부성은 상품의 소비가 독립적으로 이루어지는 것이 아니라 다른 사람과의 상호작용에 의해서 이루어지거나 기술적인 호환성 때문에 생기는 것이다. 또한 특정 음악, 영화, 드라마 등이 인기가 있으면 많은 사람들이 그 작품을 향유하고자 하는 저변이 확대되는데, 이러한 현상도 망 외부성 효과라고 할 수 있다.

기업에서는 이와 같이 밴드웨건효과, 사회적 증거의 법칙, 관중효과, 군중심리효과, 망 외부성 효과 등을 전략적으로 활용하여 소비자들로 하여금 충동구매를 일으키게 하는데, 이에 대한 구체적인 전략은 다음과 같다.

● 한정판매를 실시하라

한정판매는 소비자에게 빨리 사지 않으면 살 수 없다는 압박심리를 주어 구매를 유도하는 것이다. 즉 은연중에 물건이 딸림을 강조하여 구매의 대세임을 부각시키고, 마치 이때 구매하지 못하면 살 수 없다는 압박감을 주고자 하는 것이다. 소비자는 선택의 자유가 침범당하면 그 이

전보다 더 강력하게 구매하고자 하는 심리적 저항을 보이며, 희소할수록 더욱 가치를 느낀다.

● 시간이 없음을 고지하라

소비자들이 주문을 많이 하고 있다는 것을 암시하기 위하여 곧 마감을 알린다. 즉 시간이 지나면 살 수 없다는 압박심리를 주어 구매를 유도하는 것이다. 특히 홈쇼핑에서 쇼 호스트가 마감임박을 강조하면 매출이 20~30% 정도 더 상승하는 것으로 나타나고 있다.

● 구전을 활용하라

구전을 통하여 잠재 소비자가 아직 구매나 경험하지 못했다는 것을 알면 소비시장에서 자신이 배제된 느낌을 받았다고 생각하므로 곧 구매로 연결되는 것이다.

● 인기상품임을 강조하라

소비자들은 다수의 사람들이 사용하는 것을 우수한 상품으로 판단한다. 예를 들어 매장에 인기상품을 표시하거나 홈페이지에 좋은 댓글이 많은 것이 품질이 좋은 것으로 믿는다. 또한 식당에서 손님이 줄을 서서 기다리는 모습을 강조하는 것도 다른 사람들에게는 충동욕구를 불러일으키게 한다.

● 판매수를 홍보하라

상품의 판매수를 보고 그 수에 소비자 자신이 포함되어 있지 않으면 소외된 느낌을 받는다. 또한 인기가 있으므로 많이 팔린다고 느껴 곧 충동구매로 이어진다.

제9장

順手牽羊

틈을
노려라

順手牽羊

순수견양

틈을 노려라

順: 순할 순, 手: 손 수, 牽: 끌 견, 羊: 양 양

기회를 틈타 양을 슬쩍 끌고 간다는 뜻으로, 조그마한 틈이라도 생기면 놓치지 말고 승기를 잡아야 한다는 병법을 의미

순수견양(順手牽羊)의 유래

《손자병법》 제12계에 해당하는 이 성어는 많은 사례를 가지고 있는데, 대표적인 사례로는 소수로 틈을 노려 다수를 제압한 비수전투(淝水戰鬪)를 들 수 있다.

중국 5호16국시대 때 전진(前秦)의 황제 부견(苻堅)은 90만 대군으로 동진(東晉) 정복에 나서면서 동생인 부융(苻融)을 선봉대로 보내어 수양(壽陽)을 점령하였다. 부융이 동진의 병력이 적고 군량도 부족한 사실을 파악하여 보고하자, 부견은 수천 명의 기병만 이끌고 수양에 당도하였다. 동진의 장군 사석(謝石)은 이 틈을 보고 본진이 도착하기 전에 공격을 감행하여 적의 예봉을 꺾어버렸다. 이후 동진과 전진은 비수라는 강을 사이에 두고 대치하게 되었는데, 사석은 중과부적인 상황을 역이용하여 부견에게 병력을 약간 후퇴시키면 강을 건너가 결전을 벌이겠다고 제안하였다. 부견은 절대 우세한 병력을 믿고 이에 동의하여 군대를 후

퇴시켰는데, 사석이 이때 바로 강을 건너 공격하자 후퇴하는 이유를 모르는 전진의 병사들은 겁을 먹고 서로 먼저 도망치려 하는 바람에 아수라장이 되어버렸다. 부견은 대패하였고 그 와중에 화살에 맞아 부상하였으며, 겨우 10만 병사만 이끌고 장안으로 퇴각하고 말았다.

순수견양(順手牽羊)의 마케팅계책

조그마한 틈이라도 생기면 놓치지 말고 승기를 잡아야 한다는 순수견양(順手牽羊)은 마케팅 측면에서 시장이나 고객에게 조그마한 틈이 생기면 공략하라는 의미로 해석할 수 있다. 즉 경쟁이 치열한 시장에서 틈새시장을 창출하거나 또한 고객에게 약간의 틈을 이용하여 구매를 유도하거나 매출을 업시킬 필요가 있는데, 이에 대한 구체적인 계책으로 다음과 같이 6계를 제시하였다.

제49계 : 어부지리(漁夫之利) – 틈새마케팅
제50계 : 일언천금(一言千金) – 업셀링과 크로스셀링
제51계 : 견강부회(牽强附會) – 바넘효과 마케팅
제52계 : 타초경사(打草驚蛇) – 루프/넛지 마케팅
제53계 : 세월부대인(歲月不待人) – 타임마케팅
제54계 : 길사상좌(吉事尚左)_ 왼쪽마케팅

漁夫之利

어부지리

틈새마케팅

漁: 고기잡을 어, 夫: 사내 부, 之: 갈 지, 利: 이로울 리

어부의 이득이라는 뜻으로, 쌍방이 다투는 사이에 제삼자
가 힘들이지 않고 이득을 챙긴다는 의미로 사용

어부지리(漁夫之利)의 유래

이 성어의 유래는 ≪전국책(戰國策)≫의 〈연책(燕策)〉에서 비롯되었다. 중국 전국시대(戰國時代) 제(齊)나라에 많은 군사를 파병한 연(燕)나라에 기근이 들자 이웃 조(趙)나라 혜문왕(惠文王)은 기다렸다는 듯이 침략을 준비하였다. 이에 연나라 소왕(昭王)은 책사인 소대(蘇代)에게 조나라의 혜문왕을 설득하도록 하였다. 조나라에 도착한 소대는 세 치의 혀 하나로 거침없이 혜문왕을 설득했다.

"오늘 귀국에 들어오는 길에 역수(易水: 연과 조의 국경을 이루는 강)를 지나다가 마침 강변을 바라보니 조개가 조가비를 벌리고 햇볕을 쬐고 있었습니다. 이때 갑자기 도요새가 날아와 뾰족한 부리로 조갯살을 쪼았습니다. 깜짝 놀란 조개는 화가 나서 조가비를 굳게 닫고 부리를 놓아주지 않았습니다. 이렇게 쌍방이 한 치의 양보도 없이 팽팽히 맞서 옥신

각신하는 사이에 이곳을 지나가던 어부에게 그만 둘 다 잡혀버리고 말 았습니다. 전하께서는 지금 우리 연나라를 치려고 하십니다만 연나라 가 조개라면 조나라는 도요새인 셈입니다. 연과 조 두 나라가 싸워 백 성들을 피폐케 하면, 귀국과 접해 있는 강대한 진(秦)나라가 어부가 되 어 맛있는 국물을 다 마실 것이옵니다."

결국 혜문왕은 소대의 말을 듣고 침공계획을 철회하게 되었다. 여기서 조개와 도요새가 옥신각신하는 모습을 고사성어로 '방휼지쟁(蚌鷸之爭)'이 라고 하는데 도요새가 "이대로 오늘도 내일도 비가 오지 않으면 너는 말 라죽고 말 것이다"라고 하자, 조개도 지지 않고 "내가 오늘도 내일도 놓 아주지 않으면 너야말로 굶어죽고 말 것이다"라고 싸웠다는 이야기에서 유래되었다.

어부지리(漁夫之利)와 마케팅

마케팅 측면에서 어부지리(漁夫之利)는 틈새시장의 공략이라고 의미를 부여할 수 있다. 하나의 산업 내에서 다수의 기업이 같은 마케팅전략을 구사한다면 과도한 경쟁이 야기되어 수익성이 낮아지며, 소규모의 세분 시장에는 기업들의 마케팅활동이 전혀 미치지 않게 된다. 이러한 현상 을 '다수의 우(fallacy of majority)'라고 부르며, 이 소규모의 세분시장을 틈새시장(niche market)이라고 한다. 니치(niche)란 대중시장이 붕괴된 후 의 세분화된 시장 및 소비상황을 설명하는 말로써 '빈틈' 또는 '틈새'로 해석되며, 본래의 의미는 '남이 아직 모르는 좋은 낚시터'라는 은유적인 뜻을 담고 있다.

틈새마케팅(niche marketing)이란 소비자들의 기호와 개성에 따른 수요를 대규모 집단으로 파악하기보다는 시장을 더욱 세분화하여 특정한 성격을 가진 소규모의 소비자를 대상으로 판매목표를 설정하여 마케팅을 전개하는 것을 말한다. 마치 틈새를 비집고 들어가는 것과 같다는 뜻에서 붙여진 이름이며, 남이 아직 모르고 있는 좋은 곳, 빈틈을 찾아 그곳을 공략하는 것이다. 따라서 틈새마케팅은 남이 하지 않는 혹은 남들과 다른 시스템과 아이템으로 차별화된 상품과 새로운 서비스를 제공하는 것을 의미한다.

틈새시장의 공략은 기존의 평범한 시장을 이탈하는 것에서 시작되고, 새로운 시도와 사고발상의 전환이 이루어져야 가능하다. 틈새시장은 소규모의 시장에 대한 특화된 상품을 가지고 자사의 강점을 통하여 영역을 만드는 것으로 큰 시장에서 다수의 기업과 경쟁하는 것보다는 경쟁의 위협이 적고 수익성이 좋을 수도 있다는 점에서 중소기업에 적합한 시장이라고 할 수 있다.

예를 들어 우리나라에서 대부분의 사람들은 오른손잡이이고, 10% 정도만 왼손잡인데, 마우스나 골프채는 대부분 오른손잡이용으로 생산하고 있다. 그러나 오른손잡이의 시장은 경쟁이 치열하지만 10%의 왼손잡이를 위한 마우스나 골프채를 생산하는 전문회사가 있다면 안정적으로 10%의 시장을 확보할 수 있는 것이다. 또 다른 사례로서 블루클럽은 남성들이 폐쇄된 공간의 이발소에 가기를 꺼려한다는 점, 미용실은 여성전용이어서 가기를 꺼려한다는 점을 파악하여 '남성전용 미용실'이라는 틈새시장을 개척하여 성공을 거두고 있다. 그리고 빅앤비는 몸집이 큰 사람들은 일반 의류매장에서 맞는 옷을 구매하기 힘든 점을 파악하여 '큰 옷 전문점'이라는 틈새시장을 공략하여 성공을 거두고 있다.

따라서 틈새시장(niche market)을 공략하려면 ① 큰 업체가 진출하지 않은 시장을 찾아 그곳에 경영자원을 집중해야 하고 ② 틈새시장에 맞는 특화된 상품의 개발이 필요하며 ③ 시장의 규모가 크지 않기 때문에 전문성으로 승부해야 하고 ④ 나름대로의 브랜드 파워를 유지해야 한다.

一言千金

일언천금

업셀링과 크로스셀링

一: 한 일, 言: 말씀 언, 千: 일천 천, 金: 쇠 금
한마디의 말이 천 금의 가치가 있다는 뜻

일언천금(一言千金)의 유래

이 성어는 고려시대, 어린이들의 인격 수양을 위해 중국 고전에서 선현들의 금언(金言)과 명구(名句)를 편집하여 만든 책인 ≪명심보감(明心寶鑑)≫ 〈언어편(言語篇)〉의 다음과 같은 글에서 유래되었다.

남을 이롭게 하는 말은 솜옷처럼 따스하고(利人之言 煖如綿絮)
남을 다치게 하는 말은 가시처럼 날카롭다(傷人之語 利如荊棘)
남을 이롭게 하는 한마디 말은 천금의 가치가 있고(一言利人 重値千金)
남을 다치게 하는 한마디 말은 칼로 베는 것처럼 아프다(一語傷人 痛如刀割)

일언천금(一言千金)은 "말 한마디에 천 냥 빚을 갚는다"는 속담과 그 의미가 같다. 이 속담은 인간관계에서 말의 중요성을 강조한 것이며, 특히

곤란한 상황에 처했을 때, 말 한마디로 위기를 벗어날 수도 있다는 의미로 사용되고 있다. 또한 말은 단순히 의미를 전달하는 수단이 아니라 사람의 감정을 자극하고, 설득하는 도구라는 의미로 해석할 수 있다.

일언천금(一言千金)과 마케팅

한마디의 말이 천 금의 가치가 있다는 일언천금(一言千金)은 마케팅 측면에서 종업원의 말 한마디가 매출을 더욱 올릴 수 있다는 의미로 해석할 수 있으며, 이는 곧 업셀링(up selling)과 크로스셀링(cross selling) 기법을 말한다. 업셀링(up selling)은 동일 고객에게 보다 가치있는 높은 가격의 상품을 제시하여 판매하는 기술을 말하고, 크로스셀링(cross selling)은 동일 고객에게 연관된 다른 상품을 추천하여 함께 판매하는 기술을 말한다. 둘 다 매출을 극대화시킬 수 있는 종업원의 판매기술이라고 할 수 있다.

예를 들어 결혼식을 앞둔 예비 신혼부부 고객, 기념일에 맞춰 선물하고자 하는 고객, 졸업과 입학 시즌에 선물하고자 하는 고객의 경우 기존의 상품보다 가격이 높은 프리미엄 상품을 선호하는데, 그러한 상품을 추천하는 것이 업셀링이다. 그리고 맥도날드와 같은 패스트푸드점에서 고객이 햄버거를 주문하면 일단 "감사합니다"라고 외친다. 그리고 3초 후 "콜라도 함께 드릴까요?"라는 마법의 말 한마디에 고객은 생각할 겨를도 없이 "예"라고 답하게 되는데, 이를 크로스셀링이라고 한다. 만약 햄버거와 콜라를 한꺼번에 권했다면 콜라를 거절할 확률이 높다.

소비자에게는 디드로효과가 작용한다. 디드로효과(Diderot Effect)란 하나의 제품을 구매함으로써 그 제품과 연관된 제품을 연속적으로 구매하게 되는 현상을 말한다. 18세기 프랑스 철학자 디드로가 친구에게 선물받은 새 가운을 입고 서재에 가니 책상이 허름해 보였다. 책상을 새것으로 바꾸자 이번엔 의자가 못마땅해지고 이어서 벽걸이까지 거슬려 몽땅 새것으로 장만했다는 데서 유래되었다. 즉 신발을 사면 옷이 마음에 안 들고, 옷을 사면 신발이 어울리지 않는다. 또한 새 아파트에 입주할 때 기존의 커튼과 가구, 가전제품 등을 새집에 맞춰 다 바꾸고 싶어 한다. 이를 디드로효과라고 한다. 결국 구입한 물건 자체가 오히려 심리를 지배함으로써 다른 연쇄적인 소비효과를 불러일으킨다는 의미이다.

이러한 소비자의 디드로효과를 활용하면 판매를 업(up)시킬 수 있는데 종업원의 말 한마디가 필요하다. 예를 들어 백화점에서 정장을 구매하는 고객에게 넥타이나 셔츠를 함께 권하는 것을 들 수 있다. 업셀링과 크로스셀링은 종업원 말 한마디(一言)에 달려 있으며, 그 말 한마디에 매출이 더 뛰는 것(千金)이다. 아래 표에서 종업원의 일언(一言)이 왜 천금(千

【표 16】 종업원의 일언천금(一言千金) 사례

구 분	사 례
업셀링 (up selling)	호텔에서 주스(juice)를 주문받을 때 : 주스에는 캔(can) 주스와 生(fresh)과일 주스가 있는데 fresh juice가 생과일을 사용하여 가격이 훨씬 높으므로 되도록 이 주스를 유도한다. 손님이 주스를 주문할 때 "신선한 주스로 드릴까요?" 하면 대부분 고개를 끄떡인다. 매출은 3배로 뛰는 것이다. 호텔이나 바에서 맥주를 추가 주문받을 때 : 빈 맥주병을 제거할 때 "한 병 더 하시겠습니까?" 하고 여쭙는다. 생각이 없었는데 권유하는 바람에 추가 주문하는 경우도 있다. 새 차를 판매할 때 : 가격에 대한 흥정이 다 끝나기 전에는 절대로 옵션을 말하지 않다가 흥정이 끝나자마자 이런저런 옵션의 여러 가지 특징과 장점을 말한다. 몇 천만 원의 흥정을 마친 고객에게는 몇 가지 옵션의 가격은 아무것도 아닌 것처럼 보인다.
크로스셀링 (cross selling)	레스토랑에서 식사를 주문받을 때 : "음식이 나오기까지는 시간이 걸리는데 간단한 음료수나 맥주 한잔 하시겠습니까?" 하고 여쭙는다.

金)이 되는지를 알 수 있을 것이다.

업셀링이나 크로스셀링을 할 때의 마음자세는 다음과 같다.

첫째, 판매에 주저하지 마라. 주문하도록 도와주는 그 자체가 서비스이다.

둘째, 가격을 걱정하지 마라. 이미 업장에 왔을 때는 사전에 가격에 대한 정보를 가지고 있다.

셋째, 모두가 다 좋다고 말하지 마라. 고객은 구체적인 것을 추천해 주기를 원한다.

넷째, 'No'라는 단어에 두려워하지 마라. 만약 고객이 마음에 들어 하지 않으면 다른 것을 추천하면 된다.

牽强附會

견강부회

바념효과 마케팅

牽: 끌 견, 强: 굳셀 강, 附: 붙을 부, 會: 모을 회

근거가 없고 이치에 맞지 않는 것을 억지로 끌어대어 자기
에게 유리하도록 맞추는 것을 의미함

견강부회(牽强附會)의 유래

이 성어는 송(宋)나라 정초(鄭樵)의 ≪통지총서(通志總序)≫에 "동중서가
음양의 학문으로써 주창하여 ≪춘추≫에 억지로 끌어 붙였다(董仲舒以陰
陽之學, 倡爲此說, 本於 ≪春秋≫, 牽合附會)"라고 비판한 대목에서 유래되었
다. 동중서는 유교를 국가의 주된 이념으로 하는 데 결정적인 역할을 했
는데, 양(陽)은 귀하고 음(陰)은 천하다고 하는 음양설(陰陽說)을 강조했
다. 정초는 이를 견합부회라고 비판한 것이다. 여기의 견합부회(牽合附會)
가 후에 견강부회(牽强附會)로 바뀌었다.

견강부회와 유사한 한자성어로는 '아전인수(我田引水)'가 있는데, '자기
논에 물대기'라는 뜻으로, 어떤 상황을 자기에게 유리하도록 해석하고
행동하는 것을 일컫는다.

견강부회(牽强附會)와 마케팅

자기에게 유리하도록 맞춘다는 견강부회(牽强附會)는 마케팅 측면에서 바넘효과를 의미한다고 할 수 있다. 바넘효과(Barnum Effect)란 자신에게 긍정적인 의견이나 정보를 믿어버리는 경향을 말한다. 19세기 말 미국의 서커스 쇼 사업가로 유명한 바넘(P. T. Barnum)은 "대중들은 매순간 바보가 된다"란 말을 남겼는데, 대중들은 판단력이 흐려진 상태로 자세한 탐색이나 분석 없이 그가 한 말을 그대로 받아들인다는 의미이다.

그리고 1940년대의 심리학자 포러(B. R. Forer)는 실험을 통하여 사람들의 막연하고 일반적인 성격 묘사가 타인에게도 해당하는 것임을 알지 못하고 그들 자신에게만 맞는 것으로 받아들이는 경향이 있다는 것을 발견했다. 그는 자신의 학생들에게 다음과 같이 물음으로써 성격 진단 테스트라는 실험을 하였다.

"당신은 타인에게 사랑과 존경을 받고 싶어 하는 욕구를 갖고 있습니다만, 당신 자신에게는 비판적인 경향이 있습니다. 성격에 약점은 있습니다만, 일반적으로 당신은 이러한 결점을 극복할 수 있습니다. 당신에게는 당신이 아직 장점으로 이용하지 않는 숨겨진 훌륭한 재능이 있습니다. 겉으로 보기에 당신은 잘 절제할 수 있고 자기 억제도 되어 있습니다만, 내면적으로는 걱정도 있고 불안정한 점이 있습니다(중략). 종종 당신은 외향적이고 붙임성이 있으며 사회성이 좋지만 가끔은, 내향적이고 주의 깊고, 과묵한 때도 있습니다. 당신의 희망 중의 일부는 좀 비현실적이기도 합니다."

포러는 학생에게 이 진단 결과가 자신과 잘 맞는지 아닌지를 0에서부터 5까지의 값으로 평가하도록 했다. 즉 자신의 성격과 일치하면 5부터 맞지 않으면 0까지 표기하도록 하였는데, 클래스의 평균값이 4.26으로 나왔다. 이 실험을 통하여 사람들이 보편적으로 가지고 있는 성격이나 심리적 특징을 자신만의 특성으로 여기는 심리적 경향을 발견한 것이다. 이는 결국 바넘의 말을 뒷받침하게 되었고, 포러는 이러한 현상을 바넘효과(Barnum Effect)라고 명명하였으며, 일명 포러효과(Forer Effect)라고도 불리게 되었다.

바넘효과의 대표적인 사례로는 혈액형 및 사주풀이를 들 수 있으며, 사랑에 빠지거나 반대로 실연을 당했을 때 유행가 가사를 들으면 꼭 자신의 이야기처럼 느껴지는 것도 바넘효과라고 할 수 있다.

바넘효과와 유사한 개념으로 칵테일파티효과(Cocktail Party Effect)라는 것이 있다. 시끄러운 칵테일파티 장소에서 많은 사람들이 대화를 나누는 가운데 자신과 관련 있는 이야기만 듣고, 관련 없는 이야기는 귀담아 듣지 않는다는 심리적 효과를 말한다. 즉 시끄러운 칵테일파티 현장에서 자신의 이름이 들리면 그쪽을 응시하고 귀를 기울이게 된다는 것이다. 자기에게 의미 있는 정보만을 선택적으로 받아들이는 이러한 현상을 선택적 지각(Selective Perception)이라고 한다. 사람들은 모든 것을 다 보고 들을 수는 없다. 정보처리능력에 한계가 있기 때문이다. 그래서 소비자들은 정보를 선택적으로 받아들여 처리하는 것이다.

결국 바넘효과와 칵테일파티효과는 자신에게 유리한 정보만을 취득하려는 경향으로 고객은 자신이 원하고 바라는 것만 인식한다는 원리로 생각할 수 있다. 따라서 이러한 틈을 노려 효과적인 마케팅을 전개할 필요가 있는데, 그 기법을 몇 가지 소개하면 다음과 같다.

● 특별한 존재임을 부각시켜라

고객은 항상 기억되기를 바라고, 환영받고 싶어 하며, 관심을 바라고, 중요한 사람으로 인식되기를 바란다.

● 고객을 호칭할 때 이름이나 직함을 불러라

단골고객의 경우 이름과 직함을 불러주어 관심과 친근함을 보여주어야 한다. 불특정 다수의 고객을 대하듯 하면 안 된다는 것이다. 설령 초면인 고객일지라도 마치 그전에 알고 있는 듯한 뉘앙스로 친근하게 접근을 시도해야 한다. 그러면 '나에게 관심을 가지는구나'라는 느낌을 줄 수 있다.

● D.M이나 메일을 보낼 때 이름을 명기하라

오늘날 소비자들은 D.M이나 메일 등 광고의 홍수 속에 살고 있기 때문에 대부분 관심을 가지지 않고 휴지통에 버린다. 만약 자신의 이름이 명기되어 있다면 관심을 가지고 열어본다는 것이다. 따라서 고객님 등 막연한 호칭보다는 이름을 명시하여 D.M이나 메일을 보내야 한다. 마치 나에게 특별히 관심을 갖고 있는 것처럼, 선택받은 사람이 된 것처럼 느끼게 해야 하는 것이다.

打草驚蛇

타초경사

루프/넛지 마케팅

打: 칠 타. 草: 풀 초. 驚: 놀랄 경. 蛇: 뱀 사

풀을 쳐서 뱀을 놀라게 한다는 뜻으로, 숨어 있는 적을 드러나게 하여 공격하는 전략을 말함

타초경사(打草驚蛇)의 유래

이 성어는 ≪손자병법≫ 36계 중 제13계로서 당나라 문학가인 단성식(段成式)의 〈유양잡조(酉陽雜組)〉에서 유래되었다.

당나라 때 왕로(王魯)라는 탐욕스러운 현령이 있었다. 그는 아침부터 저녁까지 부정부패만 일삼았다. 하루는 백성들이 현령에게 부하들의 잘못을 고발하였다. 이 고발장의 내용이 자신의 부정부패와 똑같아 마치 자신을 고발한 것 같았다. 놀란 현령은 "너희들이 비록 풀밭을 건드렸지만 이미 나는 놀란 뱀과 같다(汝雖打草 吾已驚蛇)"라는 글귀를 적어 놀란 가슴을 진정시키며 반성을 하였다. 즉 백성들이 자기 부하들의 비리를 고발한 것을 우회적으로 자신의 비리를 고발하는 것이라고 생각해 지레 겁을 먹은 것이다. 결국 현령을 징계하고자 하는 백성들의 의지가 관철된 것이다. 이후 숨어 있는 적을 드러나게 하여 공격하라는 병법으로 정착되었다.

타초경사(打草驚蛇)와 마케팅

풀을 쳐서 뱀을 놀라게 한다는 뜻의 타초경사(打草驚蛇)를 마케팅 측면에서 해석하면 소비자에게 구매반응을 유도하여 그 틈을 공략하는 전술이라고 할 수 있다. 구매반응을 유도하는 대표적인 마케팅기법으로는 루프마케팅과 넛지마케팅을 들 수 있다.

1) 루프마케팅(loop marketing)

루프(loop)란 연결고리를 의미한다. 따라서 루프마케팅(loop marketing)이란 연결고리처럼 여러 차례 시도하다 보면 최적의 고객들을 찾을 수 있는데, 그들에게 집중화된 마케팅을 전개하는 것이라고 할 수 있다. 즉 첫 번째 마케팅에서 수집한 고객데이터를 바탕으로 두 번째, 세 번째 마케팅에서는 더 효과적인 계획을 수립할 수 있고, 궁극적으로는 고객의 반응을 끌어올려 구매를 자극하는 기법이라고 할 수 있다. 즉 대량으로 발송되는 광고성 메일에 대해 평균 1~2%의 고객만이 반응하는데 이 고객을 연결고리를 통하여 유효고객으로 만들어야 하는 것이다.

예를 들어 광고주가 잠재고객에게 할인판매한다는 e-메일을 보내고 며칠 후 물건은 사지 않고 e-메일을 열람한 사람들에게 보다 구체적이고 할인을 강조한 두 번째 e-메일을 보낸다. e-메일을 열어본 사람들은 최소한의 관심을 갖고 있다는 반응을 했기 때문에 이들을 대상으로 한 개별마케팅을 좀 더 하게 되면 물건을 구매할 확률이 매우 높다는 것이다.

최근 e-메일 마케팅 솔루션이 강화되어 바이럴마케팅 수준에서 벗어나 고객화 가능성이 높은 잠재고객을 대상으로 보다 정교화된 타깃마케팅을 실시할 수 있게 되었다. 즉 e-메일 수신자의 반응에 따라 발송주기를 변경하는 등 고도화된 기술수준을 보이고 있다. 예를 들어 '파워메일링'이란 기능은 수신자의 피로도를 감안해 도달 횟수를 지정하고, 예약 발송으로 발송간격을 조절할 수 있다. 이는 열어본 사람에 대해서는 다음 발송에서 제외시켜 고객의 짜증을 피하고 오픈율을 높여주고 있다. 따라서 단순히 메일을 발송하는 것으로 끝나지 않고 소비자에게 최종적으로 메시지가 잘 도달했는지 도달 후 목표 고객이 메일을 오픈했는지 등의 발송 결과도 알 수 있다.

또한 상품을 소개한 카탈로그를 불특정 다수에게 배포하는 것보다 웹사이트에 접속한 고객들을 구분한 후, 이들에게만 카탈로그를 발송하면 인쇄비와 우편료 등의 비용을 줄일 수 있을 뿐만 아니라, 구매로 연결될 확률도 높은 것이다.

2) 넛지마케팅(nudge marketing)

종래의 마케팅은 상품의 특성을 강조하여 소비자가 그 상품을 구매하도록 하는 데 집중하였다. 그러나 오늘날 소비자는 스마트슈머이다. 스마트슈머(smartsumer)란 '똑똑한'이라는 뜻의 스마트(smart)와 소비자(consumer)의 합성어로서, '똑똑한 소비자'라는 뜻이다. 즉 오늘날 소비자는 이미 많은 정보를 가지고 있어 너무 똑똑하여 권한다고 구매하는 것이 아니라 스스로 필요하게끔 만들어줘야 비로소 지갑을 연다는 것이다. 따라서 단순한 광고나 천편일률적인 홍보만으로는 더 이상 소비자의 마음을 잡기 어렵다. 이를 해결하는 마케팅기법이 넛지마케팅이다.

넛지(nudge)란 '팔꿈치로 슬쩍 찌르다', '주의를 환기시키다'라는 뜻으로, 넛지마케팅(nudge marketing)은 소비자의 옆구리를 찔러 구매를 유도하는 기법을 말한다. 즉 소비자가 원하는 방향으로 유도하되 선택의 자유는 소비자에게 맡기는 방식으로서, 강요보다는 자연스럽게 선택하도록 하는 것이 더 큰 효과가 있다는 데 초첨을 둔 기법이다.

넛지마케팅은 이미 공공기관이나 공익을 위한 캠페인에서 효력을 보았다. 즉 남성 소변기 한가운데 파리를 그려 넣으면 사람들이 소변으로 파리를 맞추려 하기 때문에 밖으로 튀는 소변이 급격히 줄었다는 실험연구결과가 있는데, "깨끗이 사용하시오"라는 표어를 붙이는 것보다 훨씬 더 효과가 높았다는 것이다. 또한 스웨덴 스톡홀름 지하철 에스컬레이터 옆 계단의 활용도를 높이기 위하여 계단을 피아노 건반 모양으로 디자인하고, 밟을 때마다 소리가 나게 하여 자연스럽게 이용률을 높였다는 것이다. 이와 같이 넛지마케팅은 특정 행동을 유도하지만 직접적으로 명령을 하거나 지시를 내리지는 않으면서 소비자의 구매를 유도하는 것이다.

넛지마케팅 - 강남 신세계백화점 6층 베키아 누보

강남 신세계백화점은 넛지마케팅의 일환으로, 남성복을 판매하는 6층 매장에 커피 전문점 '베키아 누보'를 오픈했다. 커피를 좋아하는 여성 고객들의 발길이 늘어나면서 자연스레 백화점 남성복 매장의 매출증가효과를 발생시켰다. 타 점포 남성관의 여성 매출비율은 20%가 채 안 되지만 강남점은 40%에 육박하며 강남점 남성복 매장의 매출 신장률이 한 달간 50%대를 기록했다.

제53계

歲月不待人
세월부대인

타임마케팅

歲: 해 세, 月: 달 월, 不: 아니 불,
待: 기다릴 대, 人: 사람 인

세월은 사람을 기다려주지 않는다는 뜻으로, 세월은 한 번
지나가면· 다시 돌아오지 않으니 시간을 소중하게 아껴 쓰
라는 의미

세월부대인(歲月不待人)의 유래

이 성어는 〈귀거래사(歸去來辭)〉로 유명한 진(晉)나라의 전원시인 도연명
(陶淵明)의 '잡시(雜詩)'에서 유래되었다.

인생은 뿌리도 꼭지도 없는 것(人生無根蔕)

길 위의 먼지와 같도다(飄如陌上塵)

흩어져 바람 따라 떠도니(分散逐風轉)

이는 이미 무상한 몸이라(此已非常身)

세상에 태어나면 모두가 형제인데(落地爲兄弟)

어찌 꼭 골육끼리만 친할까?(何必骨肉親)

기쁜 일 생기면 마땅히 즐기리니(得歡當作樂)

한 말의 술로 이웃과 어울려 본다네(斗酒聚比隣).

청춘은 다시 오지 않는 것이(盛年不重來)

하루에 새벽이 두 번 오기 어려운 것과 같아서(一日難再晨)

때가 오면 마땅히 힘써 노력하라(及時當勉勵)

세월은 사람을 기다리지 않는다(歲月不待人).

세월부대인(歲月不待人)과 유사한 고사성어로는 '극히 짧은 시간도 귀중하고 아깝기가 천금의 값어치가 있다'는 뜻의 '일각천금(一刻千金)'이 있는데 북송(北宋)의 정치가이며 시인인 소식의 '춘야행(春夜行)'이라는 시에서 유래되었다.

봄날 달밤의 일각은 곧 천금이요(春宵一刻直千金)

꽃에는 맑은 향이요 달에는 그늘이 있네(花有清香月有陰)

노래하고 피리 불던 누대도 적막하고(歌管樓臺聲寂寂)

그네 타던 안 뜨락엔 밤이 가라앉았네(鞦韆院落夜沈沈)

세월부대인(歲月不待人)과 마케팅

세월은 사람을 기다려주지 않는다는 뜻의 세월부대인(歲月不待人)은 마케팅 측면에서 시간은 고객을 기다려주지 않는다는 의미로서 이는 타임마케팅전략에 대한 모티브를 제공하는 것이라는 할 수 있다. 타임마케팅(Time Marketing)이란 판매에 유리한 또는 불리한 특정 시간대에 특별한 가격 또는 혜택을 제시하여 소비를 이끌어내는 기법을 말한다. 이 시간대를 소비자의 입장에서는 혜택을 얻을 수 있다는 점에서 해피아워(happy hour)라고 한다. 즉 하루의 영업시간이 한정되어 있는 사업장에서는 손님이 뜸한 시간대에는 할인 등 타임마케팅을 통하여 고객을 유도하고자 하는 것이다.

또한 호텔의 객실이나 항공기 좌석은 당일 팔지 못하면 소멸하기 때문에 가능한 사전 예약자에게 할인을 통하여 수요를 확보해 놓는 것도 타임마케팅이라고 할 수 있다. 그리고 백화점, 마트, 홈쇼핑 등에서 시기별로 즉 여름휴가철에는 물놀이 및 레저용품, 명절 전에는 제초기·제기·제수용품, 봄·가을에는 혼수제품, 2~3월 졸업 및 입학시즌에는 컴퓨터·휴대폰·카메라 등 학생층이 좋아하는 전자제품을 집중적으로 판매하는 것도 타임마케팅이라고 할 수 있다.

세월부대인(歲月不待人). 결국 시간이 지나면 소용이 없으므로 주어진 시간 내에서 최대한 매출을 올리거나 시간을 최대한 활용하여 소비를 유도해 내는 것이 타임마케팅이다.

【표 17】업종별 타임마케팅 사례

업 종	타임마케팅
백화점 식품코너	마감시간대에 할인 판매
영화관	조조할인
통신회사	주말과 야간의 전화요금 할인
술집, 클럽	초저녁 입장 손님에게 안주 무료 또는 할인
식당	점심특선 운영 및 할인
커피숍, 패스트푸드점	오전 입장고객에게 할인

吉事尚左

길사상좌

왼쪽마케팅

吉: 길할 길, 事: 일 사, 尚: 숭상할 상, 左: 왼 좌, 길한
좋은 일에는 왼쪽을 숭상한다는 뜻으로, 왼쪽을 오른쪽보
다 중요시 한다는 의미

길사상좌(吉事尚左)의 유래

이 성어는 노자의 ≪도덕경≫ 31장에 길한 일에는 왼쪽을 숭상하고
흉한 일에는 오른쪽을 숭상한다는 "길사상좌(吉事尚左) 흉사상우(凶事尚
右)"라는 대목에서 유래되었다.

이와 같은 사상은 ≪주역(周易)≫에서 찾아볼 수 있는데, 좌를 양(陽)
으로 보고, 우를 음(陰)으로 보았던 시각에서 기인한 것이다. 따라서 예
로부터 좌우존비(左右尊卑), 즉 '왼쪽과 오른쪽에 높고 낮음이 있다'고 하
였고, 좌상우하(左上右下), 즉 '왼쪽이 높고 오른쪽이 낮다'는 원칙이 전해
졌다. 그래서 우좌(右左)라 하지 않고 좌우(左右)라고 하여 좌(左)를 먼저
쓰는 까닭이다.

길사상좌(吉事尙左)와 마케팅

왼쪽을 숭상한다는 길사상좌(吉事尙左)는 마케팅 측면에서 왼쪽마케팅 전략이라고 할 수 있다. 왼쪽마케팅이란 사람들은 본능적으로 왼쪽으로 시선이 먼저 가고, 왼쪽으로 도는 것이 쉽다는 소비자의 심리를 이용한 마케팅기법이다. 왼쪽의 법칙. 즉 대부분의 사람이 오른손잡이이고, 사람의 심장은 왼쪽에 있어 심리적으로 왼쪽으로 돌아선다는 것이다.

또한 사람들은 무의식적으로 좌측통행을 하고, 눈을 가리고 직선 위를 걸으면 오른손잡이는 대개 왼쪽으로 치우쳐 걸어간다. 그리고 탁구나 테니스에 있어서 왼쪽에서 오른쪽으로 백핸드 스매싱을 하는 것보다 오른쪽에서 왼쪽으로 포핸드 스매싱이 더 강하며, 골프 스윙도 왼쪽으로 회전한다. 육상과 빙상의 트랙은 왼쪽으로 돌게 되어 있고, 야구에서도 주자가 누상을 돌 때 왼쪽방향이다. 이와 같이 사람들은 왼쪽으로

TV홈쇼핑 상품을 볼 때 왼쪽부터 시선이 간다.

도는 데 익숙해져 있다.

왼쪽마케팅의 사례는 백화점에서 찾아볼 수 있다. 소비자들이 에스컬레이터에서 내려 이동할 때는 주로 왼쪽으로 돈다는 것을 파악하여 왼쪽에 할인 및 기획행사 상품을 진열한다는 것이다. 그리고 백화점의 주고객은 여성이라는 점에서 왼쪽에 여성복코너를, 남성복코너와 아동복코너는 오른쪽에 위치하게 한다. 따라서 백화점 입점업체의 임대료도 에스컬레이터에서 바라보았을 때 왼쪽부분의 임대료가 오른쪽에 비해 비싼 편이다. 고객들이 왼쪽부터 주로 쇼핑을 하기 때문이다. 마트에서도 주력상품을 고객 동선의 왼쪽에 위치하게 하는 것과 같은 이치이다.

사람의 시선도 왼쪽부터 가게 된다. 책을 볼 때나, TV홈쇼핑을 보더라도 왼쪽부터 보게 된다. 패스트푸드점 카운터 위쪽에 나열된 사진 메뉴의 경우 제일 먼저 중앙의 것을 보게 되지만 하나하나 자세히 볼 때는 왼쪽부터 보게 된다. 그래서 주력상품을 왼쪽에 위치하게 하는 것이다. 이 모든 것이 길사상좌(吉事尙左), 즉 왼쪽마케팅의 전략이라고 할 수 있다.

제10장

調虎離山

고객을
유도하라

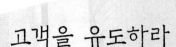

제10장

調虎離山
조호리산

고객을 유도하라

調: 뽑을 조, 虎: 범 호, 離: 떠날 리, 山: 메 산

범을 산으로부터 유인해 낸다는 뜻으로, 적을 유리한 장소
나 진지로부터 유인해 내어 그 허점을 이용하여 공략하는
병법을 말함

조호리산(調虎離山)의 유래

《손자병법》 36계 중 제15계에 해당하는 이 성어는 《삼국지》 제
갈량의 작전에서 유래되었다.

제갈량(諸葛亮)이 조조(曹操)를 치기 위해 북쪽으로 향했을 때 제갈량
의 촉(蜀)나라 병사들은 기산(祁山)에서 연승을 거두며 진격하였지만 사
마의(司馬懿)가 지키고 있던 감숙(甘肅)만은 무너뜨리지 못한 상태였다. 제
갈량은 매일 병사를 보내어 사마의의 성을 공격했으나, 사마의는 성에
서 나오지 않았다. 그러던 어느 날 계략이 떠올라 각 진영에 철수명령을
내렸다. 적군의 철수를 보고받은 사마의는 여전히 조심스러운 태도를
취했다. 제갈량의 음모가 숨어 있다고 생각한 것이다.

며칠이 지나 촉나라군이 30리를 물러나 있었다. 그래도 사마의는 신
중히 관망했다. 다시 10여 일이 지나 제갈량이 또 30리를 후퇴했다는
보고와 함께 장합(張郃)의 출정 간청을 받은 사마의는 마침내 마음이 흔

275

들려 "굳이 장군이 가겠다면 병사를 둘로 나누도록 합시다. 장군은 앞에서 싸우고 나는 뒤에서 지원하겠소"라고 하였다. 이튿날 장합은 3만 명의 정예병사를 거느리고 출발했고, 사마의는 뒤에 남아 진지를 지키며 출병을 준비했다. 그러나 전투의 결과는 성안 사마의의 군을 밖으로 유도하여 공격하는 계책을 세워놓은 제갈량의 승리로 끝나고 말았다.

조호리산(調虎離山)의 마케팅계책

적을 유리한 장소나 진지로부터 유인해 내어 그 허점을 이용하여 공략하는 병법인 조호리산(調虎離山)은 마케팅 측면에서 고객의 마음을 움직여 구매를 유도하는 전략이라고 해석할 수 있다. 기업에서 매출을 발생시키려면 일단 고객을 끌어들여야 한다. 사거나 말거나 하는 선택은 유인한 후에야 가능하기 때문이다. 이를 유인마케팅(Magnetic Marketing)이라고 한다. 이에 대한 구체적인 계책으로 다음과 같이 6계를 제시하였다.

제55계 : 공심위상(攻心爲上) － 감성마케팅

제56계 : 포전인옥(抛磚引玉) － 길목마케팅

제57계 : 시형지술(示形之術) － 고객 동선전략

제58계 : 거세촉목(擧世矚目) － 펀(Fun)마케팅

제59계 : 초요과시(招搖過市) － 키치/티저 마케팅

제60계 : 신출귀몰(神出鬼沒) － 게릴라마케팅

攻心爲上

공심위상

감성마케팅

攻: 칠 공, 心: 마음 심, 爲: 할 위, 上: 위 상
마음을 공격하는 것이 상책이라는 뜻으로, 상대의 마음을
얻는 것이 최선이라는 의미

공심위상(攻心爲上)의 유래

이 성어는 《사기(史記)》 〈양양기(襄陽記)〉 속에 촉한(蜀漢)의 마속(馬謖)이 제갈량(諸葛亮)에게 병력을 사용하는 원칙에 대하여 다음과 같이 한 말에서 유래되었다.

공심위상(攻心爲上) : 적의 마음을 치는 것이 상책이고
공성위하(攻城爲下) : 성을 공격하는 것은 하책이다.
심전위상(心戰爲上) : 마음으로 싸우는 심리전이 상책이고
병전위하(兵戰爲下) : 군사로 싸우는 전투는 하책이다.

공심위상(攻心爲上)과 마케팅

마음을 공격하라는 공심위상(攻心爲上)은 마케팅 측면에서 감성마케팅

의 철학이라고 할 수 있다. 감성이란 자극에 대하여 느낌이 일어나는 능력을 말한다. 감성마케팅은 곧 소비자의 감성을 자극하여 제품 및 서비스에 대한 호의적인 감정반응을 얻어내고, 소비경험을 즐겁게 해줌으로써 소비자를 감동시키는 기법으로 물질적인 자극뿐만 아니라 고객의 감각정보를 통해 감성욕구를 충족시켜 구매를 촉진하는 것을 말한다.

감성은 인간의 다섯 가지 감각(시각, 청각, 미각, 후각, 촉각)에 의하여 형성된다. 특히 눈(시각), 코(후각), 귀(청각) 등의 감성은 마케팅에 영향을 미치는 요인인데 이를 활용한 것이 컬러마케팅(시각), 향기마케팅(후각), 음향마케팅(청각) 등이다.

결국 감성마케팅은 이러한 감각기관을 이용하여 사고 싶은 사람에게 파는 푸시(push)전략이 아니라, 사고 싶은 기분이 들게 하여 구매를 유도하는 풀(full)전략이라고 할 수 있다. 감각기관을 통하지 않고 직접 마음을 움직이게 하는 것도 감성마케팅인데 대표적인 사례로는 오리온 초코파이의 정(情) 마케팅을 들 수 있다.

이와 같이 감성마케팅은 제갈량이 말한 공성위하(攻城爲下), 즉 성을 공격하는 것은 하책이고, 공심위상(攻心爲上), 즉 적의 마음을 치는 것이 상책이라는 전략과 일맥상통하는 것으로 달리 말하면 제품에 대한 이성적 선전보다는 사람의 마음을 사로잡는 것이 더 효과적이라는 것이다. 감성마케팅에 대한 구체적인 계책은 다음과 같다.

1) 컬러마케팅

색상의 이미지를 이용하여 구매욕구를 자극시키거나 제품을 홍보하는 마케팅기법을 말한다. 색상은 제품의 특징을 나타내고, 이미지를 떠올리게 함으로써 소비자의 구매선택에 있어서 중요한 단서를 제공한다.

붉은색, 주황색과 같은 따뜻한 색상은 마음을 흥분시키고, 위장운동을 활발하게 해주기 때문에 레스토랑에 채택하면 효과적이고, 차가운 계열의 푸른 색상은 마음을 냉정하게 만들어주므로 사무실에 적합한 색상이라고 할 수 있다.

예를 들어 갈증해소 음료의 캔에 시원한 컬러를 사용하면 구매를 자극시키는 것이다. 서비스업체의 실내조명 역시 컬러마케팅의 일환이다. 예를 들어 패스트푸드점은 밝은 색상을 통하여 소비자들이 오래 앉아 있지 않도록 유도하고, 바(bar)에는 은은한 조명색상을 통하여 소비자들이 오랜 시간 앉아서 술의 매출을 올리도록 하고 있다. 또한 백화점에서도 조명은 고객들로 하여금 발 대신 눈으로 걷게 만든다. 즉 소비자가 모르는 사이에 상품이 눈에 들어올 수 있도록 상품진열 쪽에 조명을 밝게 하고, 걷는 복도는 어둡게 하는 것이다.

이와 같이 색상은 소비자의 심리에도 큰 영향을 미치고 있다. 따라서 컬러마케팅의 성패여부는 제품이나 서비스의 개념 및 특징을 잘 보완해주고 타깃 소비자가 선호하는 색상을 잘 선택하는 것에 달려 있다.

특히 컬러는 기업 이미지 통합(CI: Corporate Identity)에 막대한 영향을 미친다. 예를 들어 삼성그룹의 로고 색상은 파란색이다. 삼성의 모든 제품에는 파란색의 브랜드가 붙고, 프로야구단의 유니폼까지 파란 색상으로 통일하고 있어 기업 이미지에 신뢰도를 더해주고 있다. 만약 삼성의 자회사 중 일부가 브랜드에 빨간색을 쓴다면 소비자들은 아마 짝퉁으로 생각할 것이다.

2) 향기마케팅

향기를 이용하여 소비자들의 구매를 촉진시키는 기법을 말한다. 대표적인 사례로는 마트나 백화점 식품코너 앞의 빵 향기와 영화관 매표소 앞의 팝콘 향기를 들 수 있다. 즉 향기가 없다면 그냥 지나칠 수도 있지만 향기에 의하여 구매가 촉진되는 것이다. 결국 향이 없는 것에 비해 향이 있을 때 그 효과는 2배가 된다는 조사결과도 있다. 그 이유는 다음과 같다.

오리온 초코파이의 정(情) 마케팅

오리온(옛 동양제과)이 1974년 초코파이를 첫 출시한 이래 초코파이는 국내뿐만 아니라 세계의 간식으로 자리 잡았다. 대기업인 롯데가 초코파이를 생산하였지만 오리온 초코파이의 아성을 넘지 못했다. 그 이유는 맛에도 차이가 있지만 1989년부터 시작된 오리온 초코파이의 정(情) 캠페인 광고가 한몫을 하였다. 현대인이 잊고 지내던 가족의 따뜻함을 감성적으로 그려냈던 것이다. '이사가는 날', '삼촌 군대가는 날', '할머니 댁 방문' 등을 소재로 한 광고에서부터 '건널목 아저씨', '집배원 아저씨' 등 가족과 이웃 간의 정을 강조한 감성마케팅이 주효했다. 굳이 맛의 특징을 강조할 필요가 없었던 것이다. '한국적 정'이라는 것을 한마디로 설명하긴 어렵다. 그러나 대한민국 사람이라면 누구나 공감하는 공통의 정서인 정(情)은 오리온 초코파이만의 독특한 브랜드 아이덴티티를 정립하게 한 일등공신이었다. 오리온 초코파이의 무기는 바로 롯데가 가지지 못한 '정(情)'이란 감성적 가치였던 것이다. 이와 같이 감성마케팅전략인 '정(情)'이란 초코파이는 단순한 과자가 아니라 마음을 전하는 매개물로 자리 잡았다.

첫째, 향기는 매장에 오래 머물도록 한다. 결국 매장에 오래 머물면 그만큼 소비가 늘어나는 것이다.

둘째, 고객들은 독특한 내부의 향기를 그 기업의 차별화된 이미지 및 브랜드로 인식하려는 경향이 있다.

셋째, 좋은 향기를 맡은 소비자는 호감을 가지고 재방문할 확률이 높다.

3) 음향마케팅

음향마케팅이란 소리나 음악을 활용하여 구매를 자극하는 전략을 말한다. 즉 소비자들은 음악의 멜로디나 리듬에 따라 기분이 달라지고 마음이 움직이는 특성을 보인다는 점을 기초로 하고 있다. 예를 들어 와인을 판매하는 매장의 경우 클래식음악을 사용하였을 때 가격이 비싼 고급 와인이 더 많이 팔리는 경향이 있다. 레스토랑의 경우 느린 템포의 음악을 틀면 식사시간이 길어지고 음료수의 주문이 늘어난다. 반대로 패스트푸드점에서는 빠른 템포의 음악을 통하여 음식을 빨리 씹게 하고, 짧은 시간 내에 식사를 마칠 수 있도록 유도하는 것이다. 그리고 홈쇼핑에서 빠른 음악을 통하여 구매결정을 신속하게 유도하는 것도 음향마케팅이라고 할 수 있다.

4) 힐링마케팅

힐링마케팅(Healing Marketing)이란 지친 마음을 치유하여 기운을 되찾고자 하는 발상에서 착안하여 이를 마케팅에 활용한 기법으로서 감성마케팅의 차원이라고 할 수 있다. 2000년대 들어서면서 '웰빙(Well-being)'이란 용어가 사회적 이슈로 떠올라 사람들의 마을을 사로잡았다면, 최근에는 '힐링(Healing)'에 대한 관심이 많아지고 있다. 즉 지친 마

【표 18】 **힐링산업**

구 분	상 품
의료	정신의약, 멘탈 케어용품
식품	힐링 푸드
패션	힐링 패션
미용	피부미용, 에스테틱 스파, 마사지
화장품	아로마 화장품
문화	힐링 음악회 및 강연, 템플스테이
관광	심리치료 여행, 휴양관광상품
레저	캠핑용품, 명상, 요가

음을 치유하고자 하는 사회적 욕구가 표출된 것이다. 방송프로그램인 '힐링캠프'를 비롯하여 사회 전반에 힐링이라는 문화가 급속도로 전파되면서 의료, 식품, 패션, 화장품, 문화, 관광, 레저 등 광범위한 산업에 걸쳐 힐링상품이 출시되고 있다.

존의 마케팅이 고객의 니즈를 파악하여 욕구를 충족시키고자 제품과 서비스를 어떻게 만들고, 유통과 촉진을 어떻게 할 것인가에 관심을 가졌다면, 힐링마케팅은 고객의 감성충족이라는 전략하에, 고객의 마음을 어떻게 치유할 것인가에 대한 전략을 목표로 하는 인간중심적 사고를 가질 때 가능하다. 따라서 힐링마케팅은 소비자에게 물건을 많이 팔려고 하는 것이 아니라, 소비자의 마음을 치료하거나 그러한 단서를 제공하여 얻어지는 구매효과를 기대하는 것이다. 유통점에서 힐링푸드관을 운영하거나 호텔에서 힐링을 할 수 있는 휴양패키지상품을 출시하는 것은 힐링마케팅의 대표적인 사례라고 할 수 있다.

호텔의 힐링마케팅

    명절 연휴를 재충전의 시간으로 활용하는 사람들이 늘어나면서 특급호텔들 역시 '힐링'을 강조한 다양한 프로모션을 앞다퉈 내놓고 있다. 서울 웨스틴조선호텔은 추석 연휴를 맞아 '슬로 시티'를 콘셉트로 한 추석 패키지를 마련했다. 바쁜 일상에서 벗어나 '천천히 걷기, 천천히 먹기, 천천히 살아보기' 등을 실천하며 잠시 쉬어간다는 의미를 가진 이번 프로모션은 슬로 시티 디럭스, 이그제큐티브, 스위트 등 3가지로 구성된다. 모든 패키지 이용고객에게는 호텔 2층에 마련된 '달팽이 도서관' 입장권 2매와 음료가 제공되며, 달팽이 도서관에는 인문학 도서, 수필 등 약 400권의 책이 구비돼 있어 평소 책 읽을 시간이 없었던 사람도 편안하게 쉬면서 독서를 즐길 수 있다.

    아울러 호텔 주변, 걸어서 가볼 만한 명소를 모아놓은 안내책자인 '워킹 인 더 슬로 시티'를 제공해 가벼운 도보여행에 도움을 준다. 슬로 시티 패키지 가격은 19만 원부터 36만 원까지다. 서울 웨스틴조선호텔 관계자는 "추석 연휴, 지난 1년을 돌아보고 새롭게 다짐하는 사색의 시간을 즐기려는 사람이 늘어나면서 '느린 생활'로 여유로운 휴식을 즐기면서도 의미 있는 시간을 만들기 위해 프로모션을 기획했다"고 말했다.

抛磚引玉

포전인옥

길목마케팅

抛: 던질 포, 磚: 벽돌 전, 引: 당길 인, 玉: 구슬 옥
벽돌을 던져서 구슬을 얻는다는 뜻으로, 적을 유인하여 공
격하라는 의미

포전인옥(抛磚引玉)의 유래

이 성어는 ≪손자병법≫ 36계 중 제17계로서 부처님의 종지(宗指)가 계승관계를 적은 ≪전등록(傳燈錄)≫에서 유래되었다.

당나라 때 시인이었던 상건(常建)은 조하(趙蝦)라는 유명한 시인을 매우 존경했는데 어느 날 조하가 소주(蘇州)의 영암사(靈巖寺)로 유람을 떠난다는 소식을 들었다. 그는 존경하던 조하의 시(詩)를 얻고 싶었다. 상건은 미리 절 앞의 잘 보이는 담벼락에 자신이 지은 두 구절의 시구를 써두었다. 조하가 도착하여 그 시를 보고 즉시 붓으로 나머지 두 구절을 써넣었다. 결국 상건이 조하의 시를 얻기 위하여 자신이 써놓은 시는 벽돌이었고, 조하의 시는 그가 얻으려고 하였던 옥(玉)이었던 것이다. 후대의 문인들은 이를 두고 '포전인옥(抛磚引玉)'이라 불렀다.

포전인옥(抛磚引玉)과 마케팅

포전인옥(抛磚引玉)은 마케팅 측면에서 길목마케팅을 설명하는 것이라고 할 수 있다. 즉 상건이 조하의 시를 얻기 위하여 절 앞의 벽돌에 시를 써놓은 것은 길목을 노리는 것이고, 결국 조하를 유인하여 옥(玉)을 얻은 것은 마케팅의 결과라고 해석할 수 있다.

길목은 넓은 길에서 좁은 길로 들어서는 첫머리인데, 사람들은 각자의 취향이나 목적에 따라 자주 다니는 길목이 다르다. 따라서 길목마케팅이란 그 길을 자주 다니는 소비자의 욕구에 초점을 두고, 그에 맞는 상품을 길목에 비치하여 구매를 유도하는 전략으로서 '예견형 마케팅'이라고도 한다. 예를 들어 학생들의 등하교 길목에는 문방구, 분식점 등이 위치하고, 산에서 등산하고 내려오는 길목에 파전과 막걸리를 판매하는 것을 들 수 있다. 아무리 좋은 제품이라도 소비자의 눈에 띄지 않으면 소비가 이루어지지 않는다.

최근 등산 붐을 타고 아웃도어 매장들이 산으로 몰려가고 있는 것도 길목마케팅을 노리기 때문이다. 북한산과 같은 유명 등산로 입구에는 아웃도어 메이커의 매장들이 즐비하고 그 규모도 크며 화려하게 자리 잡고 있다. 산에 왔는지 아웃도어 매장을 찾아왔는지 혼돈할 정도이다. 그 이유는 아웃도어의 표적고객이 등산객이기 때문이다. 단지 과당경쟁으로 인하여 수익구조가 그리 좋지 않다는 지적도 있지만 업계에서는 간판 등을 통한 브랜드의 광고효과로 자위하고 있다. 즉 수많은 표적고객이 지나다니는 길목에 브랜드를 노출시키는 광고효과가 크다는 것이며, 그곳에 매장이 없으면 2류나 3류 브랜드로 낙인이 찍힐 수 있다는 것이다.

이러한 길목마케팅은 오프라인뿐만 아니라 온라인에서 유효하게 작용하고 있다. 인터넷 공간에서도 포털사이트를 비롯하여 라이프스타일에 따라 자주 다니는 사이트 즉 길목이 있다. 그 길목에 마케팅을 해야하는데, 배너광고를 한다든지, 키워드로 검색할 때 자사의 상품이 나오게 하거나, 관련 상품으로 소개될 수 있도록 한다든지, 홈페이지로 유도하는 것 등을 들 수 있다.

그리고 홈쇼핑에서 시간대별로 타깃 고객이 자주 다니는 길목을 노려 마케팅을 전개할 수 있는데 예를 들면 아래의 표와 같다.

따라서 길목마케팅은 표적고객에게 쉽게 다가설 수 있다는 점에서 자사의 제품이 어느 골목에 위치해야 효과가 있는지를 분석해야 하며, 표적시장의 라이프스타일과 자사의 상품이 부합되어야 효력을 발휘할 수 있다.

【표 19】 홈쇼핑의 길목마케팅

시간대	표적	상 품
오전에서 오후 5시	주부	주부 개인취향 상품 : 언더웨어, 화장품, 여성패션류 주부 혼자서 결정할 수 있는 상품 : 침구류, 자녀용
오후 5시대	주부	저녁준비를 앞둔 주부에게 식품과 주방용품을 요리시연과 함께 소개하면서 유혹
저녁 8시대 이후	가족	주부 단독으로 구매를 결정하지 못하고 가족 간에 의논이 필요한 상품. 주로 가족공동상품
주말	남성	남성패션류, 레저용품

示形之術

시형지술

고객 동선전략

示: 보일 시, 形: 형상 형, 之: 갈 지, 術: 꾀 술
적을 능히 움직이는 자는 적이 이끌려오도록 상황을 만들
어 유도한다는 병법

시형지술(示形之術)의 유래

이 성어는 ≪손자병법≫의 "능동적자(能動敵者), 형시즉적필종종시(形是
即敵必從從是)"라는 전략에서 유래되었다.

시형지술(示形之術)은 손자(孫子)의 치수법(治水法)과 관련이 있는데, 물
은 높은 곳에서 낮은 곳으로 흐르고 사방이 막히면 고여 있으며, 고인
물이 많아지면 넘쳐흐른다는 것이다. 이러한 치수법은 통치기술이나 전
쟁의 병법에 자주 사용되어 왔다. 즉 상대방을 움직이게 하는 데 있어
서 강요나 물리적 힘을 쓰지 않고, 물이 흘러가는 것처럼 상황을 만들
어 자연스럽게 유도하라는 것이다.

시형지술(示形之術)과 마케팅

적의 상황을 물이 흘러가는 것처럼 만들어 자연스럽게 유도하라는

시형지술(示形之術)은 마케팅 측면에서 고객 동선전략과 관련이 있다. 유통업체의 고객 동선은 매출과 직결된다. 고객 동선전략은 유통업체가 만든 레이아웃으로 고객을 유도하여 쇼핑을 더하도록 하는 것이며, 그 과정에서 견물생심으로 고객의 지갑을 더욱 열게 하는 전략이다.

백화점 등 대형 쇼핑몰에서의 고객 동선전략은 상화하수(上火下水) 전략을 통하여 충동구매를 불러일으키고 있다. 즉 불은 위로 타오르고 물은 아래로 흐른다는 원리를 이용하는 것인데, 지하나 1층에 이벤트 코너나 푸드코트를 설치하여 위로 올라가면서 쇼핑을 하도록 유도하고, 마찬가지로 꼭대기 층에 이벤트 코너, 푸드코트, 문화센터, 고객지원센터 등을 설치하여 아래로 내려가면서 쇼핑을 유도하게 하는 것이다. 쇼핑몰의 영화관도 꼭대기 층에 배치하여 영화가 끝난 뒤 사람들이 한꺼번에 엘리베이터를 못 타므로 에스컬레이터를 이용하게 하여 매장을 거치도록 유도하는 것이다.

이와 같이 쇼핑건물의 아래층에 고객을 유인하여 위로 쇼핑하게 하는 것을 분수처럼 위로 올라가게 한다고 하여 '분수효과(Jetwater Effect)'라 하고, 최상층에 유인하여 아래로 쇼핑하게 하는 것을 샤워하면 물이 아래로 흐른다고 하여 '샤워효과(Waterfall Effect)'라고 한다. 어쨌든 불은 위로 올라가므로 아래층에 좋은 땔감을 태워 고객을 위로 보내야 하고, 물은 아래로 흐르므로 위층에 물을 흘려 고객을 아래로 유도해야 하는 것이다.

그리고 백화점에는 시계와 창문이 없다. 즉 시간에 개의치 말고 쇼핑하게 하고, 창문으로 구경하는 시간도 주지 않겠다는 전략이다. 또한 백화점의 엘리베이터는 찾기 힘들게 구석에 위치하고 있는 반면에 에스컬레이터는 가운데 위치하여 눈에 잘 들어온다. 그 이유는 에스컬레이터를 타고 가면서 상품과 매장을 최대한 많이 보게 하려는 의도이다. 또한 에스컬레이터 근처에 할인이나 저렴한 기획상품을 전시하고 있는데, 비싼 가격을 먼저 보면 가격의 장벽이 생겨 비싼 물건을 판매하는 매장까지 가지 않는 것을 막기 위해서이다. 이러한 것도 고객 동선전략과 관련이 있다.

편의점에서도 일반 소비자가 자주 찾는 음료수코너를 안쪽에 위치하게 하여 들어가고 나올 때 다른 상품을 둘러보게 한다든지, 마트에서

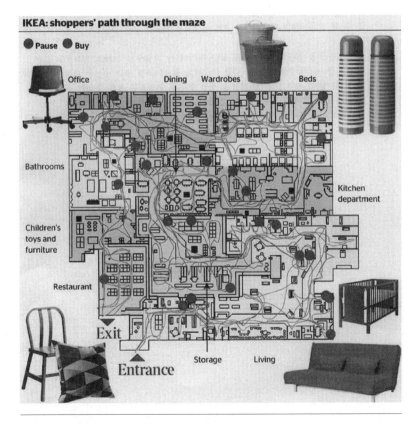

세계적인 조립식 가구마트 이케아(IKEA)의 동선전략

자료 : IKEA 웹사이트(www.ikea.com)

계산대 옆에 소형제품을 비치하여 계산을 기다리면서 손이 가도록 유도하는 것도 동선전략의 일환이라고 할 수 있다.

특히 세계적인 조립식 가구마트 이케아(IKEA)의 경우 일단 입구에 들어서면 나갈 때까지 정해진 동선을 따라 움직이도록 설계되어 있다. 중간에 빠져나가는 통로가 없으므로 결국 매장을 전부 구경하게 되는데 결국 쇼핑을 더하게 하는 전략이라고 할 수 있다. ≪손자병법≫ 36계 중에 '관문착적(關門捉賊)'이라는 계가 있는데, 퇴로를 차단하고 적군을 사로잡는다는 뜻이다. 이케아의 동선전략과 일치한다고 할 수 있다.

擧世矚目

거세촉목

펀(Fun)마케팅

擧: 들 거, 世: 대 세, 矚: 볼 촉, 目: 눈 목

사물이나 사람이 눈에 띄어 주목을 받는다는 의미

거세촉목(擧世矚目)의 유래

이 성어는 ≪국어(國語)≫에서 춘추시대 진(晉)나라 장군 사섭(士燮)의 말에서 유래되었다.

진나라는 대장 극극(郤獻)을 원수로 삼고, 대부 사섭을 선봉으로 삼아 제나라를 공격하여 대승을 거두었다. 두 사람은 군대를 거느리고 위세 등등하게 귀환을 했다. 이때 대부 사섭은 극극을 먼저 성에 입성하게 하고 자신은 뒤를 따랐다. 환영 나온 사섭의 부친 사회(士會)는 서열상 자신의 아들이 먼저 입성해야 함에도 불구하고 뒤따르는 것을 이상하게 여겨 그 이유를 물었다. 사섭은 "이번 출병에서는 극극이 원수로서 승리를 거두었습니다. 당연히 그가 먼저 입성해야 한다고 생각합니다. 만약 제가 먼저 성에 들어오게 된다면 백성들의 시선은 곧 저에게 집중될 것입니다(則恐國人之矚目于我也)"라고 대답했다. 이 대목에서 거세촉목(擧世矚目)이란 성어가 만들어졌고 이후 사람들의 주목을 받는다는 의미로 사

용하게 되었다.

거세촉목(擧世矚目)과 마케팅

　사물이나 사람이 눈에 띄어 주목을 끈다는 거세촉목(擧世矚目)은 마케팅 측면에서 펀(Fun)마케팅을 의미한다고 할 수 있다. 펀(Fun)의 사전적 의미는 유쾌하고 즐거운 느낌이나 기분으로서 재미, 즐거움, 우스움, 기쁨, 오락, 놀이 등으로 나타난다. 따라서 Fun마케팅이란 유쾌하고 재미있는 요소를 소비자에게 제공하여 주목을 끌도록 하고, 궁극적으로는 구매를 유도하는 기법이라고 할 수 있다.

　동물과 구별되는 인간의 특징을 설명하기 위해 여러 학명이 존재하는데 호모 사피엔스(Homo sapiens; 생각하는 인간), 호모 로퀜스(Homo loquens; 언어를 사용하는 인간), 호모 폴리티쿠스(Homo politicus; 정치적 인간) 등을 들 수 있다. 특히 네덜란드의 문화사학자 호이징가(Huizinga)는 그의 저서 ≪호모 루덴스(Homo Ludens; 놀이하는 인간)≫에서 인간은 이성의 동물이며 도구를 만들고 직립한다는 사실 말고도 놀이를 그 자체로 즐기는 속성이 있다는 것을 예증하였다. 그는 놀이가 인간의 중요한 활동이고 문화를 이루는 핵심 역할을 하며, 모든 문화현상의 기원은 놀이라고 주장하였다. 즉 모든 놀이는 자발적 행위로서 인류의 역사와 더불어 함께해왔고 다양하게 발전하였으며, 인간은 생각하는 인간인 동시에 놀이하는 인간이라는 것이다. 이와 같은 놀이의 유희를 시장에 접목한 것이 Fun마케팅이다.

　Fun은 주로 광고나 구매현장에서 이루어지고 있는데 단순히 소비자를 웃게 만들어 소비자의 관심을 얻어내는 광고에서부터 판매촉진을 위

백화점 펀(Fun)마케팅

부산지역 롯데백화점이 본격적인 여름 정기세일 기간을 맞아 상품할인 외에도 다양한 '펀(Fun)마케팅'을 마련해 고객들의 발길을 끌 전망이다. 부산지역 롯데백화점에 따르면 상품판매와 별도로 고객에게 즐거운 체험을 선사하기 위해 감성마케팅의 하나로 '펀마케팅'을 진행한다. 우선 오는 28일부터 7월 2일까지 5일간 롯데 동래점 7층 전관행사장에서는 비너스 비비안 트라이엄프 CK언더웨어 등 란제리 전 브랜드가 참여하는 '럭키 란제리 페스티벌' 행사의 스페셜 이벤트로 '100원 동전 집기'를 진행한다.

100원짜리 동전을 손으로 잡히는 만큼 가져갈 수 있는 재미있는 이벤트로, 럭키 란제리 페스티벌이 진행되는 주말기간 행사장에서 15만 원 이상 구입한 고객을 대상으로 하루 선착순 30명에 한해 참여 기회를 제공한다. 획득한 동전 가운데 롯데백화점 창립연도인 1979년 동전을 지닌 고객 10명에게는 추가 사은품도 증정할 예정이다.

아울러 롯데 부산본점 광복점 센텀시티점은 오는 28일부터 상품 소진 시까지 '행운의 럭키백(Lucky Bag)을 잡아라' 이벤트를 진행한다. 영·여성패션 브랜드별로 마련된 럭키백을 정해진 금액에 구입하는 간단한 방식으로 진행되며, 럭키백에는 구입금액보다 최대 5배 가격혜택의 여름 신상품이 담겨 있다. 럭키백을 사전에 개봉해 상품을 확인할 수는 없으나 구입 후 사이즈 교환은 가능하며, 브랜드별 1인 1백으로 제한된다.

각 점별로는 부산본점의 경우 오는 28일부터 7월 2일까지 구매품목이 늘수록 할인율이 올라가는 '멀티플세일(Multiple Sale)' 이벤트를 진행한다. 같은 날을 시작으로 롯데 센텀시티는 7월 17일까지 '샌들&레인부츠 제안전'을 마련해 행사기간 중 비가 내리면 참여브랜드별 사은품을 제공하거나 추가할인을 제공하는 '장마마케팅'을 펼칠 계획이다.

－NPS통신, 2013. 6. 27.

한 이벤트 등으로 다양한데 소비자의 관심과 흥미를 유발시키는 청량제 같은 역할을 할 뿐만 아니라 집중도를 높여 매출증진에도 기여하고 있다. 결국 Fun마케팅은 일상생활에 활력을 주고, 고객을 즐겁게 하여 지갑을 열게 하는 전략이라고 할 수 있다.

오늘날 소비자들은 다람쥐 쳇바퀴처럼 돌아가는 일상 속에서 "뭔가 색다른 것이 없을까?" 하고 일탈을 꿈꾼다. 그래서 재미있는 놀이, 재미있는 음식, 재미있는 장소, 재미있는 쇼핑을 추구하게 되었는데 이를 충족시켜 주는 것이 Fun마케팅이다. 광고도 마찬가지이다. 공식적이고 형식에 얽매인 광고보다는 색다르고 웃음을 선사하는 광고에 매료되는 것이다. 이와 같이 Fun마케팅이 뜨는 이유는 소비세대 및 형태의 변화에서 찾을 수 있다. 즉 Fun마케팅은 기능과 가격 등 실용성을 중시하는 이성적 소비에서 트렌드에 따라 톡톡 튀는 20~30대의 젊은층이 소비세대의 주류로 등극하고, 경기침체 등 우울한 사회분위기와 맞물려 신선하고 재미있는 거리를 찾고자 하는 감성 소비자의 욕구에 초점을 두는 것이다.

【표 20】 Fun마케팅 사례

업체/업종	사 례
마트	● 일정한 규격봉투에 커피믹서, 과일 등의 상품을 봉투가 찢어지지 않는 범위 내에서 맘껏 담아가는 이벤트
레스토랑	● 피자점 사각형 피자 출시 ● 생일파티의 경우 즉석에서 행해지는 직원들의 퍼포먼스
맥주 전문점	● 홀에 설치된 TV와 스크린을 통해 스포츠 경기가 있는 날마다 비치된 각종 응원도구를 이용하여 보다 현장감 있고 생생한 응원전을 펼칠 수 있도록 함 ● 게릴라성 이벤트인 '청기 올려 백기 내려' 게임 등

싸이의 컨디션 광고와 드라마 '금나와라 뚝딱' 속 상황을 그대로 패러디한 KT의 '올-아이피 (All-IP) 2배' 광고는 Fun마케팅 차원의 광고전략이라고 할 수 있다.

Fun마케팅 전개를 위한 전략은 다음과 같다.

● 짧고 굵게 그리고 새로움을 추구하라

Fun을 활용한 판매촉진 이벤트나 광고는 아무리 재미있는 소재라도 시간이 지나면 효용가치가 떨어진다. 짧고 굵게 활용하고 이후 새로운 아이템을 찾아야 한다.

● 인기를 활용하라

최근 인기 있는 영화 및 드라마를 패러디한다든지 인기 연예인을 통하여 재미를 선사하면 소비자들은 시대에 맞는 Fun을 느낄 것이다. 결국 인기를 잡는 타이밍이 중요하다고 할 수 있다.

● 기발한 아이디어로 창출하라

소비자는 항상 새로움을 추구하며, 웬만하면 잘 감탄하지 않는다. 따라서 기존의 획일적 사고에서 벗어나 소비자가 상상하지 못하거나 참신한 아이디어로 주목을 끌게 하고 몰입하도록 해야 한다. 광고는 물론 제품의 파격적인 디자인과 색상 등도 고객에게 Fun을 제공해 준다. 예를 들어 기존의 색상을 벗어나 형형색색의 음료수나 컬러 밀가루 등으로 만든 음식 등은 색상 하나로 색다른 재미를 선사하는 것이다.

●엔터테인먼트를 활용하라

정적인 소비공간보다는 엔터테인먼트를 활용하여 동적인 소비공간을 창출하면 소비자에게 더 큰 Fun을 제공할 수 있다. 예를 들어 레스토랑에서 마술을 활용한다든지 바에서 칵테일 쇼를 펼치는 것을 들 수 있다.

●UCC를 활용하라

UCC(User Created Contents)란 전문성을 가진 개인이나 단체(콘텐츠 제공자)가 아닌, 전문적 지식이나 경험이 없는 사람이 개인적으로 제작한 콘텐츠를 말한다. 웹이 급속도로 발전하고, 개인콘텐츠들에 의한 사용자들의 참여도가 확대되면서 UCC의 파급효과는 크다고 할 수 있다. 이와 같은 UCC는 소비자가 스스로 생산하는 콘텐츠로서 Fun이 강해야 인기가 있다는 점에서 이를 마케팅에 활용하면 효과가 크다고 할 수 있다. 싸이의 '강남스타일'이 유튜브(Youtube)를 통해서 순식간에 전 세계에 소개된 것은 좋은 사례라고 할 수 있다.

招搖過市
초요과시

키치/티저 마케팅

招: 부를 초, 搖: 흔들릴 요, 過: 지날 과, 市: 저자 시

남의 눈을 끌도록 과시하며 거리를 지나간다는 뜻

초요과시(招搖過市)의 유래

이 성어는 ≪사기(史記)≫ 〈공자세가편(孔子世家篇)〉에 "초요시과지(招搖市過之)"라는 대목에서 유래되었다.

춘추시대 공자가 위(衛)나라에 가서 거백옥(伯玉)의 집에 머무르게 되었다. 위나라 군주 영공(靈公)의 부인인 남자(南子)가 사람을 보내 공자를 뵙기를 원했다. 공자는 이를 사양하다가 부득이 그녀를 만나러 갔다. 남자(南子)는 휘장을 드리우고 공자를 만났는데, 패옥(佩玉)이 부딪치는 소리를 요란스럽게 내었다. 공자는 이러한 행동이 마음에 들지 않아 그냥 돌아왔는데, 제자인 자로(子路)가 불만스러워했다. 그러자 공자는 "만나고 싶지 않지만 기왕에 만났으니 예로써 대해주겠다"라고 하였다. 그리고 공자는 "내가 잘못이라면 하늘이 나를 미워할 것이다"라고 하였다.

위나라에 머문 지 한 달이 지났을 무렵, 영공과 부인 남자가 함께 수레를 타고 행차할 때 공자에게는 뒤 수레를 타고 따라오게 하면서 요란

스레 저잣거리를 지나갔다(使孔子爲次乘, 招搖市過之). 공자는 결국 자신을 그렇게 대하는 것에 치욕을 느끼고, 위나라를 떠나 조(曹)나라로 갔다.

초요과시(招搖過市)와 마케팅

남의 눈을 끌도록 과시하며 거리를 지나간다는 뜻의 초요과시(招搖過市)는 마케팅 측면에서 키치와 티저 마케팅의 원리를 설명하는 것이라고 할 수 있다.

1) 키치마케팅

키치(kitch)란 싸구려, 저속품, 유치한 예술품이라는 독일어에서 유래되었으며, 키치마케팅(kitch marketing)이란 통속적으로 저속하거나 의도적인 촌스러움을 통하여 고객으로부터 주목받도록 하는 기법을 말한다. 초요과시(招搖過市)에서 위나라의 영공과 그의 부인이 공자를 마치 의도적으로 촌스럽게 만들어 남의 눈을 끌도록 만든 것과 같은 이치이다.

키치광고의 선두주자
'여명 808' 광고

오늘날 현대적이고 세련된 광고의 홍수 속에 복고풍의 촌스러운 광고는 유독 눈에 띄며, 재미있고 편안함을 유발시킨다. 이와 같은 키치마케팅은 돌출적이고 의외성을 지니고 있으므로 주목을 끌고, 지난날의 향수를 자극하여 그 시대를 살아온 소비자에게 구매를 유발시키는 기법이라고 할 수 있다.

대표적인 사례로는 음주전후 숙취해소 음료 '여명 808'을 들 수 있는데, 광고에는 노란색 가발을 쓴 남성 출연진부터 파란색 원피스와 복고풍 헤어스타일로 꾸민 빼어난 몸매의 여성들이 등장한다. 부조화로 시선몰이에 나선 것이다. 이 광고의 압권은 엘비스 프레슬리를 패러디한 배우 최주봉과 정체를 알 수 없는 파란색 띠를 어깨부터 허리까지 두른 채 등장하는 제조사 대표의 모습이다.

70~80년대 풍의 촌티패션이나 옛날과자들은 키치마케팅의 산물이라고 할 수 있으나, 키치마케팅을 장기적으로 전개하면 식상할 수 있다는 점에서 상품 초기진입전략 또는 틈새시장을 노릴 때 전개하면 효과적일 수 있다.

2) 티저마케팅

티저(teaser)란 짓궂게 약 올리는 사람 또는 애타게 하는 여자란 뜻이다. 곧 티저마케팅(teaser marketing)은 제품이나 브랜드를 숨김으로써 소비자의 호기심을 증폭시키는 기법을 말한다. 즉 광고의 초기단계에서 상품과 관련된 기본적인 정보마저 제시되지 않고, 곧 정체가 밝혀질 것이라는 메시지만 간접적으로 전달하여 소비자의 궁금증과 관심을 고조시킨 다음 베일을 벗고 상품의 정체를 드러나게 하는 기법이다. 티저마케팅은 고객으로 하여금 궁금증을 유발시켜 기업이 원하는 소비자 행동을 유발시킨다는 점에서 일명 '판도라(Pandora)마케팅'이라고도 한다.

결국 티저마케팅은 소비자들이 무엇을 순차적으로 하나씩 알게 될 때 그 다음을 알고 싶어 지속적인 관심을 갖게 되는 심리를 이용한 것이라고 할 수 있으며, 주로 신상품을 출시할 때 유효한 전략이라고 할 수 있다. 티저마케팅의 특징을 살펴보면 다음과 같다.

- 의외성의 광고를 통하여 주목률을 높일 수 있다.
- 고객의 호기심을 유발하여 상품에 대한 궁금증을 유도할 수 있다.
- 반복되는 문구를 통하여 소비자의 뇌리 속에 각인시킬 수 있다.
- 소비자들 사이에 입소문을 타고 확산되는 효과를 얻을 수 있다.
- 메시지가 제대로 전달되지 않을 경우 고객이 이해하지 못할 수 있다.
- 티저를 남발할 경우 오히려 짜증이 될 수 있다.

티저마케팅의 대표적인 사례로는 해리포터 소설을 들 수 있는데, 시리즈를 만들면서 다음 이야기를 궁금하게 만들어 소비자로 하여금 애타게 하였다. 그리고 다음 책이 발간되면 내용을 극비로 부친 다음, 서점에서 구매해야 비로소 그 내용을 알게 하는 방식을 통하여 성공을 거두었다. 국내의 경우 마이클럽이 "선영아 사랑해"라는 문구를 대학 캠퍼스 및 거리에 벽보로 붙여 많은 사람들의 호기심을 자아내게 하여 초반에 회원유치가 활발하였다. 그러나 이후 전략의 부재로 인하여 '마이클럽' 자체를 기억하는 사람이 적어 효력이 약해졌다. SK텔레콤의 "TTL소녀"의 경우 일반인에게 전혀 알려지지 않은 모델을 기용하여 시종일관 신비주의를 조장하여 성공을 거둔 바 있다. 남성전용 모 화장품업체는 "문대성

한판 붙자"라는 문구의 거리광고를 통하여 소비자의 호기심을 자극한 바 있다.

神出鬼沒

신출귀몰

게릴라마케팅

神: 귀신 신, 出: 날 출, 鬼: 귀신 귀, 沒: 숨을 몰

귀신같이 나타났다가 사라진다는 뜻으로, 자유자재로 문득
나타났다가 문득 없어짐을 비유적으로 일컫는 말

신출귀몰(神出鬼沒)의 유래

이 성어는 전한(前漢)의 회남왕(淮南王) 유안(劉安)이 엮은 ≪회남자(淮南子)≫의 〈병략훈(兵略訓)〉에서 유래되었다.

교묘한 자의 움직임은(善者之動也)

신처럼 나타나고 귀신처럼 행하며(神出而鬼行)

별이 빛나고 하늘을 운행하는 것 같아(星耀而玄逐)

진퇴의 조짐도 나타나지 않고(進退詘身)

예고도 없고 또 흔적도 남기지 않는다(不見朕兆 圡)

난조(鸞鳥: 전설 속의 새이름)가 일어나듯, 기린이 일어나는 듯(鸞擧麟振)

봉황새가 날 듯, 용이 오르듯(鳳飛龍騰)

추풍과 같이 출발하여(發如秋風)

놀란 용과 같이 빠르다(疾如駭龍)

이 내용은 아군의 전략, 군대의 세력, 병기의 규모 등이 적에게 노출되지 않도록 교묘한 작전을 펼치라는 뜻이다. 또한 황석공(黃石公)이 유방(劉邦)의 공신인 장량(張良)에게 주었다는 병서인 ≪삼략(三略)≫에도 '신출이귀행(神出而鬼行)'이라는 말이 나온다. 그리고 당나라 때의 ≪희장어(戲場語)≫에도 "머리 두 개에 얼굴이 셋인 귀신이 나타났다가 사라지다(兩頭三面 神出鬼沒)"라는 대목이 나오고, ≪수호지(水滸誌)≫에도 '신출귀몰(神出鬼沒)'이란 표현이 등장하는데, 모두 ≪회남자≫나 ≪삼략≫에서 유래한 것으로 유추하고 있다.

신출귀몰(神出鬼沒)과 마케팅

신출귀몰(神出鬼沒)은 마케팅 측면에서 게릴라마케팅 전술이라고 할 수 있다. 게릴라(guerilla)는 '작은 전쟁'이란 뜻의 스페인어에서 유래되었다. 처음으로 게릴라(guerilla)라는 용어가 등장한 것은 1807년에서 1814년 사이 프랑스 군대에 대항하는 스페인의 저항세력에서 비롯되었다. 프랑스의 나폴레옹이 인접국인 스페인을 정복하고 양민들을 괴롭히자 마드리드 시민들이 돌과 몽둥이를 들고 일어섰다. 그러나 폭동은 곧 프랑스군에 의해 진압되었고, 그 보복으로 수많은 시민들이 학살을 당하게 되었다. 이를 보다 못한 청년들이 전국에서 일제히 무기를 들고 산악지대로 숨어들어 프랑스군과 소위 '작은 전쟁'을 벌이게 되었다. 이후 작은 전쟁의 게릴라(guerilla)는 적의 배후나 측면을 기습하여 적을 교란하고 파괴하는 소규모의 비정규 부대 또는 그 부대에 속하는 전투원을 말하게 되었고, 특히 일정한 제복을 착용하지 않으며, 정규군에 소속된 것을 명시하지 않은 신분으로 전투행위를 하는 사람이나 단체를 이르는 의미로 발전하게 되었다.

현대적 형태의 게릴라전쟁은 제2차 세계대전부터이다. 게릴라전쟁의 요체는 이른바 '히트 앤드 런(hit and run)'의 기습전술이며, 적군의 완전한 포위격멸이나 거점점령 등을 주목표로 삼지는 않는다. 그러나 소위 '해방지구'로 정한 지역에 대해서는 모든 게릴라 전술과 수단을 동원하여 적군에 대항하고 격퇴하는 데 힘을 기울인다. 특히 게릴라전쟁은 토착민중의 지원을 받아 수행하므로 게릴라와 지역주민 사이에는 연대감과 일체감을 형성한다. 게릴라전은 보통 장기화되고, 그 특징은 전선이나 점령지가 명확하지 않은 점에 있으며, 언제 어디서나 전장이 형성된다. 또한 게릴라는 공군병력이 전혀 없으나, 적군의 공군기지에 잠입하거나 기습공격을 하여 지상의 항공기를 파괴하는 등 상대의 압도적인 공군전력에 도전하기도 한다.

이러한 유래에서 명명된 게릴라마케팅(guerilla marketing)은 장소와 시간에 구애받지 않고 잠재고객이 많이 모인 공간에 갑자기 나타나 상품을 선전하거나 판매를 촉진하는 마케팅기법으로 게릴라 전술을 마케팅 전술에 응용한 것을 말한다. 게릴라마케팅은 후발기업이 시장진입을 위하여 틈새시장을 공략하거나 적은 비용으로 고객에게 접근하기 위한 방법으로 이용된다.

또한 게릴라마케팅은 TV나 인쇄매체를 이용한 기존의 마케팅이 비용에 대비하여 고객의 호응을 이끌어내는 데는 한계가 있다고 판단될 때 대안으로 사용되기도 한다. 특히 마케팅 자원의 한계 때문에 불특정 대중을 상대로 하기보다는 의사결정권을 가진 잠재고객이 밀집된 지역을 위주로 전개하여 고객에게 깊은 인상을 심어주어 구매를 유도하는 전략이라고 할 수 있다. 게릴라마케팅의 형식으로는 스텔스마케

팅(Stealth Marketing), 래디컬마케팅(Radical Marketing), 앰부시마케팅
(Ambush Marketing) 등을 들 수 있다.

1) 스텔스마케팅(Stealth Marketing)

마치 레이더에 포착되지 않는 스텔스기처럼 소비자의 생활 속에 파고
들어 그들이 알아채지 못하는 사이에 제품을 홍보하는 기법을 말한다.
특히 스텔스마케팅은 전통적인 방식의 마케팅효과가 줄어드는 상황에
고객에게 신선함과 제품에 관한 인지도를 쉽게 확보할 수 있는 방법으
로 각광받고 있다. 예를 들면 소주회사가 술집을 돌면서 깜짝이벤트 등
으로 홍보하는 것을 들 수 있다. 보스턴 라거(Boston Lager)인 사무엘 아
담스(Samuel Adams)라는 맥주도 광고를 하지 않고, 술집의 바텐더를 대
상으로 판촉하여 성공을 거두었는데 이는 게릴라마케팅 중 스텔스마케
팅이라고 할 수 있다.

2) 래디컬마케팅(Radical Marketing)

급진적이고 과격한 일명 튀는 마케팅기법으로서 상식을 뛰어넘는 기
발한 아이디어로 고객에게 침투하는 것을 말한다. 결국 래디컬마케팅은
튀지 않으면 고객이 열광하지 않는다는 명제 아래 '튀는 것'은 그 자체
를 마케팅 수단으로 활용하는 것을 말한다. 예를 들면 버스 승강장 셸
터를 활용한 3M 안전유리 게릴라마케팅 광고를 들 수 있다. 버스 승강
장 셸터 바람막이 창을 안전유리로 막고 그 공간 사이에 실제 돈다발을
쌓아놓아서 버스를 기다리는 대중들의 시선을 사로잡는다. 손발을 이용
해 가져갈 수 있으면 꺼내 가라는 광고 카피로 안전유리 제품의 특징을
강조하는 광고효과와 브랜드 인지도를 높였다. 사실 이 광고에서 실제로

공포영화 주인공 처키의 20주년 기념 DVD 발매 홍보
이벤트

3M의 안전유리 게릴라마케팅 광고

사용된 돈은 500달러, 나머지는 가짜 돈으로 최소 비용, 최대 광고효
과를 끌어낸 셈이다.

3) 앰부시마케팅(Ambush Marketing)

드러내지 않고 매복을 한다는 앰부시(ambush)와 마케팅이 합쳐진 용
어로서 공식스폰서가 아닌 기업이 공식스폰서인 것처럼 홍보활동을 하
거나 교묘하게 미디어를 이용하는 시선을 끌어 모으는 기법을 말한다.
가장 대표적인 기법으로는 PPL을 들 수 있다. PPL(Product PLacement)
이란 특정한 영화나 TV프로그램에 자사의 상품이나 물리적 환경 등을
제공하여 대중에게 노출시킬 목적으로 하는 협찬성 전달메시지를 말한
다. 이와 같은 PPL은 시청자들의 무의식 속에 자사의 상품을 소개하기
때문에 간접광고라고도 할 수 있다. 결국 영화나 TV프로그램 속에 상
품이 매복되어 있는 것이다.

미국 드라마 워킹데드에
사용된 현대차의 튜닝
모습

【표 21】 유명 PPL의 사례

연 도	영화 및 드라마	상품명
1983	부시맨(영화)	코카콜라
1986	이티(ET)(영화)	M&M사의 초콜릿과 캔디
1992	결혼이야기(국내영화)	삼성전자 가전제품
1993	피아노(영화)	야마하 피아노
2001	캐스트어웨이(영화)	택배회사 페덱스(Fedex)
2010	워킹데드(드라마)	현대차

특히 올림픽이나 월드컵처럼 전 세계의 이목이 집중되는 스포츠행사
는 앰부시마케팅의 경연장이라고 할 수 있다. 대표적인 사례로는 2010
년 남아공월드컵에서 있었던 네덜란드 맥주회사 바바리아 비어(Bavaria
beer)의 전술로 네덜란드-덴마크전에 36명의 늘씬한 미녀들이 오렌지색
티셔츠와 미니스커트를 입고 열광적 응원을 펼쳤다. 카메라맨의 주목
을 끈 이 장면은 전 세계로 중계됐다. 그런데 미녀들의 손에는 바바리아
비어가 들려 있었다. 국내의 대표적인 사례로는 2002년 한일월드컵 당
시 공식 스폰서는 KT였지만 SK텔레콤이 '붉은 악마' 캠페인으로 더 큰

재미를 보았다. SK텔레콤은 대표팀 서포터스인 붉은 악마와 공동으로 'Be the Reds' 캠페인을 전개했고, 붉은 악마에 3억 원의 후원금을 냈을 뿐 FIFA와의 계약은 없었다.

스파이더맨 영화 속에 삼성 홍보(?)

스파이더맨 1편 영화 속에 삼성 옥외광고판이 등장하였다. 이 영화제작사인 콜롬비아 픽처스는 대주주인 소니(Sony)의 후원으로 영화를 제작하였는데, 시연회 때 영화 속에 등장하는 삼성 옥외광고판을 의식해 컴퓨터그래픽을 통하여 소니 광고판으로 바꾸었다. 그러나 삼성 옥외광고판이 걸려 있는 타임스퀘어 빌딩의 소유주는 이 사실을 알고 법원에 소송을 제기하여 다시 삼성 광고판으로 바꾸었다. 물론 삼성은 이 간접광고를 위하여 돈을 지불하거나 영화관계자를 만난 적도 없다. 영화사 측에 어떠한 형태로든 협찬을 하지 않았다는 측면에서 PPL이라고 단정하기는 애매모호하지만 어쨌든 한 브랜드의 연구소에 따르면 이 3초간의 광고효과는 4조 원 정도 가치가 있는 것으로 판단하였다. 특수효과와 첨단장비가 자주 등장하는 이러한 영화에 전자통신기술의 리더기업 중 하나인 삼성으로서는 행운이 아닐 수 없었다.

暗渡陳倉

고객을
우회하여
공략하라

제11장

暗渡陳倉

암도진창

고객을 우회하여 공략하라

暗: 어두울 암, 渡: 건널 도, 陳: 늘어놓을 진, 倉: 곳집 창

아무도 모르게 진창을 건너간다는 뜻으로, 정면에서 공격하는 것처럼 하여 적을 진지에 붙들어두고 다른 병력을 몰래 우회시켜 공격하는 병법

암도진창(暗渡陳倉)의 유래

《손자병법》 36계 중 제8계에 해당하는 이 성어는 《사기(史記)》 〈고조본기편(高祖本紀篇)〉에 "명수잔도(明修棧道) 암도진창(暗渡陳倉)"이라는 대목에서 유래되었다. 밝은 곳에서 잔도(棧道)를 수리하는 것처럼 하고, 보이지 않는 곳에서 진창(陳倉)으로 건너간다는 의미이다.

진나라가 혼란에 빠지면서 중국은 한(漢)나라의 유방과 초(楚)나라 항우의 양 진영으로 통합되면서 서로 중원의 패권을 다투게 되었다. 그런데 진나라를 멸망시킨 직후 항우는 유방을 경계하여 한왕(漢王)으로 봉해 서남쪽의 농사를 짓기도 어려운 험준하고 외진 곳인 한중(漢中)으로 쫓아내듯이 했다. 유방은 관중(關中)에서 한중으로 떠날 때 유일한 통로인 절벽에 나무로 선반처럼 놓은 잔도(棧道)를 건너게 되었고, 건넌 다음에 잔도를 불태워버렸다. 이는 병사들의 탈주를 막기 위한 것이었고, 관중으로 다시 나갈 의지가 없음을 항우에게 보여준 것이었다.

이후 유방은 한중에서 군량미와 물자를 대량으로 확충하는 한편 대군을 양성하였고, 한신(韓信)을 대장군에 앉혀 관중을 공격하기로 하였다. 한신은 불타버린 잔도 외에 비밀통로가 있음을 알고 있었다. 그러나 한신은 불타버린 잔도를 다시 놓도록 했다. 이에 관중을 지키던 장한(章邯)은 다시 잔도를 놓는 데 시간이 오래 걸릴 것이라 생각하여 방심하게 되었다. 이에 한신은 장한이 잔도에만 주의를 기울이는 동안 그 자신이 직접 대군을 이끌고 비밀통로로 우회하여 진창(陳倉)을 점령하고 관중을 함락시켜 중원 진출의 발판을 확보하게 되었다. 이때 항우는 제나라가 일으킨 반란을 제압하느라 바빴기 때문에 한나라의 관중 진출에 어찌할 수 없었고, 본격적인 초한전(楚漢戰)이 전개되었다.

암도진창(暗渡陳倉)의 마케팅계책

정면에서 공격하는 것처럼 하고 우회하여 적을 사로잡는다는 암도진창(暗渡陳倉)은 마케팅 측면에서 고객을 우회하여 공략하는 기법이라고 할 수 있다. 즉 직접적인 마케팅보다는 간접적인 마케팅을 통하여 구매를 자극하는 기법이라고 할 수 있으며, 이에 대한 구체적인 계책으로 다음과 같이 6계를 제시하였다.

제61계 : 권선징악(勸善懲惡) - 착한 마케팅

제62계 : 무신불립(無信不立) - 신뢰마케팅

제63계 : 금적금왕(擒賊擒王) - 폭포효과 마케팅

제64계 : 백락일고(伯樂一顧) - 셀러브리티마케팅

제65계 : 대동소이(大同小異) - 유사차별화효과 마케팅

제66계 : 도광양회(韜光養晦) - 하이딩마케팅

勸善懲惡
권선징악

착한 마케팅

勸: 권할 권, 善: 착할 선, 懲: 징계할 징, 惡: 악할 악

착한 행실을 권장하고 악한 행실을 징계한다는 뜻

권선징악(勸善懲惡)의 유래

이 성어는 《춘추(春秋)》를 해설한 《춘추좌씨전(春秋左氏傳)》에 "악행을 징계하고 선행을 권한다(懲惡而勸善)"라는 대목에서 유래되었다. 이러한 권선징악은 동서양을 막론하고 문학과 예술 등에서 오랫동안 교훈적 주제로 삼아왔다.

권선징악(勸善懲惡)과 마케팅

착한 행실을 권장하고 악한 행실을 징계한다는 권선징악(勸善懲惡)은 마케팅 측면에서 착한 마케팅의 교훈을 제시하는 것이라고 할 수 있다. 기업과 브랜드의 착한 이미지는 선호도를 향상시켜 소비자에게 구매를 유발하게 한다. 착한 마케팅을 지향하는 기업은 사회적으로 또는 소비자들로부터 환영을 받지만 반사회적·반환경적·반소비자 지향의 기업

은 징악(懲惡)을 당하게 된다. 반사회적 기업은 갑의 횡포나 비도덕적 행위로 인하여 사회적으로 지탄받는 기업을 말하고, 반환경적 기업은 환경오염을 유발하거나 그러한 제품을 생산하는 기업을 말하며, 반소비자 기업은 재료 및 원산지, 그리고 유효기간을 속이거나, 교환과 환불을 해주지 않으며 리콜을 거부하는 기업 등을 말한다.

따라서 기업이 착한 마케팅을 전개하는 이유는 기업 및 브랜드에 대한 호감을 갖게 하여 고객으로 하여금 우회적으로 구매를 유도하는 것이라고 할 수 있다. 착한 마케팅의 유형으로 크게 ① 기업의 사회적 공헌행위 ② 친환경적 기업문화 ③ 착한 가격 등을 들 수 있다.

1) 기업의 사회적 공헌행위

기업이 사회적 공헌행위로 착한 마케팅을 실현하는 것을 코즈마케팅이라고 한다. 코즈마케팅(cause marketing)이란 기업의 영리활동과 사회적 활동이 결합된 형태로서 이를 이미지화하여 소비자의 구매를 촉진시키는 기법을 말한다. 따라서 코즈마케팅은 소비자에게 긍정적인 이미지

데톨의 사회적 공헌

를 심어주고, 소비자 역시 자신의 소비가 사회의 긍정적인 변화에 기여할 수 있다는 서로의 교감이 일치되어 등장하였다고 할 수 있다. 즉 소비자가 사회적으로 어려운 일이나 공익사업을 직접 돕지는 못하지만 소비를 통하여 간접적으로 동참할 수 있다는 이른바 '열 사람이 한 숟가락씩 밥을 보태면 한 사람이 먹을 만한 양식이 된다'는 '십시일반(十匙一飯)'의 심리를 작용하게 하는 것이다. 결국 기업과 소비자가 사회와 더불어 성장하고, 더불어 잘살게 되는 선순환의 고리를 만들고자 하는 것이 착한 마케팅인 것이다.

이 마케팅기법은 1984년 미국 아메리칸익스프레스가 고객이 자사의 카드를 사용할 때마다 일정 금액을 '자유의 여신상' 복원기금에 기부한 것에서 유래되었고, 대표적인 사례로는 탐스슈즈(TOMS shoes)를 들 수 있는데 소비자가 한 켤레의 신발을 구입하면 한 켤레의 신발을 제3세계 어린이들에게 기부하는 일대일 기부 공식(One for one) 이벤트를 들 수 있다.

2) 친환경적 기업문화

마케팅에 있어서 사회지향적 이념은 고객의 이익, 조직의 이익과 함께 사회 전체의 이익도 고려해야 한다는 사고방식을 말한다. 소비자의 욕구를 충족시켜 주기 위한 기업 간의 경쟁적 마케팅활동은 오히려 소비자와 사회의 복지를 해칠지도 모른다는 문제점이 제기되었다. 즉 공해, 환경오염, 자연환경 훼손, 자원의 낭비, 생태계 파괴 등의 환경문제와 과소비, 물질만능주의, 문화적 오염 등 사회적 문제가 부각되면서 사회지향적 마케팅의 이념이 대두하게 된 것이다.

특히 최근에는 환경문제의 심각성이 고조되면서 사회지향적 마케팅 차원에서 그린마케팅(green marketing)의 중요성이 높아지고 있다. 그린마케팅이란 고객의 욕구나 수요충족에만 초점을 맞춘 기존의 상품전략과는 달리 자연환경보존, 생태계 보호 등을 중시하는 시장접근전략으로서 궁극적으로는 인간의 삶의 질을 높이려는 기업의 활동을 말한다. 즉 환경친화적인 상품개발을 통하여 이런 제품을 사용토록 소비자를 유도하거나 환경의 중요성을 인식시키는 활동을 전개함으로써 기업의 이미지를 높이고자 하는 전략이다.

대표적인 사례는 스타벅스의 친환경마케팅을 들 수 있다. 대부분의 커피숍, 패스트푸드점에서 일회용 종이컵을 사용하던 당시, 스타벅스는 친환경 머그컵 또는 텀블러를 사용하도록 제안했다. 이로 인해 텀블러는 젊은층의 필수품이 되었고, 일회용 종이컵의 사용을 꺼리는 풍조를 낳았다. 국내의 예로는 유한킴벌리를 들 수 있는데 이익금 일부를 나무를 다시 심는 데 사용한다는 광고는 친환경적 마케팅의 대표적인 사례라고 할 수 있다.

3) 착한 가격

착한 가격이란 합리적인 가격을 뜻하는 것으로 다양한 분야에서 가격에 비해 만족도가 높을 경우 사용하는 표현을 말한다. 일반적으로 다양한 기능을 삭제하거나 부수적인 서비스를 제외하여 핵심기능 위주로 상품을 만들어 흔히 거품을 뺀 가격이라고 할 수 있다. 또한 물가의 인상폭에 비하여 상대적으로 저렴한 가격도 착한 가격이라고 할 수 있다. 대표적인 사례로는 한국야쿠르트의 유산균 발효유 야쿠르트를 들 수 있다. 이 제품은 국내에서 가장 많이 팔린 단일 음료로 알려져 있으며, 1971년 출시된 뒤 2012년까지 450억 병이 판매됐다. 출시 당시 25원에

착한 가격의 상징
야쿠르트

판매되던 야쿠르트는 지금 150원으로, 42년 동안 가격이 6배 올랐다. 같은 기간 짜장면 값이 55배, 서울시내 버스요금이 69배 오른 것과 비교하면 제자리걸음을 한 셈이다. 이와 같은 착한 가격 마케팅은 불황일수록 주효하다고 할 수 있다.

징악(懲惡)을 당했던 기업 사례

2013년 남양유업 영업직원이 대리점주를 상대로 폭언을 퍼붓는 녹취파일이 공개되어 밀어내기식 갑의 횡포가 드러났다. 이에 편의점 등 유통업체는 남양유업 제품에 대한 불매운동에 들어갔고, 소비자들도 외면하여 남양유업은 공식 사과문을 게재하였으나 매출은 물론 주가도 폭락하였으며, 법원으로부터 피해액을 전액 보상해 주라는 판결을 받는 등 징악(懲惡)을 당했다.

無信不立

무신불립

신뢰마케팅

無: 없을 무, 信: 믿을 신, 不: 아니 불, 立: 설 립

신뢰가 없으면 설 수가 없다는 뜻

무신불립(無信不立)의 유래

이 성어는 《논어(論語)》의 〈안연편(顔淵篇)〉에 등장하는데 자공(子貢)이 정치(政治)에 관해 묻자, 공자는 "식량을 풍족하게 하고, 군대를 강하게 만들고, 백성의 믿음을 얻는 일이다"라고 대답하였다. 자공이 "어쩔 수 없이 한 가지를 포기해야 한다면 무엇을 먼저 해야 합니까?" 하고 묻자 공자는 "군대를 포기해야 한다"라고 답했다. 자공이 다시 나머지 두 가지 가운데 또 하나를 포기해야 한다면 무엇을 포기해야 하는지 묻자 "공자는 식량을 포기해야 한다" 하면서 "예로부터 사람은 죽음을 피할 수 없지만, 백성의 믿음이 없이는 (나라가) 서지 못한다(自古皆有死 民無信不立)"라고 대답했다. 이와 같이 무신불립(無信不立)은 백성의 신뢰가 없으면 국가가 존립하기 어렵다는 의미를 뜻하게 되었다.

무신불립(無信不立)과 마케팅

무신불립(無信不立)은 마케팅적 측면에서 신뢰마케팅으로 해석할 수 있는데, 곧 "믿음을 팔아라"라는 것이다. 신뢰는 기업과 소비자 사이에서 성공적인 거래를 위하여 중요한 매개역할을 하는데 서로의 의무와 책임을 다할 때 이루어지는 것이다. 신뢰는 기업과 소비자 사이에 당연한 의무이자 약속인데 역설적으로 신뢰마케팅이 부각되고 있는 것은 그동안 기업과 소비자 사이에 속고 속는 현상이 발생되었기 때문이다.

자사의 제품이나 서비스를 지속적으로 구매하고, 주변 잠재고객에게 자사의 제품이나 서비스를 홍보해 주려는 경향인 고객충성도(customer loyalty)는 고객과의 신뢰를 바탕으로 형성된다는 점에서 신뢰마케팅이 중요하다고 할 수 있다. 한번 무너진 신뢰는 만회가 거의 불가능하다. 소비자는 한 번은 속아도 두 번 다시는 속지 않는다. '뜨거운 부뚜막에 앉아 덴 경험이 있는 고양이는 두 번 다시 그 뜨거운 부뚜막에 올라가지 않는다'는 말이 있다. 이를 '뜨거운 부뚜막효과(Hot-Stove Effect)'라고 한다. 소비자도 마찬가지이다. 제품은 재구매가 이루어지고, 서비스는 재이용할 때 기업이 유지되는 것이다. 따라서 단기적인 눈속임보다는 장기적이고 지속적으로 고객의 지갑을 열도록 해야 할 것이다.

특히 불황기일수록 고객의 믿음으로 승부하는 신뢰마케팅이 효력을 발휘하고 있다. 불황기의 소비자들은 가격이나 제품을 까다롭게 따져보고 선택하는 이성적 구매를 하기 때문에 충동적이거나 감성적인 광고는 잘 먹혀들지 않는다. 불경기 탓에 소비심리가 위축되고 있지만 값이 비싸더라도 신뢰를 주는 상품과 서비스가 오히려 소비자들의 눈길을 끈다.

무신불립(無信不立). 즉 고객의 신뢰가 없으면 기업이 설 수 없는 것이다. 이러한 신뢰는 고객으로 하여금 우회적으로 자사의 상품을 구매하도록 유도하는 전략이라고 할 수 있다. 상품, 가격, 유통, 촉진에 대한 신뢰마케팅의 구체적인 전략을 살펴보면 다음과 같다.

1) 상품에 대한 신뢰마케팅

소비자에게 있어서 상품에 대한 불신의 요인은 정품으로 만들어졌는지, 불량품이 아닌지, 양이 정확한지, 원산지가 맞는지, 안전 또는 위생에는 문제가 없는지 등을 들 수 있다. 상품에 대한 신뢰마케팅의 기본 전략은 품질 및 서비스 보증제 등의 도입과 신뢰를 핵심가치로 전제해야 한다. 몇몇 업종별로 구체적인 전략을 살펴보면 다음과 같다.

- 주유소 : 정품, 정량
- 식품제조업 : 원산지 증명 및 재료의 표기
- 음식점 : 주방복과 모자, 주방공개, 반찬의 재활용 금지, 원산지 표시
- 위스키업체 : 위조방지기능 부착
- 자동차 : 연비, 안전테스트 등
- 방역회사 : 방역 후 벌레가 발생할 시 전액 환불조치

2) 가격에 대한 신뢰마케팅

일반적으로 소비자는 품질이 우수하면 그 가격을 인정하고 신뢰하지만 비싼 가격에 비해 품질이 좋지 않으면 불신하게 된다. 또한 고가품일수록 가격에 둔감하지만 생활과 밀접한 제품 및 서비스에 대해서는 가격에 대하여 민감한 편이다. 그리고 소비자는 가격에 거품이 들어 있지

신뢰마케팅 – 임페리얼 위스키

　1994년 국내 최초로 12년산 프리미엄 위스키로 첫 선을 보인 '임페리얼 클래식(이하 임페리얼)'은 2003년 단일 브랜드로는 국내 최초로 100만 상자(500㎖, 18병 기준)를 돌파하고, 위스키 시장에서 15년 연속 판매량 1위 자리를 지키고 있는 불변의 히트 상품으로 명성을 얻고 있다. 이는 국내 최고 위스키라는 명성에 걸맞게 소비자 보호를 위해 끊임없는 위조방지 노력과 연구개발에 앞장서 왔기 때문이다. 2001년 업계 최초로 도입한 위조방지장치인 '키퍼캡'을 시작으로 '키퍼마크', '오케이마크', '모바일 정품인증' 등을 적용한 데 이어 세계 최초 3중 위조방지 캡인 '트리플 키퍼'를 적용해 위조방지 노력을 계속하고 있다.

　특히 가짜 양주가 빈 병을 활용해 제조된다는 점에 착안해 위조방지를 위하여 만든 '오케이 마크'는 병 라벨에 인쇄된 10자리 숫자 중 뒷자리 4개와 병마개(cap), 납세필증(cap sealer)에 인쇄된 숫자가 모두 일치해야 정품임을 인증하는 마크이다. 또한 '모바일 정품인증'은 휴대전화와 임페리얼 병에 인쇄된 고유번호를 이용해 구매 현장에서 정품여부를 확인하는 서비스를 말한다.

는 않은지 항상 의심을 품고 있다. 따라서 소비자가 신뢰할 수 있는 가격을 통하여 믿음을 주어야 할 것이다. 특히 지나친 할인은 가격에 대한 불신을 초래할 수 있다.

3) 유통에 대한 신뢰마케팅

　생산자와 소비자 사이에는 유통업자가 있다. 소비자가 상품을 구매하기 위해서는 유통업체를 방문해야 하는데 이는 백화점·대형할인마트·대리점과 같은 오프라인 유통점과 인터넷 쇼핑점과 같은 온라인 유통점으로 크게 구분된다. 유통점에 대한 소비자의 불신은 가격이 타 유통업체와 비교하여 적절한지, 유통기간을 잘 지키는지, 반품과 교환은 잘 되는지 등을 들 수 있다. 소비자는 동일 제품 및 서비스를 다른 사람보다 비싸게 구매하였다면 이른바 속고 못사는 성질을 드러낸다. 그리고 소비자들은 유통단계가 많으면 많을수록 가격이 비싸다는 것을 잘 알고 있다.

유통에 대한 신뢰마케팅의 사례로는 대형유통업체에서 찾아볼 수 있는데 예를 들어 농산물 특산지에서 직접 밭떼기 거래를 한 뒤 이를 직접 구매한 만큼 품질과 가격도 믿을 만하다는 것을 홍보하는 것이다. 구체적으로 산지직거래·계약재배·산지직송 등의 문구들을 활용하고, 생산자 사진이나 이력 등을 표기하는 것은 신뢰마케팅의 전략이라고 할 수 있다. 특히 먹거리로 장난치면 안 된다는 소비자의 심리로 인하여 농수산품에 대한 신뢰마케팅은 주효한 것으로 간주된다.

4) 촉진에 대한 신뢰마케팅

촉진(promotion)은 고객들에게 자사의 상품을 알리고 자사의 상품을 선택하도록 하는 마케팅 커뮤니케이션 활동을 말한다. 즉 고객에게 정보를 제공하고, 호의적인 태도를 갖도록 하며, 궁극적으로는 소비자행동에 영향을 주어 구매를 유도하는 데 목적이 있다. 특히 여러 가지 촉진의 수단 중에 광고와 홍보를 할 때 허위광고, 과장광고를 통하여 소비자를 유혹해서는 안 된다. 물론 광고와 홍보가 소비자를 유인하기 위한 전략이지만 소개된 상품이나 가격 그리고 각종 혜택에 대한 약속이 구매현장에서 지켜지지 않으면 불신을 초래하는 것이다. 이럴 경우 소비자들은 흔히 "속았다. 낚시에 걸렸다"라고 하며, 두 번 다시 발길을 옮기지 않을 것이다. 따라서 촉진활동도 소비자에게 신뢰를 주는 쪽으로 초점을 맞추어야 할 것이다.

擒賊擒王

금적금왕

폭포효과 마케팅

擒: 사로잡을 금, 賊: 도둑 적, 擒: 사로잡을 금, 王: 임금 왕

적을 잡으려면 우두머리부터 잡아야 된다는 뜻으로, 어떤 전쟁에 있어서 가장 빠른 승리는 적의 최고 사령관을 잡아 버리면 된다는 뜻

금적금왕(擒賊擒王)의 유래

이 성어는 《손자병법》 제18계로서 당나라 시인 두보(杜甫)의 '전출새(前出塞)'라는 시 구절에서 유래되었는데, 그 내용을 소개하면 다음과 같다.

활을 당길 때는 강하게 당기고(挽弓當挽强)

화살을 쏠 때는 멀리 쏘아야 하네(用箭當用長)

사람을 쏠 때는 먼저 말을 쏘아야 하고(射人先射馬)

적을 사로잡을 때는 먼저 적의 왕을 잡아라(擒敵先擒王)

금적금왕(擒賊擒王)과 마케팅

전쟁에 있어서 가장 빠른 승리는 적의 최고 사령관을 잡아버리면 된다는 뜻의 금적금왕(擒賊擒王)은 마케팅에 있어서 폭포효과를 노리는 전

략이라고 할 수 있다. 폭포효과(Waterfall Effect)란 사회나 집단의 상위층 등 오피니언리더(opinion leader)를 공략하여 마케팅에 성공하면 폭포처럼 아래의 소비층으로 빠르게 확산되는 현상을 말한다. 소비자들은 의견 선도자인 오피니언리더들의 사고방식이나 의견, 행동에 영향을 받는다.

특히 신상품의 경우 시장진입이나 조기에 시장을 확보하기 위해서 폭포효과 마케팅을 전개하면 매우 효율적이다. 예를 들어 신상품의 맥주가 출시되었다면 회사의 사장이나 임원급 등 고위층에 마케팅을 집중함으로써 회식자리에서 부하 직원이 기존에 마시던 맥주를 주문할 때 상사가 새로운 맥주를 권하면 자연스럽게 바뀌게 되는 것이다. 이와 같은 폭포효과 마케팅을 상하 간의 집단이 함께 공유할 수 있는 상품에 전개한다면 효과적이라고 할 수 있다.

1979년 박정희 대통령 시해사건 연회현장에 '시바스리갈'이라는 위스키가 등장하였는데, 대통령이 좋아했기 때문에 한동안 최고의 위스키로 간주되어 인기리에 판매되기도 하였다.

하이트맥주의 폭포마케팅

　폭포효과의 대표적인 사례로는 하이트맥주의 초기 시장진입전략에서 찾을 수 있다. 1990년대 초반까지 맥주시장의 판도는 동양맥주의 OB와 조선맥주의 크라운의 구도 속에 동양맥주가 시장점유율 70%, 조선맥주가 30% 정도였다. 절체절명의 위기 속에 조선맥주는 1993년 하이트맥주를 출시하면서 돌풍을 일으켰는데 다양한 성공요인이 있었지만, 상위층 및 오피니언리더를 통한 폭포효과 마케팅도 하나의 요인이었다.

伯樂一顧

백락일고

셀러브리티마케팅

伯: 맏 백, 樂: 즐거울 락, 一: 한 일, 顧: 돌아볼 고

백락(중국 춘추시대 진나라의 말(馬) 전문가)이 말을 한번 뒤돌아다본다는 뜻으로, 명마도 백락을 만나야 세상에 알려진다는 의미이지만 의역하면 유명인사가 한번 들러봄으로써 위상이 달라짐을 의미함

백락일고(伯樂一顧)의 유래

이 성어는 ≪전국책(戰國策)≫ 백락(伯樂)의 고사(故事)에서 유래되었다.

어느 날 어떤 말장수가 말을 팔기 위하여 세 차례나 시장에 끌고 나갔지만 거들떠보는 사람이 아무도 없었다. 그래서 백락을 찾아가 "저에게는 준마가 한 필 있는데 팔려고 합니다. 그러나 사흘이나 저잣거리에 내놓았지만 누구 하나 거들떠보지 않습니다. 청컨대 제 말을 한번 살펴보아주셨으면 합니다. 사례는 아끼지 않고 드리겠습니다"라고 하였다. 말장수의 부탁을 받은 백락은 시장에 가서 말의 주위를 몇 차례 돌면서 감탄하는 눈길로 그냥 쳐다보기만 하였다. 발걸음을 옮겨 그 자리를 떠나면서도 고개를 돌려 다시 한 번 바라보았다. 그러자 그 말은 즉시 시장에 있는 모든 사람들로부터 주목받았고, 가격이 10배나 올라갔다. 결국 '백락이 말을 한번 돌아보자 값이 껑충 올랐다(伯樂一顧而馬價增)'라는 대목에서 이 성어가 만들어졌다.

이와 유사한 성어로는 일고지영(一顧之榮)이 있는데 '한번 돌아본 영광'이라는 뜻으로 저명인사가 알아주거나 귀빈이 왕림함으로써 위상이 갑자기 높아진 것을 비유하는 말이다.

백락일고(伯樂一顧)와 마케팅

유명인사가 한번 둘러보면 갑자기 위상이 올라간다는 백락일고(伯樂一顧)는 마케팅 측면에서 셀러브리티마케팅을 의미한다고 할 수 있다. 셀러브리티(Celebrity)란 연예인, 유명인, 배우, 스타, 명성을 뜻하는 것으로, 셀러브리티마케팅(Celebrity marketing)은 이들을 활용하여 구매를 자극하는 기법이며 일명 스타마케팅(star marketing)이라고도 한다. 즉 일반대중들은 스타를 비롯한 유명인을 모방하고 싶고 그것을 통하여 대리만족을 얻고자 하는 심리가 작용하는데, 이를 활용하는 것이 셀러브리티마케팅이다. 결국 고객을 우회하여 공략하는 기법이라고 할 수 있다.

셀러브리티마케팅은 유명인들의 이미지에 힘입어 제품에 대한 공신력과 함께 즉각적인 판매효과를 기대할 수 있는 확실한 마케팅 수단으로서 그 유형은 유명인을 직접 광고모델로 활용하거나, 영화나 드라마 속의 스타에게 제품이나 서비스를 사용하게 하여 노출시키는 간접광고, 유명인이 남긴 흔적(기념물, 사인)을 활용하는 것 등을 들 수 있다.

기업과 스타 간에 약속이 없었는데 우연히 스타의 특정 제품 사용이 TV 등 언론에 노출되어 대박을 터뜨리는 경우도 있다. 예를 들어 '마린보이' 박태환 선수가 베이징올림픽 등에서 경기 전 음악을 들으며 컨디션 조절용으로 착용한 '닥터드레(Dr. Dre)' 헤드폰이 입소문을 타면서 국내에서 날개 돋친 듯 팔린 적이 있다.

최근에는 아예 스타의 이름을 브랜드화하여 마케팅에 활용하고 있다. 예를 들어 나이키(Nike)의 '에어조던'이 대표적인 사례로서 농구 스타 마이클 조던(Michael Jordan)의 이름을 브랜드화한 것이다. 또한 과거에 휴대폰은 제조사의 고유 기기명이 브랜드였지만 최근에는 '효리폰', '문근영폰', '김태희폰' 등 CF 모델의 이름을 따서 상품명을 붙이고 있는데 이 또한 셀러브리티마케팅의 전형을 보여주는 것이라고 할 수 있다.

셀러브리티마케팅의 장점은 대중에게 인지도가 높은 스타를 활용하여 마케팅을 함으로써 마케팅효과를 극대화할 수 있지만, 단점으로는 스타의 이미지가 부정적으로 바뀌면 브랜드 이미지가 급락할 수도 있다는 점이다. 예를 들어 청순한 이미지를 가지고 있는 스타가 화장품 광고에 출연하여 초기에는 호응을 얻었지만 이후 그 스타가 마약이나 반사회적 행위로 인하여 물의를 일으켰다면 브랜드 이미지도 타격을 입게되는 것이다. 이러한 사유로 인하여 광고주와 스타 간에 소송이 벌어지기도 한다.

소비자행동 측면에서 스타를 준거집단이라고 한다. 준거집단(reference group)이란 개인의 사고, 태도, 가치, 행동에 영향을 미치는 집단으

【표 22】 준거집단 영향에 의한 여행서비스 구매의 결정(예)

여행서비스 구매결정	준거집단의 영향
"나는 태국으로 신혼여행을 가려고 하였으나 가족들의 만류로 제주도로 가게 되었다."	1차 준거집단의 영향 (가족)
"나는 제주도로 신혼여행을 가려고 하였으나 동창모임에서 동창들이 대부분 태국을 추천하여 결국 태국으로 코스를 바꾸었다."	2차 준거집단의 영향 (친목단체)
"나는 태국으로 신혼여행을 가려고 하였으나 '꽃보다 남자'의 드라마를 보고 결국 뉴칼레도니아로 바꾸었다."	3차 준거집단의 영향 (스타)

이탈리아의 페라가모(Ferragamo) 구두 업체는 "마릴린 먼로가 신고 있는 저 구두가 '페라가모'입니다"라는 브랜드 스토리를 통하여 셀러브리티마케팅을 전개하였다.

벤츠 – CLK 조르조 아르마니 스페셜 에디션

로서 소비자의 행동에 ① 규범적 ② 정보적 ③ 가치형성 측면에서 영향을 미친다. 준거집단은 ① 1차 준거집단으로서 가족, 동료 ② 2차 준거집단으로서 친목단체, 종교단체 ③ 3차 준거집단으로서 연예인과 스포츠 스타 등으로 구분된다. 특히 3차 준거집단인 스타는 구매에 막강한 영향력을 미치는데, 예를 들어 중·고등학교 교복을 준비하는 학생들은 자기가 좋아하는 스타가 광고하는 교복을 선호한다는 것이다. 결국 셀러브리티마케팅은 3차 준거집단을 활용하는 것이다.

만약 유명인이 영화나 드라마 속에서 자사의 제품을 사용하였다면 이를 적극적으로 홍보하고, 직접 방문을 했다면 사인을 받거나 사진을 찍어 기념물로 게시한다면 마케팅효과가 극대화될 것이다. 백락일고(伯樂一顧). 유명인이 한번만 자사의 제품을 사용하거나 방문만 해도 위상은 올라간다.

셀러브리티마케팅과 유사한 개념으로 데카르트마케팅이라는 것이 있다. 데카르트(Techart)란 기술(Tech)과 예술(Art)의 합성어로서 데카르트마케팅은 제품에 유명 예술가나 디자이너의 작품을 접목하여 소비자의 감성을 자극하는 기법을 말한다. 대표적인 사례로는 2006년 LG전자가 꽃의 화가로 유명한 하상림의 작품을 냉장고 표면에 새겨 성공을 거둔 것을 들 수 있으며, 신용카드업체 KB카드가 고 앙드레김이 직접 디자인한 카드를 선보여 주목을 받았다. 또한 명품 자동차업체인 벤츠는 2004년 조르조 아르마니(Giorgio Armani)가 실내 인테리어와 외관을 디자인한 'CLK 조르조 아르마니 스페셜 에디션'을 100대 한정판매하여 세계 최고의 자동차업계와 명품 디자이너의 만남으로 화제가 된 바 있다.

제65계

大同小異
대동소이
유사차별화효과 마케팅

大: 큰 대, 同: 한가지 동, 小: 작을 소, 異: 다를 이
크게는 같은데 작게는 다르다는 뜻으로, 거의 같음을 비유하는 말

대동소이(大同小異)의 유래

이 성어는 ≪장자(莊子)≫ 〈천하편(天下篇)〉에서 묵가(墨家)와 법가(法家)의 학설을 비판하고 도가(道家)의 사상을 선양하는 데서 유래되었다. 장자의 친구 혜시(惠施)는 "하늘은 땅보다 낮고 산은 연못보다 평평하다. 해는 중천에 뜨지만 장차 기울어지고, 만물은 태어나지만 장차 죽는다. 크게 보면 한가지지만 작게 보면 각기 다르니 이것을 대동소이(大同小異)라고 한다"라고 주장하였다. 당나라의 노동(盧同)과 마이(馬異)가 사귐을 맺는 시(詩)에 "어제의 같음은 같음이 아니고 다름은 다름이 아니다. 이것을 크게는 같고 작게는 다르다(大同小異)"라고 하였다.

대동소이(大同小異)와 마케팅

크게는 같은데 작게는 다르다는 대동소이(大同小異)는 마케팅 측면에

서 유사차별화효과를 의미한다고 할 수 있다. 유사차별화(pseudo differ-entiation)효과 마케팅이란 상품이 유사한 경우 약간의 차이를 마케팅에 활용하는 기법을 말한다. 일반적으로 제품의 차별화전략은 자사제품의 속성이나 특징이 타사제품보다 경쟁우위에 있을 때 전개하는 기법이다. 그런데 자사제품의 속성이나 특징이 의미가 없는데도 불구하고 소비자가 차별화를 느끼고 그 제품을 선호하는 경우도 있는데, 이를 '유사차별화효과'라고 한다.

예를 들어 샴푸에 실크 성분을 첨가하여 '실크샴푸'를 만들었다고 하자. 실제 실크의 효능이 미미하거나 없는데도 불구하고 머릿결이 부드러워질 것이라는 느낌을 받는다는 것이다. 미백치약의 경우도 '미백'이란 효능 때문에 일반 치약보다 몇 배나 비싸게 판매한다. 소비자들은 그 효능에 대하여 어느 정도 효과가 있는지 알 수 없다. 단지 다른 치약보다 미백효과가 있을 것이라 믿고 구매하는 것이다. 또한 등산용 티셔츠에 자외선 차단기능이 있다고 하자. 그 효과는 미미하더라도 소비자는 '자외선 차단'이라는 특징적 요소에 의하여 구매를 한다는 것이다.

이와 같이 품질과 직접적으로 관련되지 않는 속성이나 미미한 특징이 경쟁력의 요인이 될 수 있는 것이다. 이와 같이 유사차별화효과가 발생하는 이유는 다음과 같다.

1) 새로운 속성과 기능은 참신하기 때문이다

소비자가 기존 제품과 실제 속성에는 별 차이가 없는데, 차별성이 있는 속성과 기능의 제품을 선호하는 이유는 새로운 속성과 기능이 가져다주는 참신성을 느끼기 때문이다. 즉 소비자는 동일한 속성보다는 차별적 속성에 더 큰 가치를 두고 제품을 구매하려는 경향이 있다. 특히 품질 면에서 경쟁제품과 큰 차이가 없다면 추가기능의 효과는 더욱 커질 수밖에 없다.

2) 만족의 원인을 차별적 속성과 기능에 있다고 믿기 때문이다

소비자가 차별화된 속성과 추가기능성 제품에 만족하는 이유는 비록 미미할지라도 경쟁제품보다 차별적 속성과 기능이 있다고 믿기 때문이다. 소비자는 새로운 속성과 기능성 제품을 구입하면서 그에 대한 의미를 부여하고 싶어 하기 때문이다.

3) 소비자의 경험·정보·지식 등이 부족하기 때문이다

새로운 제품의 속성과 기능에 대하여 소비자는 경험·정보·지식 등이 부족하기 때문에 기업의 일방적 정보에 의존하게 된다. 즉 집에서는 과학적으로 분석할 수 없고, 그러한 능력이 없기 때문이다.

대동소이(大同小異). 크게는 같아 보이나 작게는 다르다는 것은 마케팅 측면에서는 유사차별화효과로서 매우 다를 수 있다는 의미이다. 따라서 마케터는 새로운 속성과 기능을 추가하여 유사차별화효과·마케팅을 전개하는 것은 좋으나, 과장광고 및 과대광고는 피해야 할 것이다.

아웃도어 브랜드의 등산용 반팔티셔츠 품질 및 기능성 비교시험

12개 아웃도어 브랜드의 등산용 반팔티셔츠 품질 및 기능성 비교시험을 실시했고, 그 결과를 발표했다. 이번 등산용 반팔 티셔츠의 시험항목은 여름철 등산복의 주요 기능으로 광고되고 있는 흡수성, 건조성, 자외선 차단에 대한 기능성 항목을 평가하였고, 기능성 의류제품의 품질 평가를 위해 내구성, 안전성 및 제품의 표시정보 등에 대해 시험을 진행했다. 그 결과, 레드페이스, 밀레 2개 제품은 제품상에 별도 부착된 Tag에서 표시 광고하고 있는 기능성 원단과 실제 사용된 원단에 차이가 있는 것으로 나타났다. 노스페이스의 경우 '자외선 차단 기능이 50+'라고 제품에 표시 광고하고 있지만, 실제 테스트 결과는 이에 미치지 못하는 것으로 나타났다. 제품에 '자외선(UV) 차단' 기능이 있다고 표시 광고하고 있는 에코로바, 라푸마 역시 시험 결과 자외선 차단 가공기능이 있다고 보기 어렵다고 소비자시민모임은 밝혔다.

– 소비자시민모임, 2013. 9. 4.

제66계

韜光養晦

도광양회

하이딩마케팅

韜: 감출 도, 光: 빛 광, 養: 기를 양, 晦: 그믐 회

칼날의 빛을 칼집에 감추고, 어둠 속에서 은밀히 힘을 기른
다는 뜻으로, 자신의 재능을 밖으로 드러내지 않고 인내하
면서 기다린다는 의미이며, 약자가 모욕을 참고 견디면서
힘을 갈고 닦을 때도 사용되는 말

도광양회(韜光養晦)의 유래

이 성어는 ≪삼국지연의(三國志演義)≫ 속에 유비를 도와 천하 통일을
도모했던 제갈공명의 천하삼분지계(天下三分之計)에서 찾을 수 있다. 천하
삼분지계(天下三分之計)란 후한 말기에 군사 제갈량이 유비에게 설파한 비
책으로서 적벽대전을 성공적으로 마무리하면서 유비가 형주, 익주를 얻
음으로써 조조의 위국(魏國), 손권의 오국(吳國), 유비의 촉국(蜀國)으로
천하가 삼분되어 수십 년간 천하는 정족지세의 형세를 유지하게 된다.
정족지세(鼎足之勢)란 다리가 세 개 달린 화로에 빗대어, 삼국이 균형을
이루어나간 형세를 말하는 것이다.

도광양회(韜光養晦)는 제갈공명이 천하삼분지계(天下三分之計)를 세워놓
고 오지인 촉(蜀)나라가 위(魏)나라와 오(吳)나라를 능가할 수 있는 실력
을 가질 때까지는 빛을 드러내지 않고 오로지 힘을 길러야 한다며 유비
를 설득한 데서 비롯된 고사성어이며, 덩샤오핑(鄧小平)이 개혁과 개방정

책을 시작하면서 중국이 세계 강대국으로 우뚝 서기 위해서는 아직 빛을 자랑할 때가 아니라 어둠 속에서 부단히 실력을 길러야 한다는 의미로 사용하여 널리 알려졌다.

도광양회(韜光養晦)와 마케팅

칼날의 빛을 칼집에 감추고, 어둠 속에서 은밀히 힘을 기른다 또는 약자가 모욕을 참고 견디면서 힘을 갈고 닦는다는 도광양회(韜光養晦)는 마케팅 측면에서 하이딩마케팅으로 의미를 부여할 수 있다. 하이딩마케팅(Hiding Marketing)이란 자사의 고유 브랜드나 로고를 숨기고 회사명은 눈에 안 띄게 하여 마케팅하는 기법을 말한다.

예를 들어 1993년 이전 국내 맥주시장은 동양맥주의 'OB'와 조선맥주의 '크라운'으로 양분되어 있었는데 조선맥주는 만년 2위였다. OB와 크라운맥주는 눈을 가리고 블라인드 테스팅(blind testing)해 보면 소비자들은 크라운맥주가 맛있다고 하였으나, 상표를 부착하면 '쓰다'고 하면서 외면하였다. 이에 조선맥주는 소비자의 인식을 바꾸기 위하여 '크라운'이라는 브랜드를 떼고 '하이트(Hite)'라는 새로운 브랜드를 부착하였다. 또한 조선맥주라는 제조회사명도 눈에 안 띄게 하였다. 결국 '150m 암반천연수'라는 칼날이 빛을 보면서 역전에 성공하였다. 동양맥주인 'OB'와 조선맥주인 '크라운'의 맥주전쟁은 도광양회(韜光養晦)전략의 전형을 보여주는 것이라고 할 수 있다.

또 다른 예로써 삼성전자가 벽걸이TV 파브(PAVV)를 출시할 때 삼성전자라는 기업명은 숨기고 파브(PAVV)라는 브랜드만 강조하였다. 소비자들은 당시 국내 전자제품보다는 외국제품을 선호했다. 매일 광고에 노출되는 '파브(PAVV)'는 마치 외국 브랜드처럼 보였다. '파브(PAVV)'가 인기를 끌자 서서히 기업명을 노출하기 시작하였다. 그리고 만약 국내 화장품회사에서 향수의 브랜드를 프랑스식 이름으로 짓고, 광고모델도 프랑스 사람을 쓰는 등 한국이 원산지라는 단서를 살짝 숨겨 향수의 본고장인 프랑스까지 진출하여 인기를 얻는 데 성공했다면 이 또한 도광양회(韜光養晦)전략의 전형이라고 할 수 있다.

최근에 노노스족이 뜨고 있다. 노노스는 '노 로고(No Logo), 노 디자인(No Design)'의 줄임말로서 명품 브랜드가 대중화되자 아예 브랜드를 없애고 디자인을 차별화한 제품을 즐기는 계층을 일컫는다. 이들은 노출된 명품의 로고나 디자인보다 희소성과 나만의 디자인을 추구한다. '노 로고(No Logo), 노 디자인(No Design)' 역시 하이딩마케팅의 일종이라고 할 수 있다.

이와 같이 기업은 자사의 기업명이나 브랜드명을 최대한 노출시켜 소비자의 구매를 유도하지만 때로는 감춰서 성공을 거두는 경우도 있다. 일반적으로 기업명이나 브랜드명이 시장에서 파워가 강하면 굳이 하이딩마케팅을 할 필요가 없으나 다음과 같은 경우에 전개하면 효과적이다.

- 브랜드 파워가 약할 때
- 소비자들이 자사의 기업이나 브랜드가 후발주자라고 인식할 때
- 강력한 원산지가 존재하여 그 시장에 진입하기 어려울 때
- 브랜드명보다는 '노 로고(No Logo), 노 디자인(No Design)'을 추구하는 시장이 존재할 때

제12장

美人計

고객을
유혹하라

제12장

美人計
미인계

고객을 유혹하라

美: 아름다울 미, 人: 사람 인, 計: 계책 계
아름다운 여자를 이용하여 남을 유혹하거나 꾀는 술책을
말함

미인계(美人計)의 유래

이 성어는 ≪손자병법≫ 36계 중 제31계 미인계(美人計)에서 유래되었
다. 미인계는 중국의 전쟁사에서 자주 등장하였는데, 그중 ≪한비자(韓
非子)≫ 〈내저설(內儲說) 하편〉에 의하면 "진(晋)나라 헌공(獻公)은 우와 괵
두 나라를 치기 위해 먼저 명마와 보석과 미녀 16명을 보내어 군주의
마음을 사로잡아 국정을 혼란케 했다"라는 대목이 나온다. 이와 같이
미인계는 아름다운 여인을 바쳐 적을 유혹하고, 적으로 하여금 안일과
향락에 빠지게 한 다음 공격하여 승리를 거두는 전략을 말한다.

미인계(美人計)의 마케팅계책

미인계는 마케팅 측면에서 미끼마케팅에 해당한다고 할 수 있다. 성
동격서(聲東擊西) 역시 미끼마케팅을 의미하는 고사성어라고 할 수 있는

데, 동쪽에서 소리치는 것은 미끼이고, 서쪽을 공격한다는 것은 매출을 극대화하겠다는 의미로 해석할 수 있다. 이와 같이 미끼마케팅이란 고객을 유인할 수 있는 어떠한 상품이나 요소를 제공한 다음 매출을 극대화시키려는 기법을 말한다.

≪한비자(韓非子)≫〈설림(說林) 상편〉에 "장욕취지 필선여지(將欲取之 必先與之)"라는 말이 나오는데, 장차 취하고자 한다면 반드시 먼저 주어야 한다는 뜻으로 무언가를 얻고 싶으면 그 뜻을 이루기 위하여 먼저 상대방에게 무언가를 주어야 한다는 의미이다. 고객을 유혹하여 구매를 이끌어내는 미인계 마케팅전략에 대한 구체적인 계책으로 다음과 같이 6계를 제시하였다.

제67계 : 이대도강(李代桃僵) - 미끼마케팅

제68계 : 감조지계(減竈之計) - 구구(99)마케팅

제69계 : 동시효빈(東施效顰) - 전시효과를 노려라

제70계 : 견물생심(見物生心) - 충동구매를 노려라

제71계 : 조삼모사(朝三暮四) - 대조효과를 노려라

제72계 : 주마가편(走馬加鞭) - 마일리지/쿠폰 마케팅

李代桃僵

이대도강

미끼마케팅

李: 오얏 리, 代: 대신할 대, 桃: 복숭아 도, 僵: 넘어질 강

자두나무가 복숭아나무를 대신하여 넘어진다는 뜻으로, 작은 손해를 보는 대신 큰 승리를 거두는 전략을 의미함

이대도강(李代桃僵)의 유래

≪손자병법≫ 36계 중 제11계인 이대도강(李代桃僵)은 중국 고대에서 오대시대까지 전해지던 악부시를 집대성한 〈악부시집(樂府詩集)〉의 '계명(鷄鳴)'이란 시에서 유래되었는데 그 내용은 다음과 같다.

도생로정상(桃生露井上) : 복숭아나무가 우물가에서 생겨나고

이수생도방(李樹生桃旁) : 자두나무는 복숭아나무 옆에서 생겨났네

충래설도근(蟲來齧桃根) : 벌레가 복숭아나무의 뿌리를 갉아먹으니

이수대도강(李樹代桃僵) : 자두나무가 복숭아나무를 대신하여 넘어
갔네

수목신상대(樹木身相代) : 나무들도 제 몸을 대신하거늘

형제환상망(兄弟還相忘) : 형제는 서로를 잊어버리네

이 시에 나오는 이수대도강(李樹代桃僵)에서 나무 수(樹)를 빼고 이대도 강(李代桃僵)이란 고사성어가 만들어졌다. 이 시의 의미는 자두나무가 대 신하여 벌레들에게 갉아먹혀 희생함으로써 복숭아나무를 살리는 것을 빗대어 형제간에도 그러한 우애를 강조한 것인데, ≪손자병법≫에서는 작은 희생을 통하여 큰 승리를 획득하는 전략의 의미로 사용되고 있다.

이대도강(李代桃僵)과 마케팅

작은 희생을 통하여 큰 승리를 획득한다는 이대도강(李代桃僵)을 마케 팅 측면에서 해석하면 작은 미끼마케팅의 전형이라고 할 수 있다. 문턱 을 처음 한 번 넘기가 어렵지 한 번 넘고 나면 쉽게 넘나든다는 말이 있 다. 따라서 기업에서는 문턱을 넘도록 고객에게 다양한 미끼전략을 전 개하는데, 소개하면 다음과 같다.

1) 로스 리더(Loss Leader)마케팅

더 많은 고객을 끌어모으려는 목적으로 특정 상품가격을 대폭 낮추 어 고객을 유인하는 기법을 말한다. 원가 이하의 가격으로 팔면 해당 품목에서는 손해가 발생하지만, 매장으로 불러들이는 집객효과가 커 궁 극적으로는 매출 증가효과를 기대하는 전략이라고 할 수 있다. 백화점 이나 대형마트의 전단지에 미끼상품을 던져놓는 게 전형적인 방법이다.

2) 공짜마케팅

대표적인 공짜마케팅의 방법으로는 대형할인마트 식품코너의 시식과 화장품회사의 샘플 제공 등을 들 수 있다. 소비자들은 공짜 시식이나 샘플을 미리 경험해 봄으로써 구매하기 전에 상품 테스트의 기회를 가질 수 있다는 점에서 신상품의 시장 진입 시 매우 효과적인 전략이다. 또한 면도기를 무료로 주고 면도날을 판매하는 것이나, 휴대폰 단말기를 무료로 주고 통신요금으로 매출을 올리는 기법도 공짜마케팅의 일환이라고 할 수 있다. 따라서 공짜마케팅은 단기적인 이익보다는 장기적인 측면에서 실시되는 마케팅기법이라고 할 수 있다.

3) 할인쿠폰마케팅

할인쿠폰도 유효한 미끼전략의 일환이다. 대표적인 방법으로는 전단지나 광고물에 할인쿠폰을 새겨 소비자가 오려오게 하거나, 인터넷 등

이탈리아 Picknick 레스토랑에서는 기발한 형식의 할인쿠폰을 발행하고 있는데, 할인쿠폰이 초·성냥과 함께 포장되어 있다. 할인쿠폰에는 할인금액이 적혀 있지 않은 상태로 인쇄되어 있는데, 촛불이나 성냥불을 가까이 갖다 대면 금액이 나타난다.
자료 : Picknick 레스토랑 홈페이지

온라인상에서 할인쿠폰을 다운로드받아 가져오게 하는 것을 들 수 있다. 결국 할인쿠폰마케팅은 할인이라는 미끼를 통하여 매장에 유도함으로써 다른 물건도 쇼핑할 수 있게 하는 전략이라고 할 수 있다. 소비자에게 할인쿠폰은 정상가격보다 싸게 구매할 수 있다는 점에서 활용도가 높은 편이다. 또한 일정액을 구매하면 할인권과 쿠폰을 주어 재방문을 유도하는 경우도 있는데 이를 리피팅(repeating)이라고 한다.

이와 같은 할인쿠폰은 소비자, 제조업체, 유통업체 등 삼자 모두에게 이익을 가져다준다. 즉 소비자에게는 할인이라는 혜택을, 제조업체에게는 광고홍보비 절감을, 유통업체에게는 고정고객 확보라는 이익을 공유하게 하는 것이다. 특히 불황기에는 소비심리를 자극한다는 점에서 유효한 마케팅 수단이라고 할 수 있다.

4) 1+1 마케팅

한 개를 구매하면 한 개를 더 주는 미끼를 던져 소비자를 유혹하는 기법이다. 예를 들어 피자 한 판을 구매하면 한 판을 더 준다든지, 홈쇼핑에서 정장 한 벌을 구매하면 다른 색의 정장 한 벌을 더 준다는 형식이다. 이 마케팅기법은 반값할인보다 더 큰 효과를 줄 수 있다. 즉 반값할인은 10,000원짜리 상품의 경우 5,000원 할인받는 것 같지만 1+1은 10,000원짜리 상품 하나를 공짜로 얻은 기분이다. 대표적인 사례로는 '호식이 두 마리 치킨'으로 한 마리 가격에 두 마리를 준다는 창조적 가격파괴전략을 통하여 소비자를 유혹하는 것이다. 이러한 1+1 마케팅을 일명 '보고(BOGO: Buy One Get One)마케팅'이라고 한다.

5) 덤마케팅

메인상품을 구매하면 부수적인 상품을 덤으로 준다는 마케팅기법을 말한다. 홈쇼핑 상품광고의 대부분은 덤마케팅을 활용하고 있다. 예를 들어 등산복 한 벌을 구매하면 조끼, 모자, 양말 등을 덤으로 주는 것을 들 수 있다. 비록 덤이 원가에 포함되어 있더라도 소비자의 입장에서는 고마울 뿐이다.

6) 사은품마케팅

백화점에서 정기 세일행사 시 많이 볼 수 있는 기법이다. 예를 들어 30만 원어치 구매 시 그릇세트를 사은품으로 준다면 대부분의 소비자는 반드시 30만 원어치의 쇼핑을 한다는 것이다. 많은 소비자는 사은품에 현혹되어 원하지 않는 쇼핑까지도 한다는 점에 주목할 필요가 있다. 특히 사은품을 제공할 때는 '0'의 가치가 아님을 소비자에게 인식시켜 주어야 한다. 일반적으로 소비자들은 사은품을 공짜 또는 가치가 없는 것이라고 생각하는 경향이 많다. 따라서 '0000원 상당의 사은품 제공'처럼 구체적인 금액을 제시하는 것이 효과적이다.

7) 경품마케팅

경품마케팅이란 상품 속에 경품을 넣어 구매를 유도하거나 일정액을 구매하면 경품권을 주어 추첨에 의하여 경품을 받을 수 있는 권리를 주는 이벤트를 말한다. 상품 속에 경품을 넣은 대표적인 사례로는 소주나 맥주 병마개에 새긴 경품을 들 수 있다. 경품권 추첨의 대표적인 사례로는 대형마트를 들 수 있는데, 예를 들어 1등 자동차, 2등 TV, 3등 냉장고 등의 경품을 걸고, 5만 원어치 구매한 고객에게 경품권을 주는 경우

1971년 우리나라 경품마케팅의 서막을 알린
진로 병뚜껑 속의 두꺼비 행운

를 들 수 있다. 이럴 경우 대부분의 소비자는 5만 원어치를 쇼핑하고 경품에 참여하려 할 것이다. 물론 경품 때문에 기존에 거래하던 마트에 가지 않고 경품을 주는 마트로 발길을 옮기는 소비자도 많다고 할 수 있다. 이러한 이벤트는 신규업체나 일시적으로 매출을 올리고 고객을 더 확보하고자 하는 경우에 유효한 전략이라고 할 수 있다. 특히 경품마케팅은 추첨함에 넣은 연락처를 데이터베이스(DB)화하여 이를 활용할 수 있다는 이점이 있다.

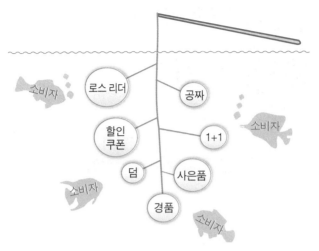

【그림 13】 미끼마케팅

 미끼마케팅

　　2010년 신세계 이마트는 지름 45㎝ 초대형 피자를 한 판에 11,500원이란 파격적인 가격에 판매하였다. 소비자들의 반응이 좋아 대부분 점포에서 오후 3~4시에 물량이 모두 소진될 정도였다. 결국 피자를 사기 위해 매장을 방문할 정도였고, 피자를 먹기 위해 1~2시간의 대기시간을 기다리는 진풍경도 연출되었다. 따라서 대기시간 동안 소비자는 자연스럽게 쇼핑하게 되어 매출상승의 효과를 보게 되었다. 이에 경쟁사인 롯데마트도 5,000원짜리 '통큰치킨'을 미끼로 대응하였다. 그 결과 판매기간에 10%의 고객이 더 방문하여 매장의 매출도 증가한 것으로 나타났다. 또한 컴퓨터 프린터는 싸게 팔고 잉크나 토너 카트리지 판매로 수익을 올리는 경우, 휴대폰 단말기는 무상으로 제공하고 매달 사용료에서 수익을 올리는 경우도 일종의 미끼마케팅이라고 할 수 있다.

減竈之計

감조지계

구구(99)마케팅

減: 덜 감, 竈: 부엌 조, 之: 갈 지, 計: 셀 계

아궁이의 수를 줄인다는 뜻으로, 병력의 수가 적다는 것
을 암시하여 적을 유인한 다음 공격하는 병법을 의미

감조지계(減竈之計)의 유래

이 성어는 ≪손자병법≫에 등장하는 전략에서 유래되었다.

춘추전국시대 귀곡선생(鬼谷先生)의 제자인 손빈(孫殯)과 방연(龐涓)이
있었다. 손빈은 ≪손자병법≫으로 유명한 제나라 손무(孫武)의 손자로서
어려서 부모를 잃고, 생활고에 시달리다가, 무작정 귀곡선생의 문하로
뛰어든 사람이고, 방연은 위나라 사람으로 역시 귀곡선생 문하에서 수
학하는 수재였다. 방연은 위(魏) 혜왕에 발탁되어 작은 병력으로 막강한
제나라의 공격을 격퇴하는 등 실력을 발휘하여, 위나라의 대장군이 되
었다. 이때 위나라 재상이 방연과 동문수학하고, 손무의 손자인 손빈에
대한 명성을 듣고, 그를 위나라로 초빙하는데 그때부터 방연은 질투심
을 느꼈다. 손빈과 방연은 해후를 하였으나, 점차 손빈이 자기보다 뛰어
날 뿐 아니라, 손무의 병법을 다 숙지하고 있다는 사실을 알게 된 방연
은 손빈을 제거하기로 결심하였다. 방연은 손빈이 적국인 제나라와 내

통하고 있다고 모함하여 손빈은 얼굴에 먹물을 새기는 묵형(墨刑)을 당하고 감금되는 신세가 된다. 그때 제(齊)나라 손우곤이라는 사람이 이 내막을 알고 위나라에 잠입하여 손빈이 우물에 빠져죽은 것으로 꾸며 그를 구출하여 제나라로 탈출하였다.

어느 날 방연이 이끄는 위나라의 10만 대군은 한(韓)나라를 공격하게 되었는데, 한나라의 구원요청을 받은 제나라는 손빈을 군사(軍師)로 삼아 5만 병력을 출동시켰다. 손빈과 방연이 숙명적인 대결을 하게 되었는데 그 전투가 유명한 마릉(馬陵)전투이다. 손빈은 제나라의 대장군에게 "병법에 이르기를 백 리를 추격하여 승리를 얻고자 하는 군사들은 그 장수를 잃게 되며, 오십 리를 추격하여 승리를 얻고자 하는 군사들은 그 군사의 반만이 목적지에 당도하게 된다"라고 하면서 "일반적으로 철군하는 쪽은 추격하는 쪽보다 불리하나 저는 이를 이용하고자 합니다"라고 하였다. 그러면서 계책을 설명했는데 "옛날 스승님과 함께 수학할 때, 방연은 군사의 수를 계산하는 방법으로 병사들이 식사하는 아궁이의 숫자를 세는 방법을 사용하여 적 병력의 수를 계산했습니다. 이를 이용할 것입니다. 오늘 저녁, 군사들이 취사할 때에는 10만 명이 밥을 먹을 아궁이를 만드십시오. 그리고 다음날부터는 그 숫자를 절반으로 줄여나가시면, 방연은 반드시 우리 군사들이 적지에 들어와서 겁을 먹고 탈주하고 있다고 생각할 것입니다. 그러면 방연과 위군은 조바심을 내고 추격하게 될 것이니, 반드시 우리의 계책에 넘어올 것입니다"라고 하였다.

손빈의 계략에 걸려든 방연은 약화된 적을 단숨에 무찌르고, 손빈을 사로잡기 위해, 하루에 100리씩 강행군하여 마릉에 이르렀을 때 날이 저물었는데 큰 소나무에 희미한 글씨를 보게 되었다. 방연이 횃불을 밝히고 소나무에 써진 글씨를 읽어보니, "방연, 이 나무 아래에서 죽다. 손빈(龐涓 死 此樹下 孫殯)"이라고 쓰여 있었다. 이때 미리 매복해 있던 손빈의 궁수부대가 일제히 쏘아대는 수십만 개의 화살에 방연은 물론이고, 위나라 대군이 몰살하였다. 이렇게 하여 아궁이의 수를 줄여 적을 유인하는 '감조지계(減竈之計)'라는 병법이 등장하게 된 것이다.

감조지계(減竈之計)와 마케팅

아궁이의 수를 줄여 적을 유인한다는 감조지계(減竈之計)는 마케팅 측면에서 구구(99)마케팅으로 의미를 부여할 수 있다. 즉 적은 고객을 의미하고, 99는 아궁이의 수를 줄여 유인하는 전략이라고 할 수 있다. 99마케팅이란 990원, 9,900원, 99,000원 등과 같이 심리지향적 가격전략으로서 비록 미미한 가격 차이이지만 소비자들이 심리적으로 싸게 느껴지게 하여 구매를 유도하는 전략을 말한다.

예를 들어 태국 4박 5일 허니문 패키지요금을 1,000,000원으로 하는 것보다 990,000원으로 설정하면 가격은 비록 10,000원 차이이지만 고객의 심리적인 가격은 그보다 훨씬 더 싸게 느껴지는 것이다. 특히 99마케팅은 홈쇼핑과 할인마트에서 위력을 발휘하고 있는데 상대적으로 저렴하게 느껴 쉽게 지갑의 문을 열게 되는 것이다. 손빈이 왜 아궁이의 수를 줄여 적을 유인했는지 감조지계(減竈之計)는 99마케팅의 전략에 대한 모델을 제시해 주는 것이라고 할 수 있다.

구구(99)마케팅

경기 침체가 심화되면서 상품 가격의 자릿수를 낮추는 일명 '99마케팅'이 부각되고 있다. 단순히 가격을 인하하는 것을 넘어 1만 원대 제품은 9천 900원으로, 1천 원대는 990원으로 아예 소비자가 단위를 낮춰 가격에 대한 심리적 저항감을 줄임으로써 굳게 닫힌 소비자의 지갑을 열려는 것이다. 커피전문점 후발업체인 마노핀은 과열된 경쟁 속에서 990원짜리 커피를 돌파구로 택했다. 여타 커피전문점 커피 가격이 5~6천 원에 달하는 것에 비하면 파격적인 가격이다. 이 덕분에 기존의 '마노핀 갤러리' 매장보다 990원짜리 커피를 판매하고 있는 '마노핀 익스프레스'의 일일 매출이 더 높다는 게 회사 측 설명이다.

아웃백 스테이크 하우스는 풀코스 런치 메뉴를 9천900원에 내놓았다. 1만 원대가 훌쩍 넘는 타 패밀리 레스토랑의 런치 메뉴와 달리 저렴한 가격으로 웰빙 트렌드에 맞춘 점심 메뉴를 제공한다. 불고기 브라더스 역시 9천900원짜리 런치 메뉴를 선보이고 있으며, 피자헛도 자사의 특정 피자 메뉴 1천만 판 판매 기념을 앞세워 피자 1판을 9천900원에 제공하는 행사를 펼친 바 있다. 서민 음식으로 꼽히는 짜장면도 '99마케팅'에 동참했다. '경기도 착한가격업소 베스트10'에 선정되기도 한 990원 짜장면은 입소문을 타고 많은 사람들이 찾으면서 매출이 30%가량 증가한 것으로 알려졌다. 이마트도 소량의 제품을 찾는 사람들이 늘면서 신선식품과 가공식품을 작게 포장해 990원에 판매하고 있다. 의류업계도 '99마케팅'을 활발하게 진행 중이다. 패션 편의점 미즈나인은 20~30대 여성을 겨냥해 패션 소품은 물론 재킷, 드레스 등 의류까지 9천900원 균일가를 적용해 판매한다.

유통업계 관계자는 "경제불황에 소비심리가 위축됐지만 대체소비에 대한 수요는 분명히 있다. '99마케팅'으로 비록 이익률은 줄 수 있지만 가격이 저렴하면서 실속 있는 제품을 찾는 소비자들이 부담없이 지갑을 열게 만든다"고 말했다.

— 아이뉴스24. 2012. 7. 12.

東施效顰
동시효빈

전시효과를 노려라

東: 동녘 동, 施: 베풀 시, 效: 본받을 효, 顰: 찡그릴 빈

동쪽에 사는 시(施)씨라는 성을 가진 여자가 찡그린 것을
본받았다는 뜻으로, 다른 사람의 행동을 제대로 파악하지
못하고 무작정 따라하는 맹목적인 행동을 꾸짖는 것을 의미

동시효빈(東施效顰)의 유래

이 성어는 ≪장자(莊子)≫ 〈천운편(天運篇)〉에 다음과 같이 소개된 우
화에서 유래되었다.

중국 오(吳)와 월(越)나라 시절. 어느 마을에 '시(施)'씨 성을 가진 미모
의 여인이 살고 있었다. 그의 집이 마을 서쪽 언덕에 있어 '서시(西施)'라
고 불렸다. 마을 동쪽 언덕에도 시(施)씨 성을 가진 여자가 살고 있었는
데, 동쪽에 살고 있다고 하여 '동시(東施)'라고 불렸지만 그녀는 추녀였다.
한마을에 살고 있는 이 둘은 미녀와 추녀를 대표하는 상징적인 존재였
다. 마을에서 미인으로 인정받던 서시는 동경의 대상이었다. 못생긴 동
시는 오로지 서시처럼 되기 위해 살았다. 서시의 옷을 따라 입고, 머리
모양을 흉내 냈다. 서시는 선천적인 가슴 통증이 있었는데 어느 날 길을
가다 갑자기 아픔을 느껴 두 손으로 가슴을 움켜쥐고 이맛살을 찌푸렸
다. 이를 본 동시도 가슴을 쥐어뜯고 이맛살을 찌푸리며 동네를 돌아다

넜다. 못생긴 동시가 얼굴까지 찡그리며 다니자, 동네 사람들은 모두 고개를 절레절레 흔들며 문을 걸어 잠그고 가까이 오는 것을 꺼렸다.

서시(西施)는 왕소군(王昭君), 초선(貂蟬), 양귀비(楊貴妃) 등과 함께 중국 4대 미녀로 불리고 있다.

동시효빈(東施效顰)과 마케팅

동시효빈(東施效顰)은 다른 사람의 행동을 제대로 파악하지 못하고 무작정 따라하는 맹목적인 행동을 꾸짖는 비판적인 내용이지만 이를 마케팅에 접목하면 접시효과를 의미한다고 할 수 있다. 전시효과(Demonstration Effect)란 개인의 소비행동이 사회 소비수준의 영향을 받아 타인의 소비행동을 모방하려는 소비성향을 말한다. 이 용어는 미국의 경제학자 듀젠베리(Duesenberry)가 주장한 것으로, 선진국과 후진국이 서로 교섭하게 되면 후진국 국민들이 선진국 국민들의 생활양식을 본받게 되어 소비성향이 높아진다고 하였다.

개인의 소비성향은 사회환경에 의해서 크게 자극과 영향을 받으므로 전시효과현상이 발생한다. 예를 들어 버스나 지하철 등의 대중교통을 이용하는 것이 아무런 불편함이 없던 사람이 주변에 자가용 승용차를 몰고 다니는 사람을 보면 자신도 승용차를 구입하고 싶다는 것이다. 이와 같은 전시효과는 종종 사회문제가 되기도 한다. 예를 들어 1970년대 우리나라에서 산업화가 급속도로 진전될 때 농촌의 젊은이들이 같은 또래 도시의 젊은이들을 모방하고자 무작정 상경하여 농촌에는 젊은이들이 사라지기 시작했고, 자신의 경제력이 부족한데도 무리하게 모방함으로써 문제가 되기도 하였다. 이러한 현상은 신문, 영화, TV 등 미디어의 영향이 크게 작용했기 때문이다. 어쨌든 전시효과는 소비를 촉진시켜 준다는 점에서 적절히 활용할 필요성이 있는 셈이다.

전시효과와 유사한 용어로 파노폴리효과라는 것이 있다. 파노폴리효과(Effect de Panoplie)란 프랑스의 철학자이자 사회학자인 장 보드리야르(Jean Baudrillard)가 사회학의 입장에서 명품이 현대사회를 다시 계급사회로 나누고 있다는 것을 비판하는 시각에서 사용한 말이다. 그 뜻은 '집합'의 개념으로서 '맥락이 같은 의미를 가진 상품'의 효과를 말한다. 즉 특정 제품을 소비하면 그 제품을 소비하는 집단과 같아진다는 환상을 갖게 하는 것이다. 예를 들어 어린이가 장난감 경찰놀이 세트를 사면 마치 경찰관이 된 듯한 기분을 느끼는 것과 같은 이치이다.

이와 같은 파노폴리효과는 유명 커피전문점에도 적용된다. 그곳에서 커피를 마시면 마치 자신의 모습이 미국 영화 속의 주인공처럼, 그 커피를 테이크아웃하여 거리를 활보하면 마치 뉴욕의 거리를 활보하는 뉴요커와 동일시된다는 환상을 갖게 한다는 것이다. 오늘날 커피전문점이 성행하는 것은 파노폴리효과가 일정부분 작용했기 때문이라고 할 수 있다.

특히 커피전문점의 VIP카드는 파노폴리효과를 더욱 자극하였다. 연간 수천만 원을 구매해야 VIP대접을 받는 백화점 카드와는 달리 커피전문점의 VIP카드는 훨씬 적은 부담으로 지갑에 담을 수 있는데 '나도 VIP'라는 과시와 환상을 갖게 한 것이다. 커피전문점의 입장에서 VIP카드는 매출증진은 물론 한정된 시장을 놓고 제로섬게임을 하는 경쟁 속에서 고객을 유지시켜 주는 수단이라고 할 수 있다.

제70계

見物生心
견물생심

충동구매를 노려라

見: 볼 견, 物: 만물 물, 生: 날 생, 心: 마음 심

어떤 물건을 보면 그것을 가지고 싶어 하는 마음이 생긴다
는 뜻

견물생심(見物生心)의 유래

이 성어는 생활 속의 속담을 한자성어화한 것이다. 유사 고사성어로
'이목지욕(耳目之慾)'이 있는데, 듣고 싶고 보고 싶은 욕망이라는 뜻으로
듣고 봄으로써 생기는 물질에 대한 욕망을 일컫는다.

견물생심(見物生心)과 마케팅

견물생심(見物生心)은 마케팅 측면에서 충동구매를 유도하는 기법이라
고 할 수 있다. 충동구매란 원래는 그 물건을 살 생각이 없었으나 광고
를 보았거나 구매현장에서 마음이 흔들려 물건을 사는 것을 말한다. 이
러한 충동구매를 노리는 전략은 홈쇼핑, 백화점, 마트, 편의점 등 유통
업체에서 자주 볼 수 있다. 실제 조사연구에 의하면 소비자의 40% 정
도가 충동구매를 경험한 적이 있다고 밝히고 있다. 소비자의 입장에서

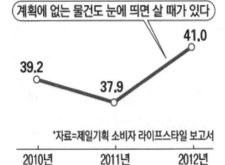

충동구매는 독이 될 수 있으나 매출을 올려야 하는 유통업체의 경우 충동구매를 유발시킬 수밖에 없다.

결국 소비자가 물건을 사기 위해 매장에 들어서는 순간 유통업체와의 서로 보이지 않는 전쟁이 시작되는 것이다. 소비자들이 충동구매

충동 성향 강해진 소비자 (단위=%)

계획에 없는 물건도 눈에 띄면 살 때가 있다

39.2   37.9   41.0

'자료=제일기획 소비자 라이프스타일 보고서

2010년   2011년   2012년

【그림 14】 충동구매 성향

를 하게 되는 것은 소비자들의 절제력이 부족해서라기보다는 충동구매를 유도하는 유통업체의 치밀한 마케팅전략이 숨어 있기 때문이다. 구매현장에서 충동구매를 자극하기 위한 기법으로는 플래노그램(planogram)과 POP방법 등이 있는데 결국 견물생심을 노리는 전략이라고 할 수 있다.

1) 플래노그램(planogram)

플래노그램(planogram)이란 평평한 선반이라는 '플래노(plano)'와 한눈에 볼 수 있는 도표라는 '그램(gram)'의 합성어이다. 플래노그램은 상품진열전략으로 상품을 어떻게 진열하고, 각각 어디에 어떻게 놓여야 하는지를 알려주는 지침이라고 할 수 있다. 이러한 플래노그램은 어느 날 갑자기 만들어진 것이 아니라 소비자들이 상품을 구매하는 행동을 오랜 기간 관찰하고 분석한 결과이다. 즉 상품의 배열·색깔·크기·위치·방향·메이커·과거 판매실적 및 소비자의 구매 편리성 등을 최대한 반영한 것이다.

플래노그램의 대표적인 사례로는 편의점에 생수 한 병을 사러 갔을 뿐인데 나올 때 손에 쥔 것은 생수뿐만 아니라 껌, 초콜릿 등도 들고 있는 것을 들 수 있다. 이러한 충동구매효과는 상품진열을 계획적으로 하였기 때문이다. 즉 마트나 편의점 계산카운터 근처에 값이 저렴한 소형 상품을 진열하여 점원이 계산하는 동안 이리저리 눈을 돌리다가 잔돈이 남으니까 충동구매를 유도하는 것이다. 그 외 플래노그램의 예를 들면 다음과 같다.

- 맥주 등의 주류코너 근처에 마른안주를 비치하는 것
- 우유코너 주변에 시리얼, 빵, 계란 등 관련 제품을 비치하는 것
- 아기 분유코너 주변에 기저귀 및 아기용품을 비치하는 것

실제 상품진열이 잘되었을 경우 충동구매에 의한 매출이 10% 정도 증가하는 것으로 나타나고 있다. 이와 같이 상품의 디스플레이를 통하여 충동구매를 유도하는 기법을 '플래노그램'이라고 한다.

마트에서 우유, 기저귀 및 아기용품을 비치하는 것과 계산카운터 근처에 껌 등의 값이 저렴한 소형 상품을 진열하는 것은 플래노그램효과를 노리고자 하는 것이다.

플래노그램효과 - 이마트 연관상품 진열방식

이마트는 연관상품으로 진열방식을 바꾼 뒤 매출이 급신장하는 효과도 올렸다. 자동차용품 매장에서 졸음방지용 껌을 판매하자 껌 매출이 전년 대비 268%가량 상승했다. 이마트 여의도점에선 우유매장 한가운데 시리얼 매장을 설치했더니 다른 점포보다 시리얼 매출이 2배 이상 늘어나기도 했다. 최근엔 전혀 관련이 없을 것 같은 아이 기저귀와 맥주를 함께 진열하는 일도 생겼다. 쇼핑 나오는 남자들이 늘어나면서, 아이들 기저귀를 사면서 바로 옆에 있는 맥주도 함께 구매하는 빈도가 높다는 점에 착안한 것이다. 전혀 연관 없어 보이는 상품도 고객의 소비패턴을 분석, 연관점을 포착하여 진열해서 많게는 200%까지 매출이 신장하는 효과를 거두었다.

2) POP

POP(Point Of Purchase)란 구매시점 광고라고 정의되며, 상품, 가격, 혜택, 판매위치 등의 정보를 디자인하여 부착하거나 세워놓는 일종의 포스트나 선전물과 같은 것을 말한다. POP는 구매시점에서 소비자에게 전달하는 마지막 광고로서 소비자를 최종적으로 유인하고, 광고를 보지 못한 고객에 대해서도 충동구매를 유발시키는 역할을 하며, 저비용으로 최대의 효과를 누릴 수 있다. 이러한 POP는 상품 주변에 비치되어 충동구매를 자극한다. 예를 들어 특별할인, 세일 등의 POP를

POP

상품에 부착해 놓으면 소비자의 눈길을 사로잡는 것이다. 또한 냉면집에서 만두 판매 POP를 만들어 벽에 부착해 놓으면 냉면 외에 만두를 충동구매하게 되는 것이다.

제71계

朝三暮四

조삼모사

대조효과를 노려라

朝: 아침 조, 三: 석 삼, 暮: 저물 모, 四: 넉 사

아침에 세 개, 저녁에 네 개라는 뜻으로, 눈앞의 차이만 알고 결과가 같다는 것을 모를 때 비유하는 말

조삼모사(朝三暮四)의 유래

이 성어는 ≪장자(莊子)≫의 우화에서 유래되었다. 춘추전국시대 송 (宋)나라에 저공(狙公)이라는 사람이 있었다. 저공은 많은 원숭이를 기르고 있었는데 그는 가족의 양식까지 퍼다 먹일 정도로 원숭이를 좋아했다. 그래서 원숭이들은 저공을 따랐고 마음까지 알았다고 한다. 그런데 워낙 많은 원숭이를 기르다 보니 먹이를 대는 일이 날로 어려워졌다. 그래서 저공은 원숭이에게 나누어줄 먹이를 줄이기로 했다. 그러나 먹이를 줄이면 원숭이들이 자기를 싫어할 것 같아 그는 우선 원숭이에게 "너희들에게 나누어주는 도토리를 앞으로는 아침에 세 개, 저녁에 네 개(朝三暮四)씩 줄 생각인데 어떠냐?"라고 말했다. 그러자 원숭이들은 한결같이 화를 내었다. 아침에 도토리 세 개로는 배가 고프다는 불만임을 안 저공은 "그럼 아침에 네 개, 저녁에 세 개(朝四暮三)씩 주마"라고 하자 원숭이들은 모두 기뻐했다고 한다.

따지고 보면 전체 하루 7개는 변함없는데, 순서가 바뀌었다고 하여 원숭이들이 극과 극의 반응을 보인 것이다.

조삼모사(朝三暮四)와 마케팅

눈앞의 차이만 알고 결과가 같음을 모른다는 조삼모사(朝三暮四)는 마케팅 측면에서 대조효과를 일컫는다. 대조효과(Contrast Effect)란 먼저 본 상품과 나중에 본 상품을 비교하여 그 차이에서 의사결정을 하는 심리적 효과를 말한다. 예를 들어 처음에 가벼운 물건을 들어보고 난 후에 무거운 물건을 들어보면, 그냥 처음부터 무거운 물건을 들어본 경우보다 그것이 더 무겁게 느껴지는 것과 같은 이치다. 이와 같은 대조효과는 판매현장에서 유용하게 작용하는데, 저가에서 중가를 추천하는 것보다 고가에서 중가를 추천하는 것이 더욱 판매가 잘된다는 것이다.

예를 들어 옷가게에서 옷을 판매할 때 저가상품부터 추천하다가 중가상품을 추천하면 비싸게 느껴지지만, 고가상품부터 추천하다가 중가상품을 추천하면 상대적으로 저렴하게 느껴져 구매가 쉽게 이루어진다는 것이다. 아파트도 마찬가지이다. 저가매물부터 중가매물을 소개하면 상대적으로 비싸게 느끼고, 고가매물부터 중가매물을 소개하면 싸다고 느끼게 되어 계약이 성사될 확률이 높다는 것이다. 판매현장에서는 조삼모사(朝三暮四)보다 조사모삼(朝四暮三)이 더 효율적인 것 같다.

이와 같이 똑같은 내용임에도 불구하고 사람들이 상황에 따라 다르게 받아들이는 현상을 프레이밍효과(Framing Effect)라고 한다. 이 이론은 인식의 틀(Frame)에 긍정적 틀(Positive Frame)과 부정적 틀(Negative Frame)에 따라서 의사결정이 달라지는 것을 의미한다. 즉 같은 말을 가지고 어떤 틀에 담느냐에 따라서 받아들이는 사람이 전혀 다른 행동을 할 수 있다는 것이다.

미국 코미디언인 조지 칼린George Carlin)이 "똑같이 물이 담겨 있는 컵을 보면서 물이 반이나 들어 있다고 생각하는 사람도 있고, 물이 반밖에 없다고 생각하는 사람도 있다"라고 한 말은 프레이밍효과를 잘 설명해 주는 것이라고 할 수 있다. 같은 사물이라도 바라보는 관점에 따라 얼마든지 달라질 수 있다는 것을 설명한 것이다. 이러한 프레이밍효과가 판매현장에서 유용하게 적용되는 사례를 살펴보면 다음과 같다.

사례 1 : 10,000원인 상품을 8,000원에 팔고자 할 때

A : 10,000원인 상품을 2,000원 할인해 드립니다.
B : 10,000원인 상품을 20% 할인해 드립니다.
똑같이 8,000원에 판매하지만 20%라는 표현이 훨씬 더 저렴하게 느껴진다.

사례 2 : 5,000만 원짜리 자동차를 4,800만 원에 팔고자 할 때

A : 4% 할인해 드리겠습니다.
B : 200만 원 할인해 드리겠습니다.
똑같이 4,800만 원에 판매하지만 200만 원 할인이 더 커 보인다.

이와 같이 '사례 1'과 '사례 2'를 살펴보면 저렴한 상품은 %로, 고가의 상품은 금액으로 할인하는 것이 효과적이라는 것이다.

사례 3 : 병원에서 수술을 앞둔 환자에게

A : 수술받은 환자는 100명 중 70명은 수술 후 10년을 더 살았습니다.
B : 수술받은 환자는 100명 중 30명이 10년 이내에 사망하였습니다.

같은 수치를 나타내지만 A의 말이 훨씬 긍정적으로 들리고, B의 말은 부정적으로 들린다.

사례 4 : 가격이 다소 비싸거나 부담스러워할 때

피부미용실의 월 회비가 15만 원이라고 할 때, 고객이 부담스러워한다면 "하루 커피값 5천 원만 아끼면 당신의 피부가 아름다워질 수 있습니다"라고 한다면 고객은 부담을 덜 느끼게 된다.

또한 좋은 말과 같은 긍정인 말이 심리에 미치는 영향을 플라세보효과(Placebo Effect)라고 한다. 실제로는 없는 효과인데도 사람들이 기대함으로써 있을 것이라고 생각하여 그 효과가 진짜로 나타나는 현상을 말한다. 예를 들어 실제로는 아무런 효과가 없는 약이지만 먹으면 낫는다고 하면 환자는 스스로 긍정적인 생각과 믿음으로 인하여 병이 낫게 된다는 것이다. 결국 긍정의 힘이 작용했다는 것이다. 플라세보효과와 반대개념으로 노시보효과(Nocebo Effect)라는 것이 있다. 즉 효능이 있는 약을 복용하면서도 그 환자가 부정적인 생각으로 믿지 못한다면 상태가 좀처럼 호전되지 않는 현상을 말한다.

이와 같이 고객에게 긍정적인 말 한마디는 약이 되고, 부정적인 말은 독이 될 수 있는데, 이 또한 대조효과를 노린 것이라고 할 수 있다. 예를 들어 다음의 판매원 A와 B의 말 중 누구의 말이 고객에게 긍정적으로 들릴까?

A : "품질은 최고이지만(+) 가격이 비쌉니다(−)"

B : "가격이 비싸지만(−), 품질은 최고입니다(+)"

말의 순서가 앞뒤만 바뀌었는데 A와 B의 말 중 누구의 말이 기분 좋게 들리는가? A가 말한 "품질은 최고이지만(+) 가격이 비쌉니다(-)"라는 표현은 "당신은 이 물건을 살 수 없을 것이다"라고 들려 기분을 나쁘게 만든다. 그러나 "가격이 비싸지만(-), 품질은 최고입니다(+)"라고 하면 긍정적으로 들린다. 결국 판매 현장에서 마이너스(-)·플러스(+) 화법을 사용하면 효율적이라는 것이다.

走馬加鞭

주마가편

마일리지/쿠폰 마케팅

走: 달릴 주, 馬: 말 마, 加: 더할 가, 鞭: 채찍 편

달리는 말에 채찍질을 한다는 뜻으로, 열심히 하는 사람을
더욱 잘하도록 격려하는 것을 말함

주마가편(走馬加鞭)의 유래

이 성어는 중국의 고전에서 유래된 것이 아니라 "달리는 말에 채찍질
한다"는 우리나라의 속담을 한자성어로 만든 것이다. 이와 같이 우리나
라 속담을 한자성어화한 대표적인 사례는 다음과 같다.

- 우이독경(牛耳讀經) : 쇠귀에 경 읽기
- 오비이락(烏飛梨落) : 까마귀 날자 배 떨어진다
- 종두득두(種豆得豆) : 콩 심은 데 콩 난다
- 아전인수(我田引水) : 제 논에 물 대기
- 십시일반(十匙一飯) : 백지장도 맞들면 낫다
- 등하불명(燈下不明) : 등잔 밑이 어둡다

주마가편(走馬加鞭)과 마케팅

달리는 말에 채찍질을 한다는 뜻의 주마가편(走馬加鞭)은 마케팅 측면에서 마일리지/쿠폰 마케팅전략이라고 할 수 있다. 즉 자사의 상품을 구매하거나 이용하는 고객에게 마일리지나 쿠폰 등을 제공하여 지속적으로 구매 및 이용을 유도하는 것으로 일종의 보상 프로그램이자 미끼라고 할 수 있다.

1) 마일리지마케팅

마일리지마케팅(mileage marketing)이란 기업이 자사의 고객에게 제품이나 각종 서비스 등을 판매하여 올리는 수익의 일부를 포인트, 적립금, 현금 등의 형태로 되돌려줌으로써 기업은 소비자의 미래가치를 높이고 기업에 대한 소비자의 애호도를 지속적으로 유지하려는 전략을 말한다. 즉 고객을 회원제로 관리하여 이용실적에 따라 마일리지를 부여하고 누적된 마일리지가 일정한 수준에 도달하면 정해진 기준에 따라 다양한 보상을 제공하는 것을 들 수 있다.

대표적인 마일리지마케팅으로는 항공사를 들 수 있는데, 일정 마일리지를 모으면 무료항공권 제공 또는 일반석(economy class)에서 비즈니스 클래스(business class)로 업그레이드하는 것 등을 들 수 있다. 결국 마일리지마케팅을 통하여 재이용의 빈도를 높이자는 전략이다.

이와 같이 마일리지마케팅의 궁극적인 목적은 고객의 애호도 증대와 고정고객의 유지에 의한 수익의 극대화를 추구하는 것이다. 예를 들어 소비자들이 늘 같은 주유소에 가고, 늘 쓰던 신용카드만 사용하는 것은 마일리지마케팅의 효력이며, 특히 고객을 습관화시킨다는 측면에서 매우 유효한 전략이라고 할 수 있다.

2) 쿠폰마케팅

쿠폰마케팅(coupon marketing)이란 구매를 자극하여 단기적인 매출증대나 기존 고객의 서비스 거래를 지속할 목적 등으로 실시하는 판매촉진을 말한다. 예를 들어 소비자들이 1회 이용할 때마다 쿠폰을 제공하여 열 장을 모으면 1회 무료 서비스해 주는 것을 들 수 있는데, 피자나닭고기 판매점, 미용실 등에서 자주 볼 수 있다. 결국 쿠폰 10장을 모을 때까지는 타 서비스업을 이용하지 않을 확률이 높기 때문에 지속적인 재이용을 확보할 수 있는 유효한 전략이며, 소자본의 자영업도 적은 비용으로 마케팅을 전개할 수 있는 것이 장점이다.

3) 게이미피케이션마케팅

마일리지/쿠폰 마케팅과 유사한 개념의 게이미피케이션마케팅이 최근 주목을 받고 있다. 게이미피케이션(Gamification)이란 게임(Game)과 커뮤니케이션(Communication)의 합성어로 게이미피케이션마케팅은 게임과 같은 즐거움과 재미라는 보상을 제공하여 구매를 유도하는 기법을 말한다. 마일리지의 포인트상품 제공이나 쿠폰을 열 장 모으면 하나를 공짜로 주는 것도 게임처럼 재미를 선사하는 것이라는 점에서 일종의 게이미피케이션마케팅이라고 할 수 있다.

게이미피케이션마케팅의 대표적인 사례로는 나이키가 2008년 애플과 함께 선보인 'Nike+'를 들 수 있다. 단순히 걷고 달리는 것은 재미가 없다는 점에 착안하여 센서가 장착된 나이키 운동화를 신고 달리면 거리, 페이스, 소모 칼로리 등이 계산돼 아이팟으로 전송시키고, 아이팟은 이

데이터를 관리하여 운동량을 조절하고, 이용자가 설정한 목표치에 도달하면 축하음악을 틀어주었다. 또한 운동 데이터를 온라인에 올려서 성과를 나누고 서로 경쟁하며 마치 게임을 하듯 운동을 즐길 수 있게 하였다.

스크린골프 시뮬레이션업체인 '골프존'의 경우 이용 고객에게 평균타수, 평균비거리, 그린 적중률 등의 데이터를 정리해 주고, 자신의 순위를 전국, 지역별로 기록해 주고, 실력을 등급화해 주고 있다. 결국 골프존 고객들은 자신의 각종 성적을 더 올리고 싶어 하기 때문에 더욱 스크린골프를 이용하게 되는 것이다.

【표 23】 골프존의 등급

아이콘	이름	등급명	등급설명
	알	루키	실력지수 450,000점 미만
	알병아리	비기너	실력지수 450,000점 이상 ~ 470,000점 미만
	병아리	주니어	실력지수 470,000점 이상 ~ 500,000점 미만
	참새	Jr. 아마	실력지수 500,000점 이상 ~ 540,000점 미만
	비둘기	아마추어	실력지수 540,000점 이상 ~ 600,000점 미만
	까치	Jr. 프로	실력지수 600,000점 이상 ~ 620,000점 미만
	기러기	세미프로	실력지수 620,000점 이상 ~ 650,000점 미만
	갈매기	프로	실력지수 650,000점 이상 ~ 690,000점 미만
	학	투어프로	실력지수 690,000점 이상 ~ 720,000점 미만
	매	Jr. 마스터	실력지수 720,000점 이상
	독수리	마스터	골프존 대회(GLT, LGLT) 결선 랭킹 대상자
	불사조	레전드	골프존 운영위원회 심사에서 선정한 명예등급
	GTOUR 프로 (Men/Women)		GTOUR 프로 멤버십 가입(참가)회원

따라서 게이미피케이션마케팅이란 구매 및 이용에 따라 레벨업이나 성취감 부여 등 게임의 기법을 활용하여 지속적인 거래를 유지하기 위한 것이라고 할 수 있다.

마케팅전략 72계

2014년 1월 20일 초판 1쇄 연
2014년 1월 25일 초판 1쇄 발행

지은이 ı 이정학
펴낸이 ı 진욱상
펴낸곳 ı 백산출판사
등 록 ı 1974. 1. 9. 제 1-72호
주 소 ı 서울시 성북구 정릉로 157 (백산빌딩 4층)
전 화 ı 02)914-1621, 02)917-6240
팩 스 ı 02)912-4438

http://www.ibaeksan.kr
editbsp@naver.com

ISBN 978-89-6183-840-5

값 20,000원